Gloria Gray
Zurück nach Übertreibling

GLORIA GRAY

ZURÜCK NACH ÜBERTREIBLING

VIKKI VICTORIAS
ERSTER ZWISCHENFALL

KRIMI

dtv

Originalausgabe
© 2022 dtv Verlagsgesellschaft mbH & Co. KG, München
Umschlaggestaltung: FAVORITBUERO, München
Umschlagmotive: shutterstock.com
Satz: C.H.Beck.Media.Solutions, Nördlingen
Gesetzt aus der DTL Documenta 10/14˙
Druck und Bindung: CPI books GmbH, Leck
Printed in Germany · ISBN 978-3-423-22009-5

Der Mensch is guad,
de Leit' san schlecht!
Karl Valentin

»Sind Sie Mann oder Frau?«
»Ja.«
Romy Haag

1

Natürlich hab ich sofort geahnt, dass es sich wohl um was Wichtiges handeln musste, als mein Handy in aller Herrgottsfrüh geläutet hat. Dabei ertönt immer der Refrain von »Back To Black«, mein eingestellter Klingelton. Amy Winehouse, die mit der Bienenkorbfrisur und dem Heroin. Ich steh also auf, schäl mich aus dem Bett, weil mein iPhone im Nebenraum liegt. Wäre mein Schlaf nicht so hauchdünn, hätt ich das Geklimper gar nicht gehört.

Schlurfend beweg ich mich ins Wohnzimmer, schau auf die Uhr, Wahnsinn, kurz nach halb zehn, wirklich unmenschlich, und mach mir jetzt ernsthaft Sorgen, was denn los sein könnte. Wenn ich schlafe, befindet sich das Telefon im Mondscheinmodus, was bedeutet, dass das Besetztzeichen ertönt, wenn jemand mich zu erreichen versucht. Abgesehen allerdings von den Menschen, die ich auf einer extra Liste gespeichert habe, weil sie mir wirklich wichtig sind – die kommen mit ihrem Anruf schon durch. Und jeder, der mir wirklich wichtig ist, weiß auch, dass vor zwölf mittags bei mir launemäßig nix zu machen ist. Biorhythmus, Nachteule, Hormonschwankungen … Wer also trotz dieser Kenntnis derart dreist früh durchklingelt, muss was Dringendes auf dem Herzen haben. Man kann schon sagen, ich befinde mich in Habachtstellung, als ich nach meinem roségoldenen Smartphone greife.

»Morgen«, dröhne ich in den Hörer, ohne mich vorher geräuspert zu haben. Das hole ich unwillkürlich nach, weil ich meine stimmliche Belegtheit gerade wahrgenommen habe, und das ist natürlich scheiße für den Anrufenden. Also das Abhusten, nicht die Heiserkeit.

»Vikki, pass auf, Alarm!«, raunt es mir ohne weitere Einleitung entgegen. Die aufgebrachte Stimme gehört meinem Ex-und-immer-mal-wieder-Lover Wolf, dessen Name auch auf dem Display erschienen ist. Wolf Wolff. Ernsthaft. Er heißt so. Von den Eltern bereits bei der Namensgebung verarscht. Die Taufe als Watschn fürs Leben.

Eine kurze Pause entsteht, während der ich überlege, ob ich vielleicht antworten soll: »So, so, Alarm! Das will ich auch hoffen. Mindestens!«, um Wolf für sein Aufwecken zu tadeln. Aber so bin ich nur manchmal. Heute nicht. Meine Stimmungswechsel sind mir selbst ein Rätsel. Daher sage ich, irgendwie fast zärtlich: »Aha. Brauchst du Hilfe?« Von einem Extrem ins andere. Ob er Hilfe braucht, so ein Schmarrn.

»Vikki, hör zu, der Toni ist ausgebrochen. Gestern Nacht, aus Stadelheim. Ich hab's gerade erfahren. Großfahndung.«

Oh.

Wie erstarrt blicke ich aus dem Fenster meiner Dachgeschosswohnung in der Utzschneiderstraße, einmal ums Eck vom Viktualienmarkt. Meine halb verdorrte Glückskastanie und ich daneben, wir stehen so da und verschmelzen zu einem Stillleben. Die sengende Hitze, die in meinem Zweizimmer-Refugium herrscht und die mich von Juni bis September nach einer Kellerwohnung sehnen lässt, bemerke ich gar nicht mehr. Das will schon was heißen.

Der Toni ist aus dem Gefängnis geflohen! Ja, dass so etwas überhaupt noch vorkommen kann, rein technisch. Ich hätte derartige Geschichten eher in den Achtzigern verortet. Ausbrüche. Da gab's auch so viele Filme drüber, irgendwie alle mit Sylvester Stallone. Aber heutzutage?

»Äh«, stammle ich, um den Wolf nicht hängen zu lassen,

aber auch, um meiner Ratlosigkeit Ausdruck zu verleihen. Und meinem Bedürfnis nach Vorschlägen, wie ich mich nun verhalten soll.

Ganz klar, ich bin in Gefahr. »Alarm« hat schon gestimmt.

Die Sache ist die: Den Toni, den kenn ich schon seit meiner Schulzeit, da hab ich noch aufm Dorf im Bayerischen Wald gelebt – noch im Körper eines Jungen. Und dieser Toni, der im Ganzen übrigens Toni Besenwiesler heißt – jetzt muss ich mich fast entschuldigen, Wolf Wolff, Toni Besenwiesler, diese ganzen Namen, einer blöder als der andere ... aber so is des bei mir. Um mich herum: lauter Namenskuriositäten. Giganten der Phonetik. Nur nebenbei: Mein Vermieter, zum Beispiel, heißt Dr. Markus Wondrazil. Bizarr, oder? Als ob's mich verfolgen täte. Unwichtig. Jedenfalls hat mich der Toni aufm Schulhof damals ununterbrochen drangsaliert. Und das ist noch milde ausgedrückt. In gewisser Weise würde ich ihn von allen Quälgeistern, die mir während meiner ersten siebzehn, achtzehn, neunzehn Lebensjahre begegnet sind, und da gab es viele, als den schlimmsten bezeichnen.

War es in meinem kleinen streng konservativen Heimatort sowieso schon schwer für mich, nicht durchgehend eins vor den Latz geknallt zu bekommen, so wurde ein Spaziergang durch die Straßen, oder der tägliche Schulbesuch, endgültig zum Spießrutenlauf, nachdem der Toni mich erst mal ins Visier genommen hatte.

Kranke Schwuchtel hat er mich genannt, abartige Tunte, Zwitter und alles, was man sich in dem Zusammenhang vorstellen kann, wenn ein Mensch wie ich geschlechtsspezifisch etwas anders orientiert ist, als Vatermutter Natur das der überwiegenden Mehrheit zuordnet. Wenn Ausformung und Innerlichkeit nicht kongruent gehen, sag ich mal. Wenn er, der damalige Bub vom Land, also ich, halt nicht so ist, wie man's kennt: die Erscheinung, der Habitus, kernig, markig. Sondern eben eher andersrum.

Bei verbalen Erniedrigungen ist es dann natürlich nicht geblieben, logisch, es wurde körperlich. Der Toni hat mich wirklich richtig aufm Kieker gehabt, sich in meine Zerstörung regelrecht verbissen. Zusammenschlagen, heftig, brutal, ja, ich mag gar nicht mehr drüber reden. Man kann sich's vorstellen. Das war so um die Zeit rum, als Techno ganz groß war, und Grunge, auch »Always« von Erasure war ein Riesenhit, das hat mir besonders gefallen, mei, da war ich vierzehn und der Besenwiesler Toni sechzehn oder so was, zwei Klassen über mir halt, und das Ganze mit ihm und seinen Kumpels war die Hölle. Doch, doch, die anderen haben da schon auch mitgemacht, quasi gruppendynamisch.

Klar kann man jetzt meinen, ach, die Vikki, die ist eine ganz schöne Heulsuse. Aber da trafen eben Welten aufeinander. Und meine stellte dabei den deutlich fragileren Part dar, sag ich mal. Seinerzeit zumindest.

Ich will auch überhaupt nicht abschweifen, ich schildere das nur, damit man meine Verbindung zum Toni ein bisserl besser begreift.

Immer noch stehe ich neben meiner Zimmerpflanze im obersten Stockwerk des Mietshauses, in dem ich wohne, Augusthitze, Handy am Ohr, Wolf in der Leitung, und sinniere, was Tonis Ausbruch nun, rund ein Vierteljahrhundert nach meiner Teenagerzeit, für mich bedeutet.

Eine ganze Menge.

Meine Berührungspunkte mit ihm gehen freilich noch weiter, so ist es nicht. Der Grund für seine spätere Inhaftierung, und was das mit mir zu tun hat, fußt nämlich auf einer ganzen Verkettung von Begebenheiten.

Gute zehn Jahre später, ich war längst nach München gezogen und bereits eine Frau, hab ich in der WunderBar gearbeitet. Hinter der Theke, zuständig für Getränke und Gespräche, Abteilung Charme vom Dienst, und ein bisschen Aushängeschild und Image für den Laden, Paradiesvogel. Auch Mädchen für alles, inklusive Abrechnungen. Die WunderBar in der Müllerstraße ist eine Tanzbar, der selbst gewählten Bezeichnung nach, was immer das Mitte der Nullerjahre geheißen haben mag. Szeniges gemischtes Publikum, aber weil das ganz früher eher ein schwuler Laden war, tendierte die Mehrheit der Besucher klar in Richtung *äußerst offener Menschenschlag*, sagen wir es so. Künstlerisch, liberal, höchst solvent, insolvent, vom Leben Angespülte, durchaus auch wichtig-wichtig. Hier fand sich alles, hetero, homo, schick, leger, alt, jung, grundsätzlich breit gefächertes Nachtlebenvolk halt. So. Und eines Tages, wer marschiert rein, ich trau meinen Augen nicht: der Toni. Der Besenwieslertoni. Der Wichser. Eben eine volle Dekade später, seit ich ihn das letzte Mal gesehen hab.

Wirklich wahr, mir hat's vor Schreck und Schock, und vor lauter Hilfe-Hilfe-meine-verkorkste-Vergangenheit-trittschlagartig-wieder-ins-Bild, rein innerlich alles aufgerissen.

Ich will nicht sagen, ich hätte mich ziemlich bald wieder gefangen, mitnichten, aber so etwas Ansatzweises eben. Nämlich, als ich meine Reflexe wieder halbwegs unter Kontrolle hatte, hab ich ihn im Schummerlicht beobachtet, wie er in einer Mischung aus neuankömmlerischer Unsicherheit und aufgesetzter Souveränität durch das plüschige Ambiente des Clubs trottete. Der Sound der Anlage dröhnte aus den Boxen, unsere DJane Madame Marougé legte auf (geborene Schwöpf-Trichtlinger. Nee, nur Spaß!), sanfte Strobolichter glitten durch den schwitzigen, rauchgeschwängerten Raum, das war noch vor dem Rauchverbot, ich kann mir schon gar nicht mehr vorstellen, dass man drinnen mal alles vollgequalmt hat, es war zwei Uhr nachts, eine Menge Leute überall, rumstehend, tanzend, redend, flirtend, und der Toni mittendrin. Gorillagang, Raspelbirne, Bluthochdruckschädel, Deutschrapper-Hip-Hop-Outfit, da stimmte alles.

Mich hat er erst mal gar nicht wahrgenommen, obwohl ich hinter der Bar durchaus prominent positioniert und ein Augenfang war. Kein Wiedererkennen beim Umherschweifen seiner Blicke. Es hatte sich in der Zwischenzeit ja eine Menge getan, rein äußerlich. Bei mir. Bei ihm schon auch, aber anders. Zugenommen hatte er ein bisschen, auf diese gedunsene Muckibuden-Pumper-Art. Glücklicherweise aber war das Entscheidende an seiner feudalen Ausstrahlung unverändert geblieben: unterschwellig aggro, martialisch plump, letztlich strunzdumm.

Er cruiste pseudolässig weiter durch den gar nicht mal so großen Raum, aufmerksam, als würde er jemanden suchen. Ich indessen bekam eine Bestellung rein und musste ein frisches Pils zapfen, währenddessen ich dem Toni unausgesetzt weiter zusah und Zeuge wurde, wie er von jemandem versehentlich angerempelt wurde, ungelenk stolperte, sich gerade noch fing und daraufhin dem unbeeindruckten Verursacher erbost hinterherschaute, ganz beleidigte cholerische Leberwurst. Völlig konsequenzlos, natürlich. Was mich diebisch freute, bis mir klar wurde, dass mein Hohn für nichts gut war und umgehend verpuffte.

Ein paar Minuten später ließ der Toni sich von einer unserer mobilen Bedienungen einen Jacky Cola bringen, was auch sonst, und die große Blonde hinterm Tresen blieb erst mal unidentifiziert und konnte ihn in aller Ruhe weiter observieren. Was ich auch tat, bei Gott, kann man sich ja vorstellen, paralysiert und fasziniert, wie ich war.

Im weiteren Verlauf bekam ich Schritt für Schritt mit, wie er sich einem offensichtlich begleitungslosen Typen näherte, mit ihm ins Gespräch kam, ein paar Drinks spendierte, immer angeregter plauderte und gestikulierte, und – ich mach's kurz –, als es auf die Sperrstunde zuging, ihm schlussendlich die Zunge in den Mund steckte. Etwas verstohlen zwar, nicht ausufernd, und den Speichelaustausch lediglich als Auftakt verstehend, aber eben – *gay*! Unmissverständlich.

Womit mir innerhalb von eineinhalb Stunden zum zweiten Mal das Herz fast stehen blieb. Wie das jetzt?

Ich war baff. Was für ein grotesker Umschwung.

Ausgerechnet Mustermacho Toni aus dem Bayerischen Wald, der Metzgerssohn und Schulrädelsführer mit den Erniedrigungsparolen und Bloßstellungssprüchen, hegte exakt jene Fantasien, die er sich selbst an mir exorziert hatte, wie mir genau in diesem Augenblick klar wurde.

Ungelogen, ich kann die Wucht dieser Entblößung eines Menschen, der mich einst regelrecht traumatisiert hatte, kaum beschreiben.

Prinzipiell war mir Vergleichbares natürlich zigmal begegnet, auch bereits zum damaligen Zeitpunkt. Die scheinheiligen Hetzer, die doppelmoralischen Frömmler, die bigotten Denunzianten, gerade das waren immer die mit den verheimlichten Bedürfnissen. Nix Neues.

Was hatte ich allein in der WunderBar schon landesweit bekannte Politiker, verheiratete Biederpromis, oder, eh klar, erzkonservative Würdenträger von ganz anderen Seiten kennengelernt. Alles schon erlebt – nur eben nicht mit ihm, unserem guten Toni B.

Na ja, und es kam noch besser.

Als er und sein braun gelockter Aufriss sich schließlich entschlossen, den Laden gemeinsam zu verlassen, passierte es nämlich. Unsere Blicke hatten sich im Laufe des Abends immer wieder mal gestreift, wie Blicke das eben tun, gleitend wie Scheinwerfer, aber erst als er auf dem Weg nach draußen an meinem geschwungenen Tresen vorbeischritt, noch überdreht vom Schäkern, und zum ersten Mal richtig kuckte, machte es Klick. Er stoppte abrupt, seine Mimik erstarb, der Mund blieb ihm offen stehen.

Ich geb schon zu, dass mein hypnotisches Starren das womöglich provoziert haben könnte, denn ich wollte die Chance eines Aufeinandertreffens nicht an mir vorbeiziehen lassen. Hier und jetzt, auf meinem Terrain, mehr oder weniger. (Obwohl ich mich zu gleichen Teilen auch panisch davor fürchtete.) In der Hoffnung auf eine Kräfteverschiebung? Ein Umschreiben unserer gemeinsamen Geschichte? Riskant war es so oder so. Man weiß nie, welche Türen die Vergangenheit in einem öffnet.

Toni stierte mich eine Weile an, vergewisserte sich, indem er die Stirn kräuselte, was *Bist du's wirklich?* heißen sollte, ließ seine Begleitung kommentarlos stehen, kam zwei Schritte auf mich zu und stand mir damit einen Meter Luftlinie gegenüber, um in tiefstem Niederbayerisch zu fragen: »Sag amoi, bist du der ...«

»Toni, servus«, unterbrach ich ihn sofort, da ich meinen Geburtsnamen nie mehr ausgesprochen hören möchte, schon der Artikel »der« reichte mir. Es genügte, dass ich instinktiv wieder in das hinterländlerische Bayerisch verfiel, das ich längst in ein gepflegtes Münchnerisch umtrainiert hatte.

»Welch Überraschung, dich hier zu treffen«, bemühte ich mich, absolut wertneutral zu formulieren und schnell weiterzuplappern, um nur ja die Oberhand zu gewinnen. »Wie geht es dir? Hattet *ihr* einen schönen Abend?« Gleich mal klarmachen, dass ich wusste, was Sache war. *Ihr beiden Hübschen?*, hängte ich nicht noch dran, ganz Dame von Welt.

Es entstand eine kurze Pause, während der Toni mich wie ein Schaf anglotzte, was mich überlegen ließ, ob er gerade einen Schlaganfall erlitt, gleich Amok laufen würde oder einfach nur rotzbesoffen war. Keine Ahnung, was mir lieber gewesen wär. Beinah ergriffen fuhr ich mir durch die Mähne und lächelte. Emotional auf Zehenspitzen.

Toni fasste sich und sagte: »Äh, i hab scho g'hört, dass du ...« Indem er mit seinem Kinn auf meinen Körper zeigte, ignorierte er meine Frage komplett. Entweder lenkte er gerade geschickt ab, weil schamvoll ertappt, oder in seinem Bolzenschädel war wirklich nur Platz für einen Denkimpuls pro Konversation.

» ... du hast g'hört – dass ich nach München gezogen bin?«, griff ich seinen Angriffsversuch auf und kickte das Thema Angleichung damit kategorisch beiseite. »Ja, ich leb doch schon seit Längerem hier. Und du? Was hat dich in unseren schönen Club verschlagen, Toni?«, stichelte ich weiter in seiner Unfreiwilliges-Coming-out-Wunde rum. Leute am Satzende beim Namen nennen, hat immer was Dominierendes, finde ich.

Sticheln hin, gifteln her, ganz ehrlich, ich war nervlich längst total fertig. Konfrontiert mit dem Albtraum meiner Jugend, obendrein nach der Zungenkussnummer mit dem dubiosen Typen, der wie bestellt und nicht abgeholt hinter Toni wartete: Es war, als machte ich einen Zeitsprung und liefe kurz Gefahr, mich wieder in das hilflose Wesen zu verwandeln, das ich einst gewesen war. Aber das geschah nicht. Immerhin. Natürlich war ich nicht entkoppelt von meinen akut wieder hervorbrodelnden Erinnerungen, aber ich blieb die Höflichkeit in Person und verdeutlichte dadurch die Zäsur zwischen Jetzt und unserer gemeinsamen Vergangenheit. Mit letzten Kräften. Schöne Scheiße.

»I, ahm, i bin ab sofort a öfter in Minga«, eierte Toni herum und wurde von einem quengeligen »Was ist denn jetzt?« seines Neulovers zum Aufbruch gerufen. Tausend Dank an den Herrn im Hintergrund.

»Das freut mich aber. München ist einfach toll, oder? Na,

dann wünsch ich euch beiden«, so etwas wie *Süßen* fügte ich auch diesmal nicht hinzu, wie gesagt: Manieren wie ausm Lehrbuch, »noch einen schönen Abend. War nett, dich wiederzutreffen, Toni.« Jetzt nicht übertreiben, dachte ich mir, und tat es doch, weil ich vor lauter Übermut gleich noch meinte: »Vielleicht sehen wir uns ja bald wieder.« Tja, und damit griff ich der Zukunft voraus. Nur wusste ich zu dem Zeitpunkt noch nichts davon.

Wir verabschiedeten uns. So also-dann-mäßig, inklusive Kopfnicken. Ganz normal. Freilich fragt man sich, wie sollt's auch sonst sein, außer normal. Aber *normal* ist zwischen uns aus meiner Sicht ja null Komma null. Und an der Situation war erst recht nichts Normales. Deshalb war ich halt doch überrascht.

Da ging er dahin, der Toni und sein Stricher. Bye, bye.

Und schwupps waren sie durch den Ausgang der WunderBar entschwunden.

Ganz besudelt vor Erleichterung machte ich die Kasse an diesem Abend besonders gründlich, nur drei Euro fehlten, die glich ich selbst aus, und ahnte nichts davon, was uns beiden schon bald blühen sollte und dass dieser Abend nur der Auftakt zu unserem Intermezzo Grande sein sollte, dessentwegen der Toni am Ende ins Gefängnis kam, nachdem seine Frau ermordet aufgefunden worden war. Richtig gehört, seine Ehefrau. Aber davon berichte ich später, weil jetzt ja der Wolf am Telefon ist und mich gerade gewarnt hat, dass der Toni nach dreizehn Jahren angeblich aus dem Knast ausgebrochen sei.

Was für mich gar nicht gut ist.

Wegen seiner Rachegelüste.

Obwohl ich mit seiner Verhaftung damals rein gar nichts zu tun hatte.

Aber das erzählst' mal dem Toni.

Wir müssen dich jetzt sofort in Sicherheit bringen, ich komm gleich vorbei und hol dich ab«, brummt der Wolf via Satellit in mein Ohr. Handyverbindungen laufen doch über Satelliten, oder? Siebzigtausend Kilometer hin und zurück. Der Wolf wohnt schätzungsweise sechs Kilometer von mir entfernt. Glockenbach – Sendling, sechs müsste hinkommen.

Dennoch wird der Wolf in persona auf seinem Harley-Davidson-Verschnitt gleich deutlich länger zu mir brauchen als seine sonore Stimme jetzt gerade bis zu meinem Ohr.

Eine Viertelstunde im Vergleich zu einer Viertelsekunde.

Diese Diskrepanz zwischen Handyverbindung und Motorradstrecke würde sich sogar dann kaum verringern, wenn der Wolf nicht immer so langsam fahren würde, wie er es tut, weil er alle Aufmerksamkeit auf sich ziehen will, wenn er mit seiner schweren Maschine aus China (die viel besser sein soll als eine Original-Harley) betont majestätisch durch die Straßen kurvt. Poser ist das einzig richtige Wort.

Er zu mir: »Pack schon mal ...«

»... das Nötigste ein, ist klar«, vervollständige ich altklug und vorschnell seinen Satz, weil der so eine Phrase ist. Überhaupt habe ich das Gefühl, dass das meiste im Leben nur noch aus dem Floskelsetzbaukasten stammt. Nicht zuletzt auch mein Wolf Wolff selbst. Er ist einer der Menschen, die sich ganz leicht durch Worthülsen schildern lassen. Wobei ich das im allerallerbesten Sinne meine. Wirklich.

Denn der Wolf war mal eine große Liebe von mir, und auch wenn sich unser Verhältnis über die Jahre gewandelt hat, sind wir einander verbunden geblieben. Eine Bezeichnung für unsere Art von Beziehung zu finden, ist mir beim besten Willen nicht möglich. Auf jeden Fall gehen wir vertrauensvoll miteinander um, halten regelmäßig Kontakt, und in unterschiedlichsten Abständen und Gemütslagen machen wir sogar, ganz, ganz selten zwar, aber doch, hin und wieder, nach wie vor, auch ein bisschen Schnucksibucksi.

So.

Was ich aber damit meinte, dass der Wolf leicht mit Plattitüden zu beschreiben sei, ist, dass er genauso aussieht, wie man sich ein Mitglied eines Rocker- und Motorradclubs vorstellt. Mittleres Alter, fünfundvierzig, massiger Muskelprotz, seine inzwischen grau melierten Haare zu einem strengen Zopf am Hinterkopf zusammengebunden, den ehemals dunklen Bart auf Zwei-Zentimeter-Länge-unterm-Kinn geschnitten, sowie eine dunkelbraune Biker-Lederjacke, mit der er verwachsen zu sein scheint, und auf deren Rücken der Schriftzug des Clubnamens prangt – nämlich der der Switch Blades. Das ist französisch und heißt »Schweizer Blödmänner«.

Ist natürlich nur ein Scherz, den ich mal gemacht habe und der für kurze Zeit ein halbherziger Running Gag von uns wurde. Aber manchmal rutscht er mir immer noch raus.

Springmesser auf Englisch, das heißt's.

Die Switch Blades sind zwar ein kleinerer Verein als die Hells Angels oder die Bandidos, und den meisten auch nicht so geläufig, bei den Behörden und Insidern aber haben sie den Ruf, eine etwas rauere und verwegenere Variante des Konzepts »Motorisierter Krawallhaufen« zu sein. Harte Hunde. Gar nicht meine Welt, und einzig wegen dem Wolf hab ich da überhaupt Berührungspunkte. Wobei der Wolf selbst ein wirklich sanfter Mann ist. Beinah hätte ich mit »raue Schale, weicher Kern« das nächste Klischee rausgelassen. Stimmen tut's trotzdem.

Ein Hitzkopf kann er aber schon auch sein, so ist es nicht.

Ein Mann, der sich auf eine Beziehung mit mir einlässt, muss sowieso vielschichtig sein. Hirn, Herz, Eier. In beliebiger Reihenfolge.

Allein schon die Außenwirkung und das Feedback der Leute zu verkraften, wenn du mit einer über eins achtzig großen Femme fatale meiner Ausformung an deiner Seite aufschlägst, erfordert Rückgrat, überleg mal.

Dazu muss man sich erst mal bekennen.

»Ich fahr gleich los«, kündigt der Wolf an.

»Du brauchst mich nicht abholen. Ich fahr selber!«, entgegne ich sachlich kühl, weil Schlaftrunkenheit und Knalleffekt langsam nachlassen.

»Nein, nein, nein, nein, nein, nein, nein, nein, nein.« Neun Neins in Hochgeschwindigkeit. Logopäden braucht der Wolf keinen. »Das hier ist 'ne ernste Sache, damit ist nicht zu spaßen.« Klingt eher nach Schienbeinbruch dritten Grades als nach dem Ausbruch eines Straftäters.

Spaß hin, kein Spaß her, fahren könnt ich trotzdem selbst, muss aber nicht sein.

»Also gut, komm vorbei. Aber wo fahren wir dann hin? Wo soll ich mich denn vorm Toni verschanzen, bitteschön? Bei dir? Sicher nicht! Da wissen wir doch, dass wir beide gleich wieder genervt sind voneinander«, sage ich und merke, dass ich, obwohl jetzt auch nicht gerade überall Bomben um mich herum explodieren, immer nervöser werde.

»Ich überleg mir was«, gibt der Wolf mir umgehend recht und schmollt gleichzeitig fast ein bisschen. »Du musst sofort komplett raus aus der Schusslinie, also total! Weil es kann durchaus sein, dass der Toni schon im nächsten Moment bei dir vor der Tür aufkreuzt, vollkommen crazy, wie der ist!«

Der Wolf weiß, wovon er redet, wenn er den Toni als crazy bezeichnet. Er kennt sein Naturell nur allzu gut. Während der ganzen heiklen Angelegenheit mit dem Toni haben der Wolf und ich uns ja damals kennengelernt, und somit hat er sämtliche Einzelheiten hautnah mitbekommen.

Das Fenster, das ich in meinem Wohnzimmer sperrangelweit öffne, ändert an der stehenden Hitze im Zimmer nicht das Geringste. Nicht der kleinste Luftzug. Aber sonst, verstehste, einen auf Nobelhobel machen, huuh, ich hab eine Dachgeschosswohnung, huuh, ganz oben, und ich zahl nur 800 Euro warm, huuh, ich bin die Vikki, und im Adlerhorst über den anderen zu wohnen und niemanden über sich zu haben, ist was Besonderes, huuh, haah, hui. Aber echt wahr: Im Sommer unterm Dach? Hölle! Jedes verdammte Jahr das Gleiche.

»Vikkimaus, wir kriegen das hin«, fühlt sich der Wolf bemüßigt, mich zu beruhigen, ganz selbstständiger Unternehmer und bereits im Krisenbewältigungsmodus. »Mach dir keine Sorgen!«

Wenn jemand *das* sagt, handelt es sich dabei um den deutlichsten Hinweis, längst größte Sorge haben zu müssen.

»Ich fahr sofort los, okay? Bis glei…«, will sich der Wolf verabschieden und nestelt schon hörbar irgendwo herum, als es an meiner Wohnungstür klopft. Klopft, nicht klingelt.

Ich stocke. Ich sage: »Wolf, bei mir hat's geklopft.« Kurze Stille. Auch der Wolf ist erschrocken.

Megaunheimlich.

Man interpretiert ja immer seine Gedanken in die unmittelbaren Umstände hinein, obwohl es den Umständen völlig egal ist, wie deine Gedanken sind. Aber klar rechne ich mit dem Toni an der Tür.

»Geh nachschauen«, flüstert der Wolf, als ob das übers Handy einen Unterschied machte.

»Ja. Bleib dran«, sage ich und husche, Handy am Ohr, mit großen Schritten, die dadurch irgendwie hyperleise sein sollen, barfuß an die Wohnungstür, schiebe zeitlupenhaft die Sichtschutzblende des Spions beiseite, luge durch und – es ist die Kathi von unten. Entwarnung.

»Alles okay, ist nur die Kathi«, zische ich dem Wolf zu, endlich ausatmend und erleichtert, wie nur ein echtes Nervenbündel es sein kann.

Am anderen Ende der Leitung höre ich den Wolf Luft durch die Lippen blasen, »Alles klar, bis gleich« hauchen und auflegen. Menschenskinder, da sieht man, wie uns der scheiß Toni am Haken hat.

»Ja, Kathi, was machst du denn so früh hier?«, frage ich, noch während ich mit links die Tür öffne und dabei meinen rechten Handyarm fallen lasse. Ist heute allgemeiner Frühwecktag entgegen allen Regeln? Aber die Kathi darf alles. Sie ist die sechzehnjährige Tochter von der Mieterin unter mir, der Sabine. Die Sabine ist alleinerziehend, war früher Bäckereifachangestellte, dann Taxifahrerin und anschließend, wegen zurückgehendem Umsatz, Fahrerin für Uber. Bis sie das bald auch aufgeben musste, weil die hippen Uber-Kunden noch größere Schwachmaten sind als Taxigäste. Kaum Trinkgeld wegen App-Bezahlung, verhätschelte Anspruchsdenken-Mentalität und rundum praktizierte Rezensionstyrannei, da alle glauben, sie haben dich in der Hand, weil sie dich anschließend per Punktesystem bewerten können, was das Schlechteste im Menschen zutage fördert. Überheblichkeit den ganzen lieben langen Tag, noch dazu im eigenen zur Verfügung gestellten Auto, das ist anstrengend. Außerdem waren die Fahrtstrecken von Uber-Kunden noch kürzer als die der klassischen Taxikundschaft.

Der Verdienst hat am Monatsende einfach nicht mehr ausgereicht.

Sieht schlecht aus für die Sabine derzeit. Sie ist erneut auf Stellensuche und jobbt so lange übergangsweise als Nachtputzfrau in einer Privatklinik. Nacht-, nicht Nackt-!

Ihr einziges Kind, die Kathi, steht nun erwartungsvoll vor mir, im Türrahmen meiner kochenden Wohnung, und ich schimpfe in dem Singsang, der eigentlich Kuscheltieren vorbehalten ist: »Ich schlaf doch immer bis mindestens ...«

»Ich hab dich trampeln und telefonieren gehört«, scheißt sich die Kathi nichts und kommt schon mal rein.

Dass sie mitgekriegt hat, dass bei mir bereits Betrieb herrscht, glaub ich ihr aufs Wort. Die Wände und Decken im Haus sind papierdünn. Nacht für Nacht höre ich, mit meinem Oberflächenschlaf, jeden Toilettengang, jede Spülung und jedes Duschen von der Sabine oder der Kathi im Stock unter mir.

»Hast du gerade *trampeln* gesagt? Unverschämtheit.«

Die Kathi grinst und sagt: »Du, wie schaut's aus? Ich muss heute Nachmittag weg und wäre deshalb für unsere Aufnahme erst morgen wieder am Start. Aber wenn du magst, könnten wir's jetzt gleich machen!«

»Ah, nein, verschieben wir lieber ... auf morgen. Ich hab gerade gar keine Zeit, ich muss weg ... tut mir leid«, druckse ich rum.

»Ach, Vikki, nee, komm, lass es uns sofort machen. Ganz schnell von mir aus. Es ist total wichtig, dass du wirklich jeden Tag Content lieferst. Ohne Mist, wenn du deine Follower nicht regelmäßig bedienst, geht dein Rating sofort runter. Hey, echt, lass es uns gescheit durchziehen, keine Kompromisse, du hast es mir versprochen. Der Algorithmus verzeiht nicht!«

Die Kathi spricht von meinem Instagram-Profil, das sie mit mir auf Trab hält. Neben ihrem eigenen, natürlich. Ihr geht es nur um Followerzahlen. Kein Witz, das ist Lebensinhalt. Alle suchen Reichweite, keiner weiß, wofür.

Ich selbst bin zwar schon seit ein paar Jahren auf Instagram, war da aber, nach Kathis Maßstäben, immer nur halbherzig aktiv. Hab auf meinem Profil alle paar Tage ein paar Fotos oder ein paar Storys mit Bildern oder Grüßen eingestellt. »Hallo, ihr Lieben«-mäßig, das übliche Geplänkel. 2.256 Abonnenten. Kaum der Rede wert. Für meine Kathi wäre diese Zahl ein Selbstmordgrund.

Wohl deshalb hat sie mir letztes Jahr vorgeschlagen, größer zu denken und über Insta schon mittelfristig eine echte Fanbase aufzubauen, weil, Zitat Kathi, »das Gender- und Trans-Thema so mega heiß und fresh ist, dass du einschlagen würdest wie eine Bombe«. Wie eine 41-jährige Bombe mit Bühnenbackground. Hm.

»Du hast alles, was man braucht«, galoppierte sie weiter. »Glamour, Sexiness und, tara, eine Geschichte. Erfahrung, Tipps, verstehst du? Du und deine Identität, das ist gerade super hot. Du könntest einen Trend lostreten.« Na, wenn sie sich da mal nicht täuscht, dachte ich. Ich dachte mir dann aber auch schnell, dass eine Sechzehnjährige Antennen besitzt, deren sensiblen Empfang ich gar nicht mehr nachvollziehen kann, und dass es vielleicht wirklich nichts schaden könnte, wenn ich einfach mal meine Fühler ausstrecke, zumal die Kathi mir angeboten hat, das gemeinsam mit mir zu stemmen.

Es ist sowieso erstaunlich, wie die aktuelle Generation der Unter Dreißigjährigen auf mich und die damit verbundene Thematik reagiert. Es ist nicht nur anders als die Jahrgänge davor, mehr noch, es ist oftmals das genaue Gegenteil. Verbanden ältere Menschen (Ü30!) einen Begriff wie Trans eher mit einer sibirischen Eisenbahn oder Halbwelt, so ist Kathis Umfeld total erpicht darauf, mehr darüber zu erfahren, und auch bereits ganz schön im Bilde. Denen musst du nicht erklären, dass jemand wie ich kein Crossdresser, kein Schwuler und kein Transvestit ist, also ein ab und an als Frau verkleideter Mann. Sondern, dass eine transsexuelle Person die Wandlung vom einen zum anderen Geschlecht mit allen Konsequenzen vollzogen hat. So wie ich, in aller Eindeutigkeit. Ein Vollblutweib mit allem Drum und Dran.

Die Kathi schaut mich fordernd an. Ihr Blick schreit: Instagram! Jetzt!

»Kathi, lass mich erst mal ein paar Sachen zusammenpacken, dann sehen wir weiter.« Ich bin a bisserl in Gefahr durch einen Primitivling, der glaubt, eine Rechnung mit mir offen zu haben, sage ich nicht.

»Fährst du weg?«, hakt sie nach und schiebt sich mit beiden Händen ihre brünetten, mittelgescheitelten Haare hinter die Ohren. Nur stundenlanges Studieren von YouTube-Haarpflege- und Styling-Tutorials können eine schulterlange Frisur derart erstrahlen lassen.

»Kann sein, dass ich für ein paar Tage unterwegs sein werde«, hauche ich, schon im Schrank rumwuselnd.

»Nice, und wohin geht's?«

Das will ich ihr nicht sagen. Erstens, weil ich's noch nicht weiß, und zweitens, weil ich dann mit dem Grund für die Reise aufwarten müsste. Also lass ich meine Lieblingsvertröstung auf dem Fuße folgen, denn ich bin Profi im Verklausulieren. Das lernt man auf einem Lebensweg wie dem meinen: »Erzähl ich dir gleich in Ruhe.« Das heißt so viel wie: Zeit gewinnen, sich erst mal eine plausible Lüge überlegen. Niemanden belasten und dadurch gar womöglich gefährden. Außerdem halte ich es, sooft es geht, mit der Königin von England: Beschwer dich nicht, erklär dich nicht.

Ich sage: »Dann wolln wir mal!«

Lediglich zwölf Minuten benötige ich fürs Packen. Ich bin deshalb so unrealistisch schnell, weil ich davon ausgehe, dass der Wolf mich in drei Minuten abholen wird. Eben die fünfzehn Minuten von ihm zu mir.

Die Kathi textet mich währenddessen mit ihren Themen zu, wie es eine Schwerstpubertierende tut, und ich bin richtig dankbar für diese Ablenkung, weil ich mental nur eine Viertelstunde, nachdem der Wolf mich aus dem Bett geklingelt hat, bereits auf dem Zahnfleisch daherkomme. Ratterratter in meinem Kopf, Toni Besenwiesler läuft frei herum, verstanden, Kontrollzentrum, ratterratter, gleichzeitig suche ich nach Lösungen.

Als ich mit dem relativ konzeptfreien Verstauen wahlloser Kleidungsstücke fertig bin, stelle ich beide Designer-Sporttaschen in den Flur und sage zur Kathi: »So, das hätten wir. Jetzt muss ich nur noch Vikki werden« und gehe ins Bad, wohin sie mir folgt, ununterbrochen plappernd.

Schwerpunkt liegt heute auf ihren aktuellen Stalkern, die sie über ihre Insta-, Facebook-, YouTube- und TikTok-Kanäle so ansammelt. Es ist nicht zu fassen, was Männer tun, um ihr Interesse zu erregen. Von ausufernden romantischen Nachrichten über Schwanzbilder, schlaff wie erigiert, bis hin zu Sklavenfantasien, ich versteh's nicht. (Und kenne es doch selbst zur Genüge, wenn auch in anderer Größenordnung ...) Und die Typen lassen nicht locker. Einige erkennbar Perverse, ein paar Psychos, eine Menge Pädos, ein paar Hartnäckige vom Kaliber Erst-nett-tun-und-sich-dann-mit-»Du-Fotze-ich-töte-dich-wenn-du-nicht-antwortest«-immer-weiter-und-weiter-steigern.

Die Kathi steckt das locker weg. Mir würde das in dieser hochtourigen Influencer-Verdichtung furchtbar an die Nieren gehen. Aber sie ist da aus anderem Holz geschnitzt.

Gerade belästigen sie vorrangig ein gewisser Laurin (angeblich mal in einem TV-Reality-Format gewesen) sowie ein Dennis P. Ersterer möchte sie heiraten, er ist vermutlich einundzwanzig, Letzterer will sie in Grund und Boden quatschen. Hunderte von Nachrichten täglich. Hunderte!

Und die Kathi: cool wie Sau. Dutzende aufdringliche Online-Verfolger gleichzeitig sind in ihrem Kosmos einfach nichts Besonderes.

Jetzt muss ich dazusagen, dass die Kathi ein Riesenstar im Netz ist. Seit über einem Jahr mittlerweile. *Kathi Sweet Allaround* ist ihr Profilname. Richtig ab ging es für sie, als sie vor sechzehn Monaten, im ersten Coronafrühling 2020, auf YouTube einen zwanzigminütigen Blog gepostet hat, in dem sie ihren Zuschauern erklärt hat, wie man mit dem richtigen Make-up und der richtigen Mimik seine Augen maximal ausdrucksstark sprechen lassen kann, auch wenn man eine Mund-Nasen-Maske trägt. Wie man richtig lächelt (in zwölf Abstufungen, unter anderem: heiter, lässig, euphorisch), wie man fragend schaut, wie man empathisch (Wort des Jahrtausends) dreinblickt, wie man einen Kaffee bestellt, all so was.

Das Video hieß *Der beste Augen-Lifehack aller Zeiten!* und ging viral, dass es nur so geraucht hat! Ging ab wie noch mal was.

Untertitel: *MMMM – Maximale Mimik mit Maske.*

MMMM wurde zum Hyper-Hashtag, zum Titeltrend, zum Alliterations-Aphorismus, kannste nicht planen.

Kathi war danach sogar bei Markus Lanz. Nicht, dass sie jemals fernsehen würde oder dass ihr das Kürzel ZDF was sagt. Kathi gab verschiedenen Printmedien Interviews. Nicht, dass sie in ihrem Leben auch nur einmal eine Zeitung aus Papier in Händen gehalten hätte. Und Kathi wurde in zahllosen Reaction-Videos auf YouTube gefeatured, was weitere Myriaden an Views generierte und so weiter und so fort.

Meine Kathi! Acht Millionen Klicks. Das hat mich sehr für sie gefreut.

Der beste Augen-Lifehack aller Zeiten!

Das genauso erfolgreiche Nachfolge-Video hieß:

Dunkle Schatten unter die Augen schminken – aussehen wie tagelang durchgefeiert (Rockstar Hangover!)

Ehrlich wahr, so hieß das.

Natürlich ist das geistesgestört.

Aber wer bin ich, dass ich … Vielleicht kann man das ja auch so sehen, dass …

Nein, es ist wirklich *vollkommen* geistesgestört. Restloser Dünnschiss für Wohlstandsverwahrloste. Logisch.

Die Welt ist verloren.

Wurst. Daran ändert keiner mehr was.

Der Blöde weiß ja nicht, dass er blöd ist. Dem steht der Nichtblöde ohnmächtig gegenüber.

Ich hingegen stehe jetzt vor dem Spiegel und lasse mich zu Vikki werden, was ich *vor* meinem Morgenstyling definitiv nicht bin. Niemand außer Kathi dürfte mich ungemacht sehen. Ohne Schminke und Brimborium. Uns beide verbindet wirklich was. Sie kommt fast jeden zweiten Tag bei mir vorbei, zum kurz Tratschen, manchmal gemeinsam Internet Schauen, so was halt, sie macht das, seit sie zwölf ist, und deshalb sind wir schon alte Freundinnen. Ich mag sie sehr. Wir können miteinander total albern und jenseits jeder Grenze doof sein, ohne dass eine die andere für doof hält. Und ihre Mutter, die Sabine, die ist auch okay.

Ich krieg ja live mit, wie das für sie ist, als alleinerziehende Mutter, immer am finanziellen Rand balancierend. Wie überall verlief die Familiengeschichte anders als geplant. Ehemals unglücklich verheiratet, jetzt glücklich geschieden, aber gleichzeitig unglücklich Single. Flächendeckend dasselbe.

Wolf whatsappt mir, dass er sich etwas verspätet, was mir klarmacht, dass auch extremste Krisensituationen profane Unpünktlichkeitsgesetze nicht außer Kraft setzen.

Muss er noch tanken, einkaufen, zur Darmspiegelung, oder wie?

Was könnte jetzt wichtiger sein, als direkt zu mir zu rasen? Also in seinem Fall erhaben über die Lindwurmstraße schweben, maximal 25 km/h, grad, dass er nicht königlich winkt, so ausm Handgelenk.

Ich schüttle den Kopf und schreibe zurück, dass ich gleich noch zur Kathi gehe und er deshalb bei *Röhm* klingeln soll.

Wolf, Wolf, Wolf, wirklich, manchmal könnt ich dir links und rechts ...

Kathi heißt Röhm mit Nachnamen. Kathi Röhm. Das ist doch mal ein schöner Name, gell?

Find ich auch.

»Du, der Wolf verspätet sich. Vielleicht haben wir doch ein paar Minütchen, um eine kleine Message aufzunehmen, was meinst?«, schlage ich der Kathi vor, nachdem ich vor meinem Badezimmerspiegel abschließend die geschminkten Lippen aneinanderreibe.

Sie ist natürlich dabei.

Ich zieh mir ein kleines Etuikleid an, Farbe: dezent, nicke Kathi »ready« zu, nehme eine der Taschen, sie die andere, und ich folge ihrem spindeldürren Körper übers Treppenhaus ein Stockwerk tiefer, nicht, ohne bei mir noch alle Fenster geschlossen zu haben.

Das ging jetzt echt schnell für meine Verhältnisse.

Weil ich sag dir, wie's ist: Ich fühl mich schon die ganze Zeit vom Toni verfolgt. Durchweg paranoid. Ablenkung durch die Kathi hin oder her: Mir geht permanent nur im

Kopf rum, wo er sich wohl bereits befindet. Jetzt kann man meinen: »Ist ja lächerlich, die steigert sich da in was rein ...« Weil doch noch gar nichts passiert ist, und bloß weil der Wolf mich gerade informiert hat und so weiter – warum hab ich mich denn so?

Aber wenn du wüsstest, wie oft und wie vehement der Toni mir aus der Haft heraus mit Vergeltung gedroht hat. Wenn du wüsstest, was für ein Brutalinski das ist. Hör mir auf!

Wenn du das wüsstest, du würdest nur rufen: »Lauf, Vikki, lauf! Schau, dass d' weiterkommst!«

Durch den Flur und vorbei am Küchenchaos betreten wir Kathis Zimmer, das mittlerweile aussieht wie ein professionelles Videostudio. Auf der linken Seite, wenn man reinkommt, stehen eine Kamera auf Stativ, zwei drehbare Handyhalterungen in der Ecke, drei Scheinwerfer sowie ein Green Screen. Davor das Kondensatormikro mit dem »stabilen Sound«. Am wichtigsten aber: das LED-Ringlicht für bestmögliche Gesichtsausleuchtung.

Der ideale Raum für unsere Eitelkeitsgymnastik.

Die übrig gebliebenen freien Flecken ihres ehemaligen Kinderzimmers sind liebevoll möbliert, und auf jeder freien Wand oder Möbelfläche befindet sich ein Sinnspruch. *The best things in life are free.* Oder: *Man kann alles schaffen, man muss nur dran glauben.* Klingt richtig gut, ist aber natürlich Unsinn. Bloß: Wenn du dir als sechzehnjähriges Mädchen irgendwelche unanfechtbaren Wahrheiten an die Zimmerwände pinnst, dann holen die Eltern ja sofort einen Psychologen. *Niemand weiß nichts*, zum Beispiel! Oder *Lebenswege können unter Umständen ganz schön kurvenreich werden*, was weiß ich. Undenkbar. Da geht's direkt mit dem Notarzt auf die Therapeutencouch oder zumindest gibt's starke Tabletten.

»Magst du einen Espresso?«, fragt die Kathi rhetorisch, weil sie bereits zwei Tässchen unter den Doppelstutzen gestellt hat und die Luxus-Espressomaschine anwirft, die aussieht wie eine kleine Garage, und – natürlich – gesponsert ist. Mit persönlichen Grüßen von Roger Federer. Sagt die Kathi.

Espresso? Ich antworte mit einem Nicken, von dem kein Mensch Notiz nimmt und das auch keine Rolle spielt, und setze mich auf den Hocker vor ihrem Schminktisch, auf dem weitere Produkte liegen, für die sie keinen Cent mehr zahlen muss.

Meine kleine Influencerin der Stunde bekommt haufenweise Sachen zugeschickt, in der Hoffnung, dass sie zufällig eines der Teile mal in die Kamera hält. Aber ohne Bezahlung läuft bei der Kathi längst nichts mehr. Gegenwärtig macht sie geschickt platzierte Werbung für eine geruchsneutrale und atmungsaktive, ökobilanzierte Fairtrade-Casual-Wear-Klamotten-Kollektion aus Mikrofaser. Die Summe, die sie angeblich für ihre schnappschusskurzen, jedoch genau getimten Einblendungen der norddeutschen Marke bekommt, glaube ich ihr nicht. Aber ich bin die Erste, die für Übertreibungen vollstes Verständnis hat.

»Danke dir«, hauche ich ihr zu, als sie mir den Espresso reicht, für den ich werde büßen müssen, auf nüchternen Magen.

»Welchem Topic wollen wir uns heute widmen?« Die Kathi redet von einem möglichen Thema für unseren Blog. »Hast du dir schon was überlegt?« Ihre Energie pegelt meiner Toni-Bedrücktheit ein klein wenig gegen.

»Wenn wir überhaupt was machen, dann nur was Kurzes ... der Wolf kommt ja gleich«, dehne ich meine Antwort ein bisschen. Unter anderem auch, weil die Kathi und ich inzwischen ziemlich sensibilisiert sind, was unsere Themenauswahl angeht. Vergangene Woche hatten wir auf meinem Account mal wieder einen Podcast-Dialog geführt, was wir ab und an machen. Sie und ich in angeregtem Zwiegespräch. (Wenn mich die Kathi bei einem meiner YouTube-Videos oder bei einer meiner Instagram-Storys besucht, steigen die Zuschauerzahlen immer exorbitant.) Wir reden dann frei von der Leber weg, über was auch immer uns interessant und aktuell erscheint. Ob Persönliches, Gesellschaftliches, Kulturelles oder auch halbwegs Politisches. Hängt ja alles zusammen.

»Hauptsache, wir machen *irgendwas*«, sagt die Kathi und klappt ihren Laptop auf. »Nichts machen ist keine Option, Vikki. Community bei Laune halten, Laune halten, Laune halten! Hihi. Wir hatten letzten Monat zwanzigtausend neue Abonnenten, das ist mega!«

Ich versuche, respektvoll zu lächeln, als wäre die Zahl in meinem Koordinatensystem genauso gewichtig wie in ihrem.

Sie mustert mich, analysiert meine Reaktion. Ich glaube, sie durchschaut mich, sie ist ja nicht blöd. Aber weil sie vielleicht mich für ein bisschen blöd hält, gibt sie noch zu bedenken: »Und wichtig, Vikki: Vorsicht! Heute bloß nichts allzu Suwwersives. (Kathi sagt immer suwwersiv statt subversiv. *Ich* wusste mit sechzehn nicht mal, was damit gemeint ist.) Wir sollten diesmal nichts ansprechen, was zu sehr aneckt, okay?«

Natürlich nicht. Mir hat der Shitstorm letzte Woche wirklich gereicht. Es gab einen Entrüstungsorkan sondergleichen!

Dabei haben wir doch nur über die Einführung der schicken Gendersternchen geredet. Also dass man jetzt immer Leser*innen sagen soll, oder ich geh zur Bäcker*in, und dabei den Stern mit so einem Glückslaut im hinteren Gaumen miteinbeziehen muss.

Dazu hab ich lediglich gemeint, dass ich das ein wenig umständlich finde (*affig* hab ich gesagt, glaube ich) und dass das Sternchen ja unter anderem so einen Menschen wie mich abbilden soll, was ich etwas bemüht finde (*aufgesetzt* hab ich es im Podcast genannt, glaube ich), allein schon, weil ich niemanden in der Transgender-Welt kenne, der darauf Wert legen würde. Ganz abgesehen davon, dass ich mich längst als vollständige Frau sehe und als vollständige Frau genug Abstraktionsvermögen besitze, dass wenn jemand sagt, er gehe zum Bäcker, dass er dann nicht unbedingt zu einem *männlichen* Bäcker geht, sondern in einen Laden entsprechender Zunft. Weil, so blöd kann doch keiner sein, dass er dafür ein Sternchen braucht.

Auweia.

Das allein hätte schon gereicht, eine Armee aus Hatern auf den Plan zu rufen.

Ja, aber dann hab ich ... Ah, ich höre die knarzigen Stufen im Treppenhaus, trotz geschlossener Türen. Falls es noch eines Beweises bedurfte, wie hellhörig die Bude ist – das muss der Wolf sein, erkenn ich schon am erhabenen Gang, obwohl er gar nicht unten geklingelt hat ... Trotzdem, das erzähl ich noch schnell: also von wegen Gendersternchen und fragwürdig und so.

Da hab ich mir was eingebrockt.

Gehts ja schon damit los, dass die Kathi die Schreibweise gar nicht so abwegig findet, im Gegenteil. Und da muss ich dann auch wieder sagen, vielleicht hat sie recht und ich bin dafür einfach schon zu festgefahren.

Der Vollständigkeit halber darf man aber nicht vergessen, dass diese modern denkende Kathi gleichzeitig flexibel genug ist, sich als glühende Klimaaktivistin täglich Amazon-Lieferungen per DHL-Diesellaster nach Hause bringen zu lassen. Und von den Pelzkrägen an ihren Winteranoraks lässt sie sich ihren Tierschutz auch nicht kleinreden.

Die Millenials, für alles offen.

Ich hab also in unserem letzten Videopodcast die Kathi

auch noch gefragt, so dialogmäßig, wie wir unser Getratsche eben handhaben, wer sich das mit den Sternchen denn ausgedacht hat. Weil, das ist schon rührend, dass sich da jemand Gedanken macht. Zumindest, solang man sich nicht daran stört, dass dieser Jemand das einfach so willkürlich bestimmt und einem als Unterstützung verkauft, was manche ja durchaus missverstehen könnten. Zum Beispiel als Bevormundung derer, denen da zur Seite gesprungen werden soll (also unter anderem mir), und die gar nicht darum gebeten haben.

Ich meine, es ist so, als würde ein junger Mann eine Oma zwingen, sie ohne Not über die Straße führen zu dürfen, damit er im Anschluss behaupten kann, er habe eine gute Tat vollbracht.

Das war's auch schon. Mehr hab ich gar nicht gesagt.

Aber dann. Ja, und dann.

Ja, bist du verrückt.

Ist das abgegangen.

Ein Sprühdurchfall in den YouTube-Kommentaren, literweise.

Beim Durchlesen hab ich direkt den Kopf eingezogen.

Wie kannst du dich Minderheiten gegenüber nur derart ignorant verhalten, stand da unter anderem – meistens etwas weniger nett formuliert, eher übergriffig, wie es Leute oft tun, die dein Bestes wollen ...

Zu berücksichtigen, dass ich einer dieser Minderheiten angehöre, hätte ihre Argumentation freilich nur verwässert.

Dreitausend Kommentare innerhalb weniger Stunden.

Die Kathi fand's mega. Drama ist ihr Ding. Aber klar, wenn du schon mit Stalkern null Probleme hast, dann können dich Hater kreuzweise.

Ich war eher ... enttäuscht. So viel Hass, da geht einem die Luft aus.

Aber die Frage bleibt natürlich: In Gottesnamen, wer ist

denn das, der verfügt, dass wir jetzt alle mit Sternchen leben sollen?

Wer. Ist. Das? Wo. Sind. Die?

Natürlich werd ich solche Themen nie mehr öffentlich aufgreifen. Mit Stichhaltigkeit machst du dich nur angreifbar.

Macht's, was ihr wollt's.

Es klingelt an der Wohnungstür. Die Kathi, die gerade einen Scheinwerfer anschalten wollte, geht und öffnet dem Wolf.

Nach ein paar netten Worten und Küsschen links, Küsschen rechts, kommen die beiden ins Zimmer, und der im Gesicht ganz glänzende Wolf sagt: »Vikki, hi, wie schaut's aus? Pack ma's?«, ich nicke »logisch«, und wir drei stehen in Aufbruchsstimmung da. Rechts von mir die Stier*in Kathi, im Türrahmen ein Widder(*in), der Herr Wolf Wolff, und in der Mitte eine Steinbock*öckin, nämlich ich.

Kurze Stille. Während der wir alle etwas ratlos dreinblicken, weil der Wolf und die Kathi sich zwar gut leiden können, aber nie einen Gesprächseinstieg finden. Und als der Ältere und Hinzugekommene müsste ja eigentlich der Wolf der Höflichkeit halber noch schnell smalltalkmäßig was rauslassen.

Ich will das gerade in die Hand nehmen, als dem Wolf in seiner dicken Biker-Lederjacke doch noch einfällt, »Boah, ist das heiß hier drinnen« zu murmeln, und dabei überschneiden wir uns mit dem, was ich zum Besten gebe, nämlich: »Kathi, sei mir nicht bös, der Wolf und ich sollten los, warum genau, sag ich dir, wenn wir uns wiedersehen, okay?«

Für sie ist das völlig okay. »Ich muss sowieso auch bald weiter. Machen wir unsere neue Episode eben das nächste Mal«, flötet sie munter und schaut auf das Armband an ihrem Handgelenk, das so was wie eine Uhr ist – mit Pulsmesser und Vitalfunktionsparameteranzeige. Wurde ihr von einem jungen Start-up zur Verfügung gestellt, dessen Gründer beide neunzehn sind.

Höchste Zeit.

Ich stöckel in meinen halbhohen Schuhen schon Richtung Flur, der Wolf dreht sich in all seiner Breite beiseite, damit ich vorbeipasse, als die Kathi ruft: »Moment, Moment!«, und ich ahne, was jetzt kommt.

Keine zwölf Sekunden später stehen wir drei Arm in Arm nebeneinander, im engen Gang, und die Kathi hält ihr Handy einarmig in die Höhe, die Linse auf uns gerichtet, zählt uns ein, »Smile für Instagram! Wuhuu-uh! Eins, zwei ...«, drückt auf »drei« ab, und das Selfie zeigt den Wolf mit aufgerissenem Kampfschrei-Mund und Teufelshörner-Handzeichen, mich in der Mitte, mit gestülpten Lippen und aufgerissenen Augen, und im Bild rechts die Kathi mit schrägem Kopf, eingesogenen Wangen und Peace-Symbol-Fingern.

Sauber.

Unser exemplarisches Porträt für den Istzustand der Menschheit. Nach meiner eigenen inneren Unruhe zu urteilen: die Krone der Erschöpfung.

Die Sonne brennt dem Wolf und mir auf die Schädel, als wir den Gehsteig vor meinem Wohnhaus betreten. Es ist noch nicht mal Mittag.

»Da lang«, sagt der Wolf und schlenkert seinen Kopf nackensteif nach links. Er trägt meine beiden Taschen, wegen denen ich antworte, dass das doch jetzt völliger Blödsinn sei.

»Wie sollen wir das Gepäck auf deine China-Harley schnallen, wenn ich selbst auch noch mit raufmuss.«

»Wird schon gehen, irgendwie.«

So ein Käse. Wenn der Nonsens zu groß wird, krieg ich immer so eine universelle Verzweiflung, stoßweise!

»Jetzt pass auf, wir lagern die Taschen in meinem Wagen zwischen, und wenn wir mit dem Achmet gesprochen haben, schauen wir weiter und holen sie dann ab oder fahren mit dem Auto weiter. Gut?«

»Gut«, erwidert der Wolf superkurz, nur so *Gt*, und ich zeige ihm, wo ich geparkt habe. Parkplatzsuche Innenstadt, nie unter zwanzig Minuten Lebenszeitverlust.

Dass wir zum Achmet fahren, haben wir eben im Treppenhaus beschlossen. Zackzack. Der Achmet ist unser erster Ansatzpunkt im Fall Toni Besenwiesler.

Wir deponieren beide Taschen in meinem Auto, laufen zurück zu Wolfs Bike, auf dem Weg kickt er noch einen auf dem Gehsteig abgestellten E-Roller um, halt so, weil ihn die echt aufregen, und, wenn du mich fragst, weil der E-Roller heute den Toni symbolisiert, weil der Toni, genau wie ein

E-Roller, eine Unnötigkeit darstellt, die gar nicht erst wieder mühsam beseitigt werden müsste, wenn sie gar nicht erst existieren würde – und schon besteigen wir den breiten Ledersitz des in der Sonne brutzelnden Motorrads.

Der Wolf, in seiner vollen »Switch Blades«-Kluft und mit schwarzem Halbschalen-Stahlhelm, steuert die Riesenmaschine durch die Lindwurmstraße, Richtung Laim, ich hinten drauf, meine blonde Mähne weht im heißen Fahrtwind, mit meinen ärmelfreien Armen umklammere ich Wolfs Hüfte, wobei Bauchansatz treffender wäre.

Bevor *ich* einen Helm aufziehe, friert die Hölle zu. Ehrlich wahr. Irgendwo muss auch Schluss sein.

Ich schrei dem Wolf ins Ohr, gegen das Geknatter des Motors: »Bin gespannt, ob der Achmet uns helfen kann.«

»Oder will!«, kontert der Wolf völlig zu Recht, ohne auch nur einen Kilometer schneller zu fahren. Das könnte nämlich unseren tollen königlich-souveränen Eindruck zunichtemachen, den man mit 27 km/h auf einer ausgewiesenen Raserstraße hinterlässt.

Die anderen Verkehrsteilnehmer zischen nur so an uns vorbei. Gezwungenermaßen rechts, weil der Wolf ausschließlich links fährt. Logo.

»Mal schauen, ob der Achmet überhaupt schon weiß, dass der Toni ausgebrochen ist«, brülle ich unter den Rand von Wolfs Chopper-Helm.

Wegen der akustischen Verständlichkeit neigt der Wolf seinen Kopf leicht zur Seite, blickt aber immer vorbildlich geradeaus: »Wenn jemand auf dem aktuellen Stand ist, dann der Achmet.«

»Dreizehn Jahre sind eine lange Zeit. Vielleicht ist der Achmet inzwischen etwas entspannter, was die Sache angeht, und hilft uns rauszufinden, was damals wirklich geschehen ist. Aus aktuellem Anlass sozusagen!«, krächze ich, weil meine Stimmbänder vom Schreien schon ganz abgewetzt sind. Kann man sich das vorstellen? Weit, weit über ein Jahrzehnt ist der Toni nun weggesperrt gewesen und schiebt auch genauso lange schon seinen Hass auf mich – nur habe ich keinen blassen Schimmer, wie er darauf kommt, dass ich irgendein Komplott gegen ihn geschmiedet hätte, in das auch der Achmet irgendwie verwickelt gewesen wäre. Und wieso der Toni überhaupt seine eigene Frau entsorgt hat.

Das soll in Zusammenhang mit mir stehen?

Zugegeben, *ganz* abwegig ist es nicht, aber da muss man als Toni schon sehr zum Sich-was-Zusammenspekulieren neigen. Und wenn man sich dann so im Rumspinnen verliert, könnte man schlussfolgern, dass der eine oder andere Hinweis durch meine Hände gegangen ist, weil ich damals auch schon als Vertrauensfrau für die Münchner Kripo tätig war. *Vertrauensfrau* – weiß man, was damit gemeint ist?

Also V-Mann, das sagt einem was, vermute ich. Dann bin ich das weibliche Pendant dazu, eine V-Frau. Oder ist das nicht mehr politisch korrekt? Müsste es V-Männ*in heißen?

In gewisser Weise eine bezaubernde Wortschöpfung für eine Selbstschöpfung wie mich. Wobei, Vorsicht, nicht, dass sich da gleich wieder jemand auf den Schlips getreten fühlt. Irgendwo.

Jedenfalls werde ich immer wieder undercover eingesetzt, um im bunten Schattenreich der Münchner Szene, je nach Bedarf, ein paar Insider-Auskünfte einzuholen.

Wie das ausschaut? Mal ein Beispiel: Mein letzter Fall war der Promizahnarzt Dr. med. Henry Brezner. *Promizahnarzt!* Weiß man gleich Bescheid. Stümper mit Schickeria-Neurose. Regionalmedien-Kasper halt. Und dieser Dr. Brezner, weil ich Profi bin, nenn ich ihn im Folgenden nur H. B., wegen dem Anspruch aufs Persönlichkeitsrecht, auch wenn's mir jetzt aus Versehen schon im Ganzen rausgerutscht ist.

Dieser Dr. H. B. hat sich jeden zweiten Sonntag im Hotel Bayerischer Hof mit drei Prostituierten eine Auszeit gegönnt. Entspannung vom Bohren und »Mund bitte weit öffnen«-Sagen.

Im Zimmer 507 gab's zu diesem Zwecke eben regelmäßig körperlichen Austausch und vor allem eine saftige Kokserei samt sonstigen Substanzen. Und die Polizei hegte ein berechtigtes Interesse, über den H. B. wiederum einen gewissen Kokain-Großdealer zu überführen. Nämlich den Elmar Schütte. Aaah! Schon wieder! Also den *E. S.*, meine ich. Dazu musste die Kripo aber zunächst mal den H. B. in flagranti erwischen, um Druck ausüben zu können, damit sie an die dringend notwendigen Eckdaten vom E. S. gelangt.

Mein Teil des Vorhabens war es, herauszufinden, wann genau und wo genau der H. B. seine nächste Party steigen lässt und wer da noch so alles drin verstrickt ist – und da hab ich mich einfach ein bisschen umgehört. Da waren eine Menge Leute involviert, das glaubt man immer gar nicht.

So. Nur als Beispiel, von wegen V-Frau.

Genau. Und dafür bekomme ich dann meinen Betrag X.

Bezahlt werd ich bar, schwarz. Vom Staat! In Form der Polizeibehörde. Dafür gibt's bei denen ein eigenes Abrechnungssystem, das musst du dir mal vorstellen. Eine eigene Kasse für Mauscheleien.

Umschlag mit Geldscheinen in die Hand, *Vielen Dank, Frau Victoria, vielleicht ja bis zum nächsten Mal, wir melden uns*, und aus. Parallelwelten. Als Zubrot wunderbar.

Nicht, dass jetzt der Eindruck entsteht, für Bezahlung mach ich alles. Wenn ich jemanden mag, oder das Vergehen läppisch finde, schweige ich wie ein Grab. Dann leite ich nichts weiter. Wobei natürlich der Prozentsatz der liebenswerten Mitmenschen auf der Welt, der ist schon eher niedrig, wissen wir ja alle.

Gleich bei meinem ersten Einsatz, vor rund vierzehn Jahren, hab ich übrigens den Wolf kennengelernt, der damals mit Mahagonitischen und Standuhren ein bisschen Antiquitäten-Hehlerei betrieben hat.

Und mit genau diesem vor mir sitzenden Ex-Nebenbei-Hehler (den ich damals natürlich nicht verpfiffen habe) gondel ich gerade bereits die Landsberger Straße hoch und hoffe, wir lösen das unerwartet wieder in unser Leben getretene Toni-Problem.

Mensch, is des heiß. Mir läuft der Schweiß das Rückgrat runter.

Auf Höhe, wo nachts immer die Nutten stehen, biegen wir links ab und folgen die letzten Meter unserer Zeitlupenreise dem Grünstreifen einer Trambahn-Trasse, bugsieren die Maschine auf Höhe unseres Ziels behutsam über die Bordsteinkante zu unserer Rechten und kommen unter zwei riesigen Linden zum Halt, die auf dem Vorplatz des gläsernen Gebäudes stehen, in dem sich das Café Marianne befindet.

Der lediglich eingeschossige Glaskasten wird von zwei mehrstöckigen Wohnhäusern eingerahmt und wirkt, mitten im Stadtgebiet und an einer befahrenen Straße gelegen, wie ein ungenehmigter Bau in einem ansonsten völlig anders gearteten Umfeld. Beinah romantisch, idyllisch und wie aus dem Kontext gerissen. Die hohen Bäume im Vordergrund, das lichtdurchlässige Häuschen, innen ein Selbstbedienungscafé. So weit die Elemente. Klingt aber besser, als es ist.

Das Café Marianne ist das schmuddeligste Dreckloch, das man sich gastronomisch vorstellen kann. Die Besitzerin Marianne »Raucherhusten« Pröbstl bedient hier persönlich. Wenn du einen Tee bestellst und ihr fällt der Beutel in die Tasse, holt sie ihn dir mit ihren vergilbten Pratzen gleich selbst aus dem Wasser. Mit ihrer patentierten Zweifingertechnik. Den Nikotinnachgeschmack gibt's gratis dazu.

Mit ein bisschen Glück hustet sie dir auch noch rein.

Die Möbel sehen aus wie vom Sperrmüll, die Brötchen hinter den milchigen Scheiben der Vitrine wirken wie von der Vorwoche des Vormonats, labbrig wäre ein Kompliment, und das einzig Sichere, was du hier zu dir nehmen kannst, ohne in den Folgetagen auf erste Hepatitissymptome achten zu müssen, steht hinter der Glastür des unwirtlichen Industriekühlschranks, der den atmosphärischen Charme einer Zwickauer Autowerkstatt versprüht und eine ungeordnete Aneinanderreihung von Null-Komma-fünf-Liter-Flaschen beherbergt. Cola, Fanta, Sprite, Bier, Spezi, Red Bull, Jägermeister ... Man kann sich's vorstellen. (Kleiner Tipp: Verfallsdatum checken!)

Angesichts dieser Vollkatastrophe fragt man sich doch, wieso der Laden nicht längst pleite ist. Und wie die Marianne »Kehlkopfknarzi« Pröbstl sich einen Porsche-SUV leisten kann.

Nun, beim Café Marianne handelt es sich um das inoffizielle Hauptquartier der Großfamilie Kyriakides, was zunächst mal griechisch klingt, aber inhaltlich türkisch daherkommt. Frag mich nicht, wieso.

Achmet ist das Oberhaupt der weitverzweigten türkischen Sippschaft Kyriakides und macht beruflich in Prostitution, Drogenhandel sowie Online-Betrug und Privatkrediten. Höchstes Niveau. Acht Brüder nennt allein er sein Eigen, und wenn man ganz genau suchen würde, fände man über Bayern verteilt bestimmt an die zweitausend mehr oder weniger enge Verwandte, auf die der Achmet im Bedarfsfall zählen kann. Allein schon, weil dem Achmet ein dermaßen brutaler Ruf vorauseilt, dass niemand auf die Idee käme, ihm einen Wunsch *ab*zuschlagen, denn sonst wird Fresse *ein*geschlagen.

Die ortsansässige Polizeigewalt hat zum einen dermaßen Schiss vor dem Achmet und seinen Leuten und weiß zum anderen um die Aussichtslosigkeit, seinen gigantischen kriminellen Sumpf jemals auch nur ansatzweise trockenzulegen, weshalb sie sich seit Jahren nicht nur entschlossen hat, ihn in den allermeisten Fällen unbehelligt gewähren zu lassen, sondern teilweise auch mit ihm zu kooperieren. Was wiederum dazu führt, dass der Achmet es längst für schlicht *gottgegeben unmöglich* hält, dass seine Machenschaften jemals Konsequenzen nach sich ziehen könnten.

Was wiederum dazu führt, dass seine Hybris die eines bayerischen Ministerpräsidenten um ein Weites übersteigt.

Unter uns: Natürlich ist der Achmet ein Cleverle.

Intern den Laden ständig sauber zu halten, die eigene Machtposition unanfechtbar zu behaupten, sich ständig mit seinen Handlangern, diesem Haufen dumpfer Assis, rumzuschlagen und eine ordentliche, wirkkräftige Hackordnung zu etablieren ... Ganz zu schweigen von den verschiedenen Geschäftsfeldern und deren dauernden Herausforderungen. Das nötigt einem schon auch Respekt ab.

Bereits als Jugendlicher hat der Achmet an seinen ehrgeizigen Plänen gefeilt. Hat früh erkannt, dass die großen Familienclans in Hamburg und Berlin, russisch wie irakisch wie tunesisch, ein feines und lukratives Gewaltkonzept entwickelt hatten, das an der Isar noch eine Marktlücke darstellte, die zu füllen er, ohne zu zögern, gewillt war. München war die Zukunft. Damals.

Da hat er schon den richtigen Riecher gehabt. Und heute, siehe da: Hamburg den Osteuropäern, Berlin den Arabern, München dem Achmet.

Weitsicht, Ruchlosigkeit, angehende Tonsurglatze mit Ende dreißig, voilà, Achmet, der Große aus Laim.

Warum auch immer – wegen der Lage?, wegen des klebrigen Bodens? –, hat er das Café Marianne und keine klassische Shisha-Bar im Zentrum zur Schaltzentrale seines Imperiums erkoren.

Nicht zu Marianne »Atemwegskarzinom« Pröbstls Schaden, wie wir alle wissen. Ihre Jobbeschreibung: versiffte Verpflegung garantieren, selten durchwischen und Klappe halten.

Ohnehin wird sich das Gesundheitsamt hüten, hier irgendwelche Hygienemängel zu diagnostizieren. Die sind ja nicht lebensmüde.

Man findet den Achmet fast immer hier. Tag und Nacht.

Voranmeldung nicht nötig.

»Na dann, viel Glück«, gibt der Wolf mir mit auf den Weg, wobei er den Helm runterzieht und sich durch die heute besonders streng zum Zopf gestrafften Haare streicht. Ich nicke, steige von der Maschine und richte mir die seitlichen Locken, indem ich meine Handflächen entlang des Halses nach oben federn lasse. Gemäß Absprache wird der Wolf auf seiner geparkten Maschine sitzen bleiben und warten. Er und der Achmet können ja überhaupt nicht miteinander. Warum, erzähl ich später.

Die Fenstertüren zum verwaisten Außenbereich des Cafés sind weit aufgeschoben. Der Achmet sitzt an einem breiten Hochtisch in der Mitte des Innenraums vor einer Tasse Tee. Im Hintergrund, etwas abgedunkelt, an einem runden Vierertisch, sitzen drei Luftpumpen in schwarzen T-Shirts und spielen rauchend ein Brettspiel. Natürlich jeder für sich auf seinem Handy. Sie haben wohl Präsenzdienst und warten auf Anweisungen von ihrem Chef.

»Vikki, welch Ehre!«, ruft der Achmet, als er mich erkennt

und ich ihm bereits entgegenstakse, noch etwas steif von der epischen Fahrt. So Tippelschritte.

»Achmet, ich grüße dich und freue mich«, zirpe ich ihm zu und bleibe auf der Eingangsschwelle stehen, als Achmets Handy klingelt, er mir entschuldigend ein Handzeichen gibt, zu warten, rangeht, zwei krampfartige Sätze auf Türkisch von sich gibt und klar wird: Hier bekommt gerade jemand einen Anschiss gratis.

»Vikki, entschuldige. Meine Leute«, sagt er, als wär's eine Erklärung.

»Überhaupt kein Problem. Ach, grüß dich, Marianne«, beachte ich pro forma auch noch die Marianne »Zahnfäule« Pröbstl, die hinter der Theke an einem Kuchenexkrement herumfuhrwerkt. Damit wir das hätten. Sie nickt gehässig. Schön *und* charmant zugleich, die oide Schabrack'n. Das volle Paket.

»Long time no see!« Der Achmet umarmt mich, bittet mich an seinen tafelgroßen Hochtisch, rückt mir den Barhocker raus und mir dann wieder unter. Benehmen tadellos, muss man schon sagen, wie bei allen Henkern und Massenmördern.

»Darf ich dir was zu trinken anbieten, Vikki? Magst du türkischen Tee? Is gut!«

»Äh ... lieber eine Cola, bitte«, rudere ich rum, weil Penicillin hab ich grad nicht dabei, daher auf keinen Fall Mariannes Todestee.

Der Achmet ruft Marianne zärtlich meine Bestellung zu (»Hey, eine Coke!«), und sie quittiert das gleich mal mit umfassender Reaktionslosigkeit. Der Achmet erwartet sowieso nichts. Da verstehen sich zwei auch ohne Worte.

»Achmet, darf ich gleich zur Sache kommen? Hast du's schon gehört? Unser lieber Toni Besenwiesler ist seit gestern wieder auf freiem Fuß. Selbst gewählt! Er ist ausgebrochen.«

»Wirklich? Der gute alte Toni?« Der Achmet tut überrascht, was mich nicht überrascht. Immer erst mal auf arglos machen. Der weiß ganz genau über seine Pappenheimer Bescheid, schätze ich. Halb Stadelheim hat schon mal mehr oder weniger für den Achmet gearbeitet. Da spricht sich so eine Sensation wie ein Ausbruch schnell rum.

Ich fahre unbeirrt fort: »Du erinnerst dich ja sicher noch, wie das damals lief. Zwotausendsechs? Sieben? ... Acht?«

Der Achmet zuckt mit den Schultern, nickt, so was rum, ja.

»Ich muss rauskriegen, wo der Toni sich gerade aufhält und was er vorhat«, sage ich. »Die ganzen dreizehn Jahre über vergingen nie mehr als ein paar Monate am Stück, in denen ich nicht einen Drohbrief oder eine E-Mail von ihm erhalten habe. Weiß der Teufel, wie er das aus dem Knast immer hinbekommen hat. Und jedes Mal hat er angekündigt, dass, wenn er mich in die Finger kriegt, dann ... Also ... Wenn ich ihn nicht finde, bevor er mich findet, hab ich schlechte Karten. Du weißt, wie brutal er ist.«

»Ich erinnere mich, ich erinnere mich, meine gute Vikki.« Der Achmet tut jetzt so, als wäre er der Dalai Lama in weit aufgeknöpftem Zuhälterhemd, pendelt so ganz langsam mit dem Kopf und parodiert ungewollt einen Tattergreis. »Ja, ja, der Toni ist unberechenbar. Wir haben uns auch alle immer gefragt, wieso er so einen unendlichen Hass auf dich hat.«

Wirklich?

»Du hast doch auch noch eine Rechnung mit ihm offen, oder?«, spreche ich umgehend einen wunden Punkt an, um den Achmet zu triggern. Hier öffnet sich nämlich gerade etwas, habe ich den Eindruck. Im seelischen Sinne.

Zwischen den beiden steht ja ein großer Vertrauensbruch, haben sie einst doch sehr eng zusammengearbeitet.

Der Toni hatte während seiner Zeit als Chef-Inkassomanager in Achmets Privatkreditabteilung genug Interna gesammelt, um den Achmet im Bedarfsfall sauber hinzuhängen. Nun muss man wissen, dass der Terminus *Inkassomanager* im Kontext von Achmets Unternehmen weniger mit dem Verfassen von Mahnschreiben zu tun hat als vielmehr mit der fachgerechten Handhabung hoch qualitativer Stahl-Baseballschläger.

Entsprechend breit gefächert war auch Tonis Hintergrundwissen zu Achmets Geschäftspraktiken, das preiszugeben der Toni der Oberstaatsanwaltschaft München nach seiner Verhaftung auch umgehend angeboten hat. Als Gegenleistung für ein milderes Urteil.

So hat man es zumindest läuten gehört.

Jedoch kam ein solcher Deal mit Staatsanwalt Dr. Opitz enttäuschenderweise nicht zustande, da auch ein Staatsanwalt Familie hat. Dieses Umstands hat sich nämlich wiederum der Achmet zu gegebener Zeit höchstselbst rückversichert, als er den Herrn Dr. Opitz einmal auf dem Gang des Gerichtsgebäudes abpasste, um ihn ganz unverfänglich zu fragen, ob er Frau und Kinder habe. Und ob er seine Frau und seine Kinder denn liebe.

Ganz neutrale Erkundigung.

Und sieh an: Der Dr. Opitz hatte verstanden. Allein schon die Vieldeutigkeit dieser an sich harmlosen Nachfrage hielt den Achmet schadlos. Bis heute.

Vergessen hat der Achmet dem Toni die Ungenauigkeit in der Auslegung des Begriffs »Loyalität« deswegen noch lange nicht. Mehr noch soll der Achmet dafür gesorgt haben, dass der Toni im Knast nicht so recht zur Ruhe kam. Aufgemischt soll er die ganze Zeit worden sein, von seinen Mithäftlingen.

Ein verschärfter Dauer-Katastrophenzustand also, der Tonis Abneigung gegen mich, die er für einen der Gründe seiner Verhaftung hält, nur noch gesteigert haben dürfte.

»Der Toni ist mir scheißegal«, feuert der Achmet ab, wie es für sein hitziges Wesen nicht untypisch ist, und durchschneidet die Stille im Café Marianne mit seiner hellen Stimme. Gemäß seiner Erfahrenheit mit der eigenen Impulsivität mäßigt er sich aber schnell und flüstert dann beinah: »Ich habe meinen Frieden mit der Vergangenheit geschlossen, Vikki. Soll er machen, was er will.« Dieses überkompensierte Gelaber könnte auch Tonis Todesurteil bedeuten, jetzt, da er wieder draußen herumläuft. Recht wär's mir schon, so ist es nicht.

»Wenn er meint, drei Monate vor seiner regulären Entlassung fliehen zu müssen – soll er. Ist mir wirklich scheißegal«, wiederholt der Achmet und offenbart mit der Kenntnis von Tonis offiziellem Entlassungsdatum einen Ticken zu viel Detailkenntnis.

»Ein Grund mehr, mir zu verraten, wo der Toni sich gerade aufhält und was er vorhat, oder? Wenn dir alles egal ist?«, gurre ich kokett, um mein Gefühl brennender Dringlichkeit nicht zu offenbaren.

»Du glaubst mir also nicht, dass ich keine Ahnung habe?«

»Äääh – nein!«

Der Achmet lacht laut auf. »Na gut, aber ich sag's dir nicht!«

»Also weißt du's auch nicht?!« Ich lache künstlich, mehr ist nicht drin.

»Hahahahahaha, Vikki, du schlaues Ding!« Ein Chauvispruch zwischendurch schadet nie. Ich spiele mit, sage begeistert: »Also weißt du's?«

»Hahahahahaha, Vikki, Vikki. Ich bleibe stumm. Du musst wissen: Meine Charakterstärke ist auch meine größte Schwäche, haha.«

Einen Moment bin ich sprachlos. Hat er gerade wirklich einen geistreichen Scherz gemacht? Muss ein Versehen gewesen sein.

Die Marianne bringt mir eine ungeöffnete (Gott sei Dank) Plastik-Colaflasche und ein Glas an unseren Hochtisch, knallt beides mit einem Wumms vor mir auf die Tischplatte.

»Danke«, sage ich genau richtig freundlich in ihre Richtung und ernte ein kurzatmiges Schnauben. Genug, um ihr Wölkchen Mundjauche zu erahnen.

»Wie ich sehe, ist für deine Sicherheit gesorgt?«, lenkt der Achmet auf ein neues Thema, indem er mit einer diffusen Kopfbewegung verächtlich nach draußen auf Wolf zeigt. »Du weißt, Vikki, wenn du wirklich mal Hilfe brauchst, komm jederzeit zu mir. Der Loser wird dir nicht gerecht.«

Es gelingt mir, eine Miene aufzusetzen, die den Achmet glauben macht, dass mir die Unterhaltung nicht schlagartig zu anstrengend wird. Früher oder später eröffnet sich einem Achmets einfaches Gemüt dann eben doch immer.

Die Antipathie zwischen dem Achmet und dem Wolf geht nämlich zurück auf ein legendäres Gemetzel zwischen den Switch Blades und Achmets Hehler-Gang am Münchner Hauptbahnhof. Rund vierzig Biker-Rocker gegen etwa genau so viele Jungs vom Achmet. Motto der Veranstaltung: mein Revier, dein Revier. Drei Tote, zwei baffe Hundertschaften der Polizei, ein Unentschieden. Ist schon etwas her.

»Das ist sehr nett, mein lieber Achmet. Gut zu wissen«, antworte ich, obwohl ich weiß, dass Ironie eine Nische ist.

Genau in dem Moment, in dem ich ansetze, meinen ersten und letzten Schluck Cola zu mir zu nehmen, als Einleitung meines Aufbruchs sozusagen, zwischen dem Achmet und mir ist alles gesagt, tutet mein Handy, und zwar der glockige WhatsApp-Ton. Ich will mich schon beim Achmet entschuldigen, ganz old school schlechtes Gewissen, weil ich das Telefon nicht auf lautlos gestellt habe. Aber zum Glück tutet es beim Achmet auch. Und deshalb kucken wir beide auf unsere Smartphones, simultan, kein Problem.

Eine unbekannte Nummer hat mir Na ihr? Wie geht's? geschickt. Kurz bin ich verwirrt. Wenn einer schon *Na ihr?* schreibt!

Und was heißt hier *ihr?* Meint der Schreiber den Wolf und mich, oder den Achmet und mich? Ist es gar die Kathi mit neuer Nummer, die mir da whatsappt?

Ich höre noch den Achmet, der fragend auf sein eigenes Handy schaut, nuscheln: »*Na ihr?* Was soll das heißen? ... Was soll die Scheiße?«, als eine ohrenbetäubende Detonation die Stille des Cafés zerreißt. Ein grellweißer Blitz erleuchtet den Raum, und einen Moment bin ich wie geblendet. Ich erschrecke, überlege hektisch. Schon im nächsten Augenblick überdeckt das markerschütternde Einstürzen der Decke über dem Thekenbereich jedes andere Geräusch. Ohne weiteres Abwägen springe ich vom Hocker und laufe die paar Meter hinaus, durch die glücklicherweise offen stehende Front des Cafés auf den Vorplatz, nicht ohne vorher noch nach meiner Handtasche gegriffen zu haben. Ich weiß auch nicht – ein Automatismus. Der Wolf hat instinktiv ein paar Schritte hinter seine Maschine gemacht, steht an der Bordsteinkante und hält sich einen Arm schützend vors Gesicht, den anderen streckt er seitlich aus, um mich einzufangen.

Wir stehen da, aneinanderhängend. In meinem linken Ohr summt's, meine Wangen und Haare sind voller pulvrigem Staub.

Der Achmet hat's ebenfalls raus geschafft. Genau wie die drei Handyzocker vom Kindertisch. Sie saßen hinter uns rechts.

Der Bereich links jedoch, in dem sich die Marianne aufhielt, liegt in Schutt und Asche. Die Druckwelle hat alles einstürzen lassen. Das Glasgebäude steht nur noch gut zur Hälfte. In der Mitte klafft ein riesiges Loch in der Decke,

Scheiben sind zerborsten, Metallstreben hängen schief und quer überall. Auf meinem vormaligen Sitzplatz liegt ein Lichtröhrenkasten, noch halb am Kabel.

Mein Gott! Was ist passiert?

»Fuck«, höre ich den Achmet sagen. »Fu-u-uck!« Und dann gibt er den drei Trotteln auf Türkisch ein paar zackige Befehle. Die schauen ihn bloß wie Eulen an und starren dann mit offenen Mündern wieder auf die Müllhalde, die mal das Café Marianne war.

Ich glaube, dessen derzeitiger Zustand ist der erste seit Jahren, in dem das Gesundheitsamt der Marianne dafür eine reguläre Betriebsgenehmigung ausgestellt hätte.

»Lass uns abhauen«, röhrt Wolf plötzlich aktionistisch, »bevor hier noch eine zweite Ladung hochgeht. Die haben bestimmt geplant, das ganze Gebäude zu sprengen. Das war 'ne Fehlzündung oder so. Pfusch. Schau'n wir, dass wir weiterkommen«, und steigt schon mal auf die Maschine. Ich zögere einen Augenblick, in einer Mischung aus Pietät gegenüber der Marianne, der guten alten Stinkemarianne, der der Rauch, der die Ruine jetzt teilweise einhüllt, sicher gefallen hätte, Rauch war ja ihr Ein und Alles – und ich zögere auch, weil so eine gemeinsam überlebte Explosion den Achmet und mich doch noch ein paar Worte wechseln lassen sollte. Zur Verarbeitung. Ein Riesenglück, oder? Da überlebt man so ein Inferno mit leichten Kratzern!

Welt geht unter, nix passiert.

Aber das sind Sentimentalitäten.

Harte Realität hingegen ist eine weitere WhatsApp, die ich wenige Minuten später erhalte, als der Wolf und ich bereits die Landsberger Straße stadteinwärts zurückrasen. 120 km/h in der Fünfzigerzone.

Geht doch.

Ich lasse mir die WhatsApp-Nachricht kurz durch den

Kopf gehen, als mir unversehens klar wird, was jetzt zu tun ist. Die Erleuchtung trifft mich spitz wie eine Epiliernadel.

Ich muss sofort zurück.

Dorthin, wo das ganze Theater mit dem Toni begonnen hat.

Zurück in meine niederbayerische Heimat.

Zurück nach Übertreibling.

5

Liebe Vikki, es ist lang her, aber vielleicht erinnerst Du Dich noch an mich. Ich bin die Jessica, die Schwester vom Toni Besenwiesler. Ich habe soeben erfahren, dass der Toni aus der Haftanstalt Stadelheim geflohen ist, und möchte Dir das auf diesem Wege mitteilen, weil ich finde, dass Du das wissen solltest. Falls Du es noch nicht gehört hast. Bitte pass auf Dich auf, alles Gute, Deine Jessica

Dahinter zwei Herz-Emojis in Rot und Grün.

Das ist der Wortlaut der WhatsApp, die ich, keine zehn Minuten, nachdem Mariannes Café pulverisiert wurde, bekommen hab.

Na sicher erinnere ich mich an Tonis Schwester, die Jessica. Über zwanzig Jahre dürfte es her sein, dass ich sie das letzte Mal gesehen habe. Die Tschessika (so spricht man's aus) war eigentlich immer ganz nett oder zumindest neutral. Hat sich damals den Schulhofattacken ihres Bruders gegen mich nie angeschlossen.

Dass sie jetzt meint, mir eine Warnung schicken zu müssen, trifft mich völlig unerwartet. Unsere gemeinsame Jugend in Übertreibling berührt das mit Tonis Irrglauben, ich sei irgendwie involviert gewesen in die Affäre rund um seinen Mord an seiner Frau (den er beharrlich abstreitet), doch gar nicht. Was hat also die Jessica damit zu tun?

Diese Ungereimtheit ist dubios genug, um ihr unverzüglich nachzugehen.

Außerdem ist gerade eine Bombe explodiert, mit mir mitten im Geschehen. Angekündigt durch eine Handynachricht, die *Na ihr? Wie geht's?* lautete. An Achmet und mich gleichzeitig gesendet.

Von den beiden Sätzen allein krieg ich Gänsehaut.

Und gleich darauf schreibt mir dann auch noch Tonis Schwester? Wo sonst also sollte ich anfangen als bei Jessica, die nach wie vor in Übertreibling lebt?

Es wird ihr sicherlich nicht recht sein, wenn ich gleich auf ihrer Türschwelle stehe, aber das hilft jetzt nichts.

Mit meinem Mini presche ich die A92 Richtung alte Heimat entlang, kleine Umwege inklusive. Der Wolf folgt mir auf seiner Zwei-Zylinder-Kiste.

Im Konvoi reisen ist immer anstrengend. Was ist besser? Vorausfahren oder hinterherfahren? Hinterherfahren, klar. Stresst weniger. Aber wir müssen ja vorankommen.

Keine einzige Wolke am postkartenblauen Himmel. Die von der Sonne wie überbelichtet wirkende Landschaft fliegt an mir vorbei, und ich sehe die Wiesen und Felder, die die Autobahn umrahmen und die allesamt so befremdlich ausgedorrt wirken, wie mir immer nur die Natur in Italien oder Griechenland vorgekommen ist, wenn ich als Kind mit meinen Eltern im Auto in den Urlaub gefahren bin.

Jetzt ist der prügelharte UV-Strahlungssommer auch bei uns die alljährliche Regel, aber ich gewöhn mich einfach nicht an diese südländische Trockenflora.

Alle vier Seitenfenster sind einen Spalt geöffnet, nicht zu viel, weil mir starker Fahrtwind schon sehr bald auf den Wecker geht. Ab und zu prüfe ich über den Rückspiegel, ob der Wolf noch da ist.

Ist er.

Immer wieder rufen wir einander während der Fahrt an und sprechen über das Unfassbare, das gerade mit Achmets gläsernem Hauptquartier passiert ist, und wie wir jetzt weiter vorgehen. Ist schon lustig, mit jemandem zu telefonieren, der direkt hinter dir fährt.

Gerade kommt der Wolf ordentlich ins Schlingern, wie ich im Rückspiegel sehe, weil er einen Spaß gemacht hat. So von wegen, übers Telefon witzeln: »Vikki, nur zur Info, ich glaub, ich krieg an Schlaganfall, uaaah«, und dann kasperlmäßig links, rechts, links, rechts hin und her schlenkern, verstehste, Balance verlieren, sich mit den Armen verheddern, und wumms. Und bei einer Harley, wie auch bei Wolfs Harley-Abklatsch, muss man ja beim Fahren die Hände die ganze Zeit so nach oben strecken, weil der Lenker so hoch ist. Wie bei einer La-Ola-Welle. Und wenn du da zu schnelle Ausweichbewegungen machst, verlierst du ruckzuck die Kontrolle und wedelst nicht mehr mit dem Lenker, sondern der Lenker wedelt mit dir. Genau das passiert gerade dem Wolf. Du lieber Himmel, beinah hätt's ihn hingehauen, mitten auf der Autobahn. Vor lauter Blödsinn im Kopf. Totale Wackelpartie. So was sieht man selten.

Aber jetzt ist er wieder auf Spur, hat sich gerade noch derfangen, der Wolf – und tut cool, als ob's geplant gewesen wär. Typisch.

Du, so ernst kann ein Weltuntergang gar nicht sein, dass der Wolf nicht noch auf einen Albernheitsdünnschiss vom Feinsten kommt. So einen klamaukigen für zwischendurch.

Ich find das super.

Und ich müsst auch mal wieder nach vorn statt in den Rückspiegel schauen. Mach ich. Alles okay. Schwein gehabt.

Wir beide.

Als wir das Ortsschild von Übertreibling passieren und ich die altvertrauten dörflichen Straßenzüge und Gebäudesilhouetten sehe, überflutet mich sofort die übliche Mixtur aus künstlicher Nostalgie und ferngesteuertem Befremden. Aber nur kurz. Ich sehe plötzlich alles um mich herum aus der Perspektive einer Einheimischen, die durch die Brille einer Touristin schaut. Besser kann ich's unmöglich beschreiben. Daher geb ich, wie jedes Mal, schnellstens auf, meine gemischten Gefühle einordnen zu wollen, und konzentrier mich auf was anderes.

Auf was, ist diesmal ja leicht zu benennen.

Wir nähern uns unserem Ziel. Seit die Jessica verheiratet ist, heißt sie nicht mehr Besenwiesler, sondern Hinreiner mit Nachnamen. Eine geringfügige Verbesserung, würd ich sagen.

Ich starre auf das gravierte Messingschild.

»Soll ich mit reinkommen?«, fragt mich der Wolf, als wir schon vor der Eingangstür des großen weißen Landhauses stehen, dessen umzäuntes Grundstück am Ende einer Sackgasse liegt.

»Ja, was glaubst denn du?«, antworte ich, während ich klingle und mich ein gespenstisches, von überschwappenden Vergangenheiten belastetes Magengrummeln befällt.

Ein etwa elfjähriger Junge mit abstehendem Haarwirbel öffnet uns, schaut kurz fragend von seinem Handy auf und macht runde Augen, als er die große Blonde und den Biker vor sich sieht. Ein Moment, den ich instinktiv nutze, da klar ist, dass er gleich wieder auf den Bildschirm schauen und nicht mehr zugänglich sein wird.

»Servus. Ist die Mama da?«, erkundige ich mich auf gut Glück. Jessica wird schon seine Mutter sein. Er stößt uns die Tür auf, läuft wieder ins Haus und schreit »Ma-a-mma!«, gleichzeitig gebannt über sein Display gebeugt. Er wirkt wie betäubt. Aber in seiner Handfläche piept und summt es ununterbrochen. Zumindest das Smartphone ist bei vollem Bewusstsein.

»Was is?« Jessica kommt die Treppe herunter, die links der Eingangstür in den ersten Stock führt. »Oh ... A geh, schau, die Vikki, ja griaß di, Vikki! Dass du glei vorbeikimmst?«

Oje! Wie erwartet ist ihr unser Erscheinen gar nicht recht. Aber wenn ich mich angemeldet hätte, wär ich Gefahr gelaufen, dass sie sich unseren Besuch verbittet. Und das könnte ich gerade gar nicht brauchen.

»Jessica, danke für deine WhatsApp. Es tut mir auch sehr leid, dass wir dich hier so überfallen. Aber wie du sicher verstehst, habe ich ein paar Fragen zu der ganzen Sache. Weil, wie deine Nachricht ja auch schon andeutet, befinde ich mich gerade etwas unter … ähm, ja, Druck.«

»Freilich«, murmelt die Jessica und windet sich ein bisschen, aber ich sehe, dass ihr klar ist, dass sie das, was sie mit ihrer Nachricht angestoßen hat, nun auch aufklären muss. Sie hat doch sicher nicht angenommen, dass ihre Mitteilung ohne jegliche Reaktion von mir verpuffen würde, oder?

Wobei!

Sie bittet uns rein, und sofort umweht mich dieser ländliche, stallähnliche Mief im Haus, obwohl sich weit und breit kein Bauernhof befindet. Wie machen die das? Bei uns zu Haus hat's doch auch nie so gerochen, und das ist derselbe Ort, dieselbe Konstellation.

Wir setzen uns ins weitläufige Wohnzimmer, das im Widerspruch zu den wirklich breiten Fenstern ziemlich dunkel wirkt. Unheimlich viele selbst gebastelte Figürchen und Formen stehen zwischen den Landhausmöbeln herum. Wenn sie das alles eigenhändig gemacht hat, besitzt sie eine gehörige Portion handwerkliches Geschick. Den Grasflecken auf den Knien ihrer Jeans nach ist sie auch noch begeisterte Gartlerin. Fleißig, fleißig, kann man nix sagen.

Der Wolf stellt sich ihr vor und, gelinde gesagt, könnte er sich das auch sparen. Die Jessica ist gerade überfordert. Wohl auch deshalb bietet sie uns nichts an, was mir sehr recht ist.

Genauso recht wie die Tatsache, dass wir die Handgeberei und die Wiedersehensumarmung ausgelassen haben, wie das in letzter Zeit ja sowieso offiziell wegfällt. Bei manchen Menschen empfinde ich das wirklich als Gewinn ... Trotzdem frage ich mich, ob die Jessica und ich uns gerade eben wohl umarmt hätten, wäre die Welt nicht inzwischen eine andere.

Ich schau sie an und versuche mich zu erinnern, wie sie zu Schulzeiten ausgesehen hat, also damals vor dreißig Kilo, und ob sie mir seinerzeit wirklich wohlgesonnen war, oder ob mich meine Erinnerung trügt.

»Schön hast du's hier«, versuche ich mich an etwas Geplänkel, ganz die Ruhige, innerlich natürlich ganz komplett anders. Wie immer. Aber auch die Jessica steht unter Dampf und meint: »Findest du? Ja, danke«, nur um nahtlos fortzufahren: »Ich hab dich bestimmt ganz schön überrumpelt mit meiner Nachricht. Aber ich hab mir gedacht, ich muss des tun. Wenn der Toni regulär rausgekommen wär, hätt ich dir nicht Bescheid gegeben, weil du wohl eh darüber informiert worden wärst. Aber wie ich's dir geschrieben hab, hat der Toni vorzeitig die Biege gmacht! Wahrscheinlich deshalb so kurz vor seiner offiziellen Entlassung, damit ihn der Achmet net glei am Tag der Entlassung am Tor abfängt und wer weiß was mit ihm anstellt.«

»Das glaubst du? Ist das nicht längst verjährt zwischen den beiden? Also was auch immer da zwischen ihnen gewesen sein mag?«, frage ich ein bisserl blöd, das muss ich schon sagen. Weil wenn's jemand weiß, dann doch die Jessica.

»Naa, naa. Der Toni rechnet mit dem Schlimmsten. Wirklich!«, meint die Jessica mit einer Stimme, die älter klingt, als sie ist. »Es ist ein Wunder, dass die ihn ned scho im Gefängnis aufgeknüpft haben ... Der Achmet hat ja Verbindungen überallhin ... Auf jeden Fall, Vikki, haben wir von Tonis

Ausbruchsplan nichts gewusst! Und, um's gleich vorwegzunehmen: Ich hab *keine Ahnung*, wo er sich befindet. Das kannst mir glauben!«

Ich sage: »Okay?«, wie man oft zur Bestätigung okayt. Abwartend. Für eine unangenehme Weile flirren unsere Blicke aneinander, über- und untereinander vorbei, treffen sich und fangen wieder von vorn an. Suspekt. Keiner weiß so recht.

»Aber …«, fühlt sich die Jessca bemüßigt, das Heft wieder in die Hand zu nehmen. Wer auch sonst! Ich etwa?

»… aber … es gibt da noch was anderes, das ich dir sagen sollte … jetzt, wo du schon da bist, Vikki …«, zieht die Jessica im Geständniston die Spannung in die Länge und dreht sie auf zehn. »Auch deshalb hab ich mich da ja jetzt eingemischt und dir geschrieben …«

»Okay?«, sage ich wieder, hab ich mir wohl angewöhnt.

»… nämlich«, gurgelt die Jessica, »die vielen Botschaften, die der Toni dir die ganzen Jahre über geschickt hat …«

Oh.

Ich Naive hatte mir vorgenommen, mich sensibel heranzutasten und zu erkunden, was die Jessica noch an möglichen Hinweisen für mich haben könnte. Dabei kommt die mir jetzt von selbst mit den Hunderten von Nachrichten, mit denen der Toni mich überschüttet hat. Dreizehn Jahre Droh-Poesie und Abscheu-Lyrik aus der Hölle.

Ich weiß, was du getan hast. Wenn ich dich in die Hände krieg, bissu dran, du Schlampn.

Jessica weiß davon?

Was bedeutet das?

Ich bin ganz Ohr. Die Jessica sagt: »Ich weiß halt von alldem … weil … also … *Ich* hab die ganzen Mails und SMS nämlich an dich geschrieben … weißt!«

Eine zersetzende Stille entsteht, die in etwa *Was?* schreit.

»Wie bitte?«, füge ich schließlich in die Pause ein. »Du?«

Dem Wolf rutscht das Handy aus der Hosentasche und knallt auf den Fliesenboden. »'tschuldigung«, flüstert er, wenig hilfreich, und hebt es gleich auf.

»*Du* hast das geschrieben?«, röchle ich und starre die Jessica an, mit einem Ausdruck, den jetzt auch keiner filmen bräuchte.

»Natürlich auf Tonis Bitte hin. Ja. Ich hab das geschrieben. Vikki, es tut mir so leid, das musst du mir glauben«, stammelt sie. »Aber der Toni ist so ... du kennst ihn ja. Wenn der was will, wird er immer gleich so ... jähzornig. Und ich hab mich verpflichtet g'fühlt ... Familiensolidarität, irgendwie, weißt? Er hat mich, wie sagt ma? Genötigt. Weißt, wenn ich das nicht g'macht hätte, hätt er jemand anderen gefunden. Er wollte dir da keine Ruhe lassen ... Er hatte so einen Drang. Also hab ich mir halt bei jedem Besuch in Stadelheim aufgeschrieben, was er mir diktiert hat – und später war ja eh klar, was ... also dann kam ... Routine auf ... Und dann hab ich das halt alle paar Wochen abgeschickt, an ... dich!«

Diktieren? Routine? Was redet die Jessica da? Hat der Toni ihr etwa sowas Anheimelndes wie *Wenn ich wieder draußen bin, hast du keine ruhige Sekunde mehr, du perverse Sau im Besuchsraum* diktiert? Und sie hat das mit Routine getippt und an mich gesendet? Irre Vorstellung. Macht richtig Laune.

Noch nie hab ich den Wolf so sprachlos gesehen. Wir schauen uns an, und in meinem Blick müsste man erkennen, dass ich mir noch nicht so ganz sicher bin, was nun Jessicas obszöne Rolle in dem ganzen Schmierentheater für die Gesamtsituation bedeutet.

»Jetzt Moment mal«, rüffelt der Wolf wie geistesabwesend den Teppichboden an, blickt dann auf: »Wir haben uns immer schon gefragt, wieso Tonis Nachrichten nicht rückverfolgt werden konnten. Vor allem aus dem Gefängnis schien uns die ganze Schreiberei technisch und, äh, logistisch eh schon schwierig.«

Die Jessica nickt, will was sagen (der Mensch hört sowieso in der Regel nur zu, um anschließend wieder selbst reden zu können). »Das ganze Technische hat einer meiner Söhne übernommen. Ich kenn mich da ja überhaupts ned aus. Aber unser Ältester war schon ganz früh da ein Talent drin, im Rumcomputern. Der hat dafür gesorgt, dass wir im Verborgenen bleiben. Also ich. Ich, mit meinen Mails an dich, Vikki. Inhaltlich hat niemand sonst von uns was damit zu tun gehabt, außer dem Toni und mir«, puzzelt uns die Jessica ihre dreizehnjährige Konspiration zusammen, jetzt fast schon übereifrig, als mache ihre Beichte sie übermütig.

Die Hälfte ihrer Worte fliegt haltlos an mir vorbei, durch mich hindurch. Erst als die Jessica verstummt, hauche ich: »Dann warst das du«, und lasse mich gegen die Rückenlehne der Stoffcouch sinken, vollkommen erschlagen von dieser Enthüllung, die meine Vorstellungen von Tonis sinisteren Schreibergüssen in einer engen Gefängniszelle von außen nach innen umstülpen wie einen Einweg-Gummihandschuh beim Ausziehen.

Du kranke Bitch! Krepieren sollst du! Mit freundlichen Grüßen, Toni Besenwiesler, nach Diktat verreist. Bei Fragen wenden Sie sich bitte an meine Sekretärin, Frau Jessica Hinreiner.

So in etwa war das?

Das hier zieht immer weitere Kreise.

Sicherheitshalber atme ich einmal tief durch. Bevor's mich umhaut.

Was für ein Tag.

Das muss man sich mal vorstellen. Der Wolf hat mich vorhin mit seinem Anruf um circa halb zehn geweckt. »Alarm! *Toni on the run!*« und so. Jetzt ist es noch nicht mal vier. In den letzten fünf Stunden hat sich viel verändert.

Ist Mariannes Explosionstod dabei das Drastischste?
Wenn ich ehrlich bin: für mich nicht!
Zeit, der Jessica relevante Infomationen zu entlocken. Jetzt ist eh schon alles wurst. Nach allem, was ich gehört habe, muss ich hier keine Rücksicht mehr auf ihre zarten Gefühle nehmen.
Zart im Sinne von hinterfotzig.
Ich meine, warum erzählt sie mir das jetzt? Weil sie ihren Moralischen bekommt?
Oder weil sie mich nun erstmals wirklich in Gefahr sieht, jetzt, wo's nicht mehr nur um geschriebene Worte geht, sondern der Toni in Fleisch und Blut draußen rumläuft? Sorgt sich seine hörige Schwester Jessi Hinreiner jetzt etwa plötzlich um mich, nach Tausenden Zeilen aggressiver Angstmache?

Du schiebst mir einen Mord in die Schuhe und glaubst, ich lass dich damit davonkommen? Gerade wenn du nicht damit rechnest, werd ich dich von hinten aufschlitzen, Bastard.

O mei, o mei.
Wie gesagt: Zeit, ihr relevante Informationen zu entlocken.
»Hör zu, Jessica, was ist das für ein Blödsinn? All die Jahre. Woher kommt der Hass? Ich hatte mit Tonis Verhaftung doch überhaupt nichts zu tun …«
»Er glaubt aber, schon! Du und der Achmet.«
»Wieso denn?«, schreie ich flüsternd, das wirkt noch lauter. »Erstens hat der Toni seine Frau bestialisch umgebracht – ich mein, die hing kopfüber am Schlafzimmerschrank, mit einem Fuß oben an die Leiste gebunden! Und untenrum hat sie aus dem zertrümmerten Schädel geblutet wie ein Nutzvieh nach der Schlachtung. Und ich soll was damit zu tun haben, dass der Toni dafür verurteilt wird? Also die Nicole abzuschlachten, ist doch ein ganz plausibler Grund fürs Gericht, um ihn einzubuchten. Da braucht's doch mich nicht

noch dazu, eine Empfehlung für ein Strafmaß auszusprechen, oder? Habt's ihr den Arsch offen?« Ui, jetzt könnte man meinen, dass ich glatt aus der Rolle gefallen bin, bloß sag ich das zivilisierter, als die Worte das für sich genommen glauben machen. Um meinen Mund herum spielt dabei nämlich ein hauchzartes Lächeln, so ein völlig ungläubiges. Plus leichtes Kopfschütteln. Aber vom Mentalen her: Furie! Eh klar.

»Der Toni hat die Nicole nicht umgebracht! Der hatte nichts damit zu tun.« Die Nicole war Tonis Frau, also die Ermordete. »Der Toni hält dich für eine Mitinitiatorin dabei, dass ihm die Geschichte untergeschoben wurde.«

»Jessica, die Beweislage war eindeutig. Stand in allen Zeitungen, kam im Fernsehen. Vermutlich Eifersuchtstat.«

»Der Toni hat die Aussage ja verweigert. Und die *Beweise*«, sie formt mit je zwei Fingern ihrer Hände Anführungszeichen, Anführungszeichen gestikulieren, ist gar nicht mein Ding, »und die *Beweise* waren lediglich laue *Indizien*. Glaub ma's, der Toni ist unschuldig.«

»Glaub du ma's, Jessica, bitte: repräsentative Statistik! Wenn du Eingesperrte in der Vollzugsanstalt danach fragst, dann sind die *alle unschuldig*!«

»Der Toni sagt, dass du die Nicole genauso wenig gemocht hast wie ihn.« Die Jesssica knetet ihre Hände. »Sie waren beide damals gleich schlimm zu dir, geb ich ja zu. Das war schon so.«

Das stimmt allerdings. Der Toni hat mit der Nicole bereits in der Schule amourös angebandelt, und die haben sofort danach geheiratet und ein Kind gekriegt. Die Nicole hat sich in allem nach ihm gerichtet, in *allem*, ganz klassische Unterordnung. Und hat mich genauso heftig getriezt wie er. Mitläufer sind ja oft noch schlimmer.

»Und als die beiden dann in München gewohnt haben«, referiert die Jessica jetzt fast ein wenig lehrerhaft, »und als der Toni wegen seinen Geschäften für den Achmet vor Gericht kam …«

»Und, wohlgemerkt, dabei den Achmet bei der Staatsanwaltschaft verpfeifen wollte, für einen Vorteilsdeal zu seinen eigenen Gunsten, was man so gehört hat«, füge ich schnell ein, nur zur Erinnerung.

»Ja, richtig, und als er damals vor Gericht stand, hast du ja irgendwie mit dem Achmet rumgemauschelt und ihm empfohlen, den Toni mit Nicoles Ermordung zu bestrafen, weil er den Achmet wegen seiner Inkassogschäfterl bei der Polizei verpfeifen wollte.«

Hat sie gerade gesagt, ich hätte das dem Achmet *empfohlen*? Pff. Was denn nun noch alles? Absurd.

Also sage ich: »Empfohlen?« Beinah hätt ich bei *empfohlen* selbst Anführungsstriche gemacht … so echauffiert bin ich.

Meint die, der Achmet ließe sich von mir etwas *empfehlen*? Noch dazu etwas, das mich gar nichts angeht? Und mir völlig egal ist?

Auf jeden Fall meint die Jessica abschließend: »Der Toni erzählt uns nicht restlos alles. Weil er uns schützen will, weißt du. Vor dem Achmet, der Kripo, der Justiz, das ist kompliziert, meint er. Die haben ihn alle reingelegt … Aber für dich sprang jedenfalls dabei raus, dass du dich an ihm für die ganzen Torturen während eurer Schulzeit rächen konntest.«

»Laut Toni«, nicke ich mit dem Kopf und schaue dabei sofort aus dem Fenster.

»Genau, laut dem Toni!«, sagt die Jessi, meine geschätzte Wasserträgerin aus der durch und durch irrenhausreifen Besenwiesler-Dynastie.

Mein Gott, so ein Schwachsinn. Was geht in diesen Köpfen vor?

Tonis ganzes Konstrukt ist derart an den Haaren herbeigezogen, das kann sich wirklich sehen lassen. Missverständnis ist eine unzureichende Bezeichnung.

Jeder interpretiert in die Gedanken seines Gegenübers letztlich immer die eigenen rein. Jeder sieht die Dinge nicht, wie sie sind, sondern wie er selbst ist. Und genau daran erkennt man, wie jemand tickt. In diesem Fall: Toni Kleingeist. Jessica Kleingeist. Grattler halt.

Jedes Wort zu viel.

Außerdem: Wenn ich das alles eingefädelt haben soll, warum hat mich die Jessica dann jetzt überhaupt gewarnt?

Aber die ganze Familie scheint ja irgendwie schizophren zu sein. Eigentlich lehrbuchmäßig.

Ich schau zum Wolf, denke mir, hau'n wir ab hier ... Aber wart, Moment, Moment, das könnt ich die Jessica doch noch fragen:

»Ihr habt euch da ganz schön was zusammengesponnen. Das ist alles Nonsens, Jessica. Ich hoffe, du weißt das. Tief drin. Aber sag, könnte es sein, dass der Toni die ganze Aufplusterei veranstaltet, weil ich ihn mal zufällig beim Knutschen mit einem Mann erwischt hab?«

Ehrlich gesagt, gehe ich mit dieser Offenbarung von einem Knalleffekt aus. Ich glaube nämlich nicht, dass die Jessica von der Schwulheit ihres Bruders weiß. Ich hab auch noch nie jemandem davon erzählt. Schon allein, weil ich nie mit irgendjemandem über den Toni rede. Das rührt mich nur zu sehr auf, vergangenheitsmäßig. Braucht kein Mensch, die ewigen Nachbeben unguter Erinnerungen.

Aber die Jessica, von wegen schockiert, sagt: »Dass der Toni sexuell zweigleisig fährt, hat die Nicole gewusst. Das haben wir alle gewusst. Hat sich über die Jahre so ergeben. Zwischen den beiden war alles geklärt. Ich sag dir ja, der Toni hat die Nicole nicht umgebracht ... von wegen *Eifersuchtsdrama*, wie's in der Zeitung stand.« Schon wieder Gänsefüßchen mit Fingerchen in die Luft gezeichnet. Die Geste des Tages.

Mir fehlen die Worte. Aber schön langsam krieg ich Übung darin.

Was soll ich bloß mit all diesen aufeinanderfolgenden Wendungen anfangen?

Sogar Tonis Homosexualität war für seine Family kein Problem mehr, nicht mal nach seinem verachtenden Verhalten früherer Jahre? Sogar die Leute aus dem Bayerischen Wald sind mittlerweile anscheinend offen genug für so was. Was ist bloß los mit denen? Zum einen denke ich mir, ich wurde zu früh geboren – was wäre wohl gewesen, wenn ich diese Offenheit bereits in meiner eigenen Findungsphase erlebt hätte? Und zum anderen, das gebe ich zu, sehne ich mich fast schon nach den Zeiten, als man mit Andersartigkeit noch, nun ja, was ausgelöst hat. Ich werde wirklich langsam ... über vierzig.

Wie aufs Stichwort steckt ein süßes vierzehnjähriges Mädchen mit Zopf und Giraffenhals seinen Kopf aus der Küche ins Wohnzimmer und schreit was davon, dass es die Haut auf dem Schokopudding nicht ohne zu speien essen könne, und wird sogleich von der Jessica zum sofortigen Verschwinden aufgefordert.

»Nicht jetzt!«

Augenblicklich Ruhe. Zwei, drei Sekunden lang tut sich in diesem stickigen Raum im Übertreiblinger Westen überhaupt nichts. Der Wolf, die Jessica und ich, wir sortieren uns.

Dann entspannt sich das Gespräch etwas, und die Jessica erzählt noch, dass der Toni und die Nicole eine total harmonische, liebevolle und eben auch offene Ehe geführt hätten, dass der Toni bis zu seinem Umzug bei der freiwilligen Feuerwehr war, im Schützenverein, bei den Trachtlern, gesellig, beliebt ... und dass er seinem Sohn ein sehr fürsorglicher Vater gewesen wäre und immer noch sei. Familienmensch. Was sich auch in München nicht geändert habe. (Also bei den Trachtlern in Übertreibling hat er dann natürlich nicht mehr so oft vorbeigeschaut. Aber alberne Faschingsveranstaltungen gibt's ja in München auch.) Natürlich hätte er auch eine andere Seite gehabt, und seine Spielsucht habe ihn schließlich in Geldnöte gestürzt, weswegen er seinen Mechatroniker-Job (wann wurden eigentlich aus Mechanikern Mechatroniker? Zu der Zeit, als aus Millionen Milliarden wurden?) an den Nagel gehängt und beim Achmet angeheuert hat, der ihm lukrativere Einkünfte, wenn auch für etwas rauere Einsätze, versprach.

Der Mensch sei eben mehrschichtig, so die Jessica.

Schulmonster – Inkassoschläger – Frauenaufschlitzer – Knasti – E-Mail-Zermürber – Flüchtiger – Bombenleger – Familienmensch?

Man dürfe da nicht vorschnell urteilen. So die Jessica über den Toni, für den das Schüren meiner Ungewissheit fast zu einem Fetisch wurde. Aber sonst: alles intakt.

Jetzt weiß ich eine ganze Menge mehr, kann mir aber keinen Reim darauf machen.

Ach ja. Ausgelaugt wie noch mal was schildere ich der Jessica der Vollständigkeit halber aber noch, dass ihr toller Familienmensch-Bruder vor kaum drei Stunden ein wunderschönes Café in die Luft gesprengt und dessen junge und hübsche Besitzerin (Marianne) in Matsch und Staub verwandelt hat.

Ein Detail dieser Schilderung ist gelogen.

Und die Jessica ist jetzt ihrerseits doch ganz überrascht, dass der Toni gleich so loslegt, kaum dass er nicht mehr hinter Gittern schmort.

Er ist eben mehrschichtig, wirklich wahr ...

Plötzlich klopft es am Rahmen der offenen Tür zum Gang, und ein groß gewachsener, schlanker junger Mann, vielleicht zwanzig, kommt herein, sieht uns, zuckt unmerklich zusammen, fängt sich aber sofort wieder und sagt zur Jessica: »Entschuldigt die Störung, ich wollt nur sagen, ich bin wieder da. Eingekauft hab ich auch, hab alles besorgt, was du wolltest. Bis dann.«

Aber die Jessica gleich, bevor er ansetzt, wieder zu gehen: »Wart, wart. Vikki, Wolf, darf ich vorstellen, das ist der Joel.«

Der Wolf und ich nicken ihn an, weil er uns lächelnd zunickt und freundlich »Hallo« sagt, ganz Gentleman. Und ich muss sagen, ich bin hin und weg, so schön ist der Joel. Wie ein Model. Ich merk, wie der Wolf auch ganz eingenommen ist, natürlich nicht lüstern oder so. Der Wolf ist ja heteroer als eine Maschinenpistole. Nein, nein. Wenn jemand so besonders schön ist, ist man ja weniger aus erotischen als aus ästhetischen Gründen in den Bann gezogen. Hohe Attraktivität ist wegen ihrer Seltenheit eben eine Kuriosität, da starrt man schon mal. Und Benehmen hat er auch, der Joel, das vermitteln unter anderem schon seine Bewegungen. Man merkt jemandem letzlich ja immer gleich an, was Sache ist.

»Das ist Tonis Sohn!«, teilt uns die Jessica teils stolz, teils trotzig mit, wie zur Bekräftigung ihrer Tonis-heile-Welt-Arie, weil sie wahrscheinlich unsere gar so große Verwunderung bemerkt.

Und wirklich, dieser Hinweis schlägt noch mal ein wie eine Bombe. Alles nur noch Bombe heute mit dem Toni.

Der schicke Joel trägt zur Hälfte Tonis Gene? Und die andere Genhälfte kommt von der Nicole, seiner ermordeten Mutter? Die war ja jetzt auch keine … also … feingliedrig und anmutig ist was anderes. Und diese beiden Raubeine haben das hier hervorgebracht?

Mir ein Rätsel, wie das gehen soll.

Aber was bedeuten Gene schon? Der Phil Collins hat ja auch eine Modeltochter. Und andersrum sehen die Eltern vom Ed Sheeran oder vom Mark Zuckerberg ja auch nicht so abartig geisterbahnmäßig aus wie die beiden, sondern ganz normal.

»Seit Tonis Inhaftierung und seit die Nicole nicht mehr da ist, lebt er bei uns, gell, Joel? Wir haben seitdem eben vier Kinder ... und das funktioniert ganz spitze, oder?«, poltert die Jessica übertrieben erklärerisch, was der Joel durch ein gespielt schüchternes Hochziehen seiner Augenbrauen zu bestätigen versucht. Weil die Jessica ihm den Wolf und mich nicht vorstellt, das Kennenlernen also einseitig bleibt, entschuldigt sich der Joel auch schon wieder und zieht sich mit seinen akuraten braunen Haaren und den blauen Augen auf den leisen Sohlen seiner weißen Sneakers, die er zu der engen Stoffhose trägt, zurück, und wir hören ihn die Treppe hochgehen. Schon die Schritte klingen irgendwie distinguiert.

Dabei hat der Joel jetzt sicher auch eine innere Unruhe, wo er weiß, dass sein Papa schon wieder Mist gebaut hat. (Und von der Bombenaktion kann er noch gar nichts gehört haben!)

Der Wolf und ich schauen uns an und stehen auf. Ich sage: »Tja, dann. Jessica, ich danke dir für deine Zeit und dafür, dass du mir die WhatsApp geschickt hast. Das hättest du nicht tun müssen, und ich weiß das zu schätzen. Schauen wir mal, was der Toni als Nächstes macht. Ich mein, bei seinen vielen Facetten, von denen du uns heut erzählt hast, da ist sicher für jeden was dabei.«

Als wir schon den Flur entlanggehen und Auf Wiedersehen sagen (der Junge mit dem Haarwirbel und das vierzehnjährige Mädchen tauchen nicht mehr auf), muss ich auf einmal laut lachen, weil das ganze vorangegangene Gespräch hätte man sich beim besten Willen nicht ausdenken können, selbst wenn man es versucht hätte. Zu unglaubhaft, um Fiktion zu sein.

Der Heilige Sankt Besenwiesler und seine bunte Bagage.

Ich verkichere mein »Servus, alles Gute!«, und Jessicas verwunderter Blick kann mich mal.

Ich und hysterisch? Allerdings.

Dinge, über die man lachen muss, merkt man sich besser.

Vor Jessicas Grundstück steht ein Streifenwagen, der vorhin noch nicht da war. Die Polizei überwacht das Haus, falls der Toni auftaucht. Sinnlos, aber alternativlos.

Der schlampig geparkte blau-weiße BMW sieht aus, als wäre er müde. Durch die Scheiben sehe ich die zwei Beamten schlaff in ihren Sitzen hängen. Während der Beifahrer sein Handy checkt, schaut der andere gelangweilt in unsere Richtung. Wenn die beiden stellvertretend sind für die Maßnahmen der »Sonderkommission Toni Besenwiesler«, dann gute Nacht.

Schon besser, dass der Wolf und ich das mit dem Toni selbst in die Hand nehmen. Aber wenn ich ehrlich bin, bin ich momentan gar nicht sicher, ob wir gerade nach ihm suchen oder vor ihm fliehen.

Hinter uns lässt die Jessica ihre Haustür von innen ins Schloss fallen.

»Da fehlen einem die Worte, oder?«, wispere ich dem Wolf zu, weil ich finde, unsere eben erlebte Unterhaltung mit der Jessica ... also normal war das nicht.

»Totaler Wahnsinn«, meint auch der Wolf, und es ist immer noch so warm, dass seine Stirn glänzt. Ich spiegel mich fast darin.

Er sagt: »Die Jessica ist vielleicht eine Nummer. Eine einzige Winderei war das gerade von ihr. Und dann will's uns noch den Toni menschlich schmackhaft machen. Das grenzt ja schon an Realitätsverweigerung ... Das Einzige, das gerade eben wieder klar wurde, ist, dass in dem ganzen Geflecht Toni/Achmet/Justiz irgendwas nicht stimmig abgelaufen ist, seinerzeit. Erst wird der Toni festgenommen, weil er's als Eintreiber für den Achmet übertreibt, dann bietet er dem Staatsanwalt an, für ein entgegenkommendes Strafmaß Achmets Praktiken offenzulegen, anschließend kommt er auf Kaution frei, bringt gleich darauf seine Frau um und wandert dafür endgültig ein. Höchststrafe. Mir war das so vom Ablauf zwar schon immer bewusst, aber wenn ich jetzt darüber nachdenke, nachdem die Jessica uns diesen ganzen Scheißdreck mit Tonis privatem Background und seinen wirren Thesen geschildert hat, erscheint es plötzlich in einem ganz anderen Licht, ohne dass ich genau wüsste, wieso.«

»Verrückt, ja«, geb ich ihm vollkommen recht.

»Whatever! Dann starten wir jetzt die Tagesordnungspunkte drei und vier, würd ich mal sagen. Wir bringen dich für die heutige Nacht zur Coco nach Verhausen, da biste safe, und ich mach mich danach wieder auf nach München, um diesen Kessler aufzusuchen und mir anzuhören, was er zu sagen hat.« Der Wolf setzt sich den Helm auf.

Dieser Kessler, zu dem der Wolf gleich fahren wird, ist Journalist und Autor und hat mir auf der Fahrt hierher eine Nachricht geschrieben, dass er von Toni Besenwieslers vorzeitigem Haftabbruch erfahren habe. Weil er seit ein paar Monaten für ein neues Buchprojekt recherchiere, das direkt mit uns (uns?) zu tun hat, wäre er bereit, einige Informationen mit uns (uns?) zu teilen. *Wäre er bereit!*, verstehst, der gnädige Herr. Was soll denn der selbstgefällige Ton?

Gleich mal erster Eindruck: potenzieller Spinner.

Aber weil er sagt, dass er meine Nummer vom Achmet hat, und weil er uns auch seinen Homepage-Link geschickt hat, wo man sieht, dass er schon zig Bestseller geschrieben hat (deren Titel der Leseratte Wolf alle was sagen), meint der

Wolf, der Typ wäre vielleicht einen Abstecher wert. Mal sehen, was dieser Kessler zu sagen hat. Und was er wirklich will.

Jetzt aber erst mal zur Coco.

»So mach ma's«, antworte ich dem Wolf und halte das auch wirklich für eine effektive Herangehensweise. Der Wolf besteigt einmal mehr sein schweres Zweirad, und ich lasse mich in den Mini gleiten.

Eine einzige Ein- und Aussteigerei heute.

Erneut in Kolonne fahren wir vorbei an der Schokoladenseite der Kirche von Übertreibling, passieren eine Straßenbaustelle, wo der Geruch von frisch gewalztem, heißem Teer, auf dessen Oberfläche das Kühlwasser noch ölig glänzt, durch meine spaltoffenen Seitenfenster hereinweht. Und bevor wir auf das kurze Autobahnstück nach Verhausen biegen, noch ein paar Straßenzüge entfernt, kommen wir an meinem Elternhaus vorbei. Und mir wird ganz anders.

Kennst du das? So was passiert einem nicht öfter als vielleicht zweimal im Leben. Du siehst deinen Vater oder deine Mutter zufällig in der Stadt, sie sehen dich nicht, aber gerade ist aus deinem Befinden heraus einfach nicht der Zeitpunkt, dich bemerkbar zu machen. Du fühlst dich nicht danach und gehst weiter, quasi unsichtbar, als wenn nichts wär.

Genau so fühle ich mich gerade, als ich, ohne zu klingeln, einfach an unserem Haus vorbeifahre, obwohl ich so selten in meinem Heimatort bin. Ich sage nicht mal Kuckuck und hab dabei gleich sonderbare Schuldgefühle. Aber, Zufall, die Minka sehe ich gerade noch über unser Zaungeländer klettern. Geschmeidig wie immer. Sie ist gerade auf ihrer täglichen Runde.

Ich habe nie verstanden, wieso manche Menschen keine Katzen mögen. »Weil die so egoistisch sind«, oder solche Gründe. Da braucht man gar nicht mit Erklärungen anfangen. Ist auch völlig unwichtig. Was ich nur sagen will: Ich hatte einmal eine Erleuchtung, als mir eingefallen ist, wer Katzen auch auf den Tod nicht ausstehen kann.

Weißt du, wer?

Nämlich die Minka.

Und die ist ja selbst Katze. Also die wird schon wissen, was Sache ist. Die kommt zum Beispiel mit Menschen super zurecht. Immer freundlich, Schnurrmaschine und so. Aber sobald sich der eine andere Mieze oder ein Kater nähert, ja, bist du narrisch, da flippt die aus und wird ganz kratzbürstig.

Und da ist mir aufgefallen, dass seinesgleichen einfach mit seinesgleichen nicht so kann.

Und der Toni und ich – das ist doch ein gutes Beispiel. Wenn man das vernünftig betrachtet, gäbe es gar keinen Ansatzpunkt für Probleme. Aber von wegen. Pack zwei beliebige Menschen in einen Raum, und schon: Konflikte ohne Ende.

Tschau, Minka. Nächstes Mal schau ich wieder vorbei. Ganz sicher. Grüß die Mama und den Papa.

Diesmal fährt der Wolf voraus, und deshalb machen wir unsere Essenspause auch an der Autobahn, weil der Wolf nun mal einer von denen ist – von den Raststättenliebhabern.

Um die Zeit ist nicht viel los, und wir können direkt vor dem Glaskasten vom Restaurant parken, das mich architektonisch fast an Mariannes Café erinnert. Also *vor* dem Anschlag wohlgemerkt.

Erst jetzt bemerke ich meinen Hunger, gehe davor aber noch schnell Pipi, Sanifair, hab's passend, siebzig Cent, weil ich wäre nie bei der Jessica gegangen, jemandes private Toilette zu benutzen, betrachte ich als unhöflich, und nach je einer Portion Kartoffelstampf und Krautwickerl für nur dreitausend Euro fünzig, schauen wir noch online nach und stellen fest, dass wir mit Tonis Flucht und seiner mutmaßlichen Dynamitaktion im Netz regelrecht zugemüllt werden. Sein Fahndungsfoto ist überall abgebildet. Dazu zwei Bilder vom Schutt-und-Asche-Café Marianne (vorher/nachher), auch eins vom Achmet (ungünstig, Mund offen) und mehrere vom 2007er Mordtatort (Nicole kopfüber am Schrank hängend, auch ungünstig).

Absolute Vollberichterstattung. Abendzeitung und Süddeutsche sowieso, Spiegel-online und Bild.de.

Als ob uns irgendwie die Zeit ausgehen würde, fahren wir weiter, umschlossen von der herrlichen Abendsonne und in einem Strudel unterschiedlichster Empfindungen, in die mich meine Spotify-Playlist stürzt. Mein Handy spielt meine Lieblingssongs, zu denen sich seit Ewigkeiten kein neuer mehr gesellt hat. Außer einem von Taylor Swift. Aber letztlich kann der nicht mithalten.

Wie das wohl ist, wenn du als junger Mensch vom Anfang deines Lebens an jederzeit sechzig Millionen Lieder für lau zur Verfügung hast?

Oder auf Tinder permanent endlos weiterdaten kannst?

Da ist ja alles wertlos.

Unter diesen Vorzeichen, klar, da entsteht eine neue Gattung Mensch.

Der Wolf (noch alte Gattung Mensch, aber auch schon digital korrumpiert, so ist es nicht) biegt bei der Ausfahrt Verhausen ab. Der Ort liegt keine fünfzehn Kilometer von Übertreibling entfernt, und deshalb war es ein Wunder, dass ich die Coco, die hier geboren wurde, erst während meiner Zeit in München kennengelernt habe, und dass wir uns nicht schon viel früher über den Weg gelaufen sind.

Andererseits ist sie jetzt auch schon fünfundsiebzig, und unser individuelles Timing war eben ein anderes.

Inzwischen lebt sie wieder dauerhaft hier und hat München Goodbye gesagt. München selbst war das relativ egal, und nun schlägt sich unsere Elizabeth Taylor aus der Luftkurort-Gemeinde wieder mit Dienstags-Gelben-Sack-Raushängen und Auf'm-Radl-zum-Lidl-Fahren rum anstatt mit Filmpremieren und Interviews. Lang, lang ist's her.

Da wären wir.

»Alles klar, bis später.«

»Bis später.«

Ich schaue den Rücklichtern von Wolfs Motorrad nach, als die Coco bereits die Tür zu ihrer Wohnung öffnet. Sie wohnt im ersten Geschoss eines zweistöckigen Neubau-Miethauses, das so einen modern-rustikalen Charakter hat, wie es für ein Viertausendseelen-Dorf typisch ist. So ein Zwischending aus Massivbauweise, Holzverstrebungen und mediterranem Schwung. Sechs Parteien, jeder kennt jeden, a bisserl erdrückend muss ich zugeben, obwohl man nix dagegen sagen kann.

Hier dürfte ich für meine erste Nacht gut aufgehoben sein, hier findet mich kein einziger Ausbrecher Bayerns. Sicheres Terrain.

Da steht sie, die Coco, direkt vor mir, in voller Pracht. In ihrer Form schon etwas barock, aber zu eitel, um fett zu sein.

Trotz ihres Alters sieht man ihr ihre ursprüngliche Schönheit immer noch an. Die Augen machen's. Immer die Augen.

»Schatzi-i-i«, imitiere ich mit nach oben gereckten Handflächen unsere eigene Klischeebegrüßung, meine es aber auch ernst.

»Schatzi-i-i«, macht die Coco dasselbe, und wir fallen uns in die Arme. »Wie siehst du denn aus?«, fragt sie so nahtlos barsch, dass ich gleich zwei Schritte in den Flur mache und mich im Rokoko-Spiegel betrachte.

Boah! Also wenn jetzt nicht klar ist, wie zerstreut ich bin, dann weiß ich auch nicht. Ich hab ja noch immer die Pulverstaubflecken von der Explosion auf der linken Wange und einen Ascheschatten auf der oberen Hälfte meines Kleides. Das heißt, ich habe seit der Sprengung von Achmets Schaltzentrale nicht mehr in den Spiegel geschaut! Eine solche Zeitspanne ohne Gegencheck dürfte seit ich zwei war nicht mehr vorgekommen sein.

»Wieso sagt mir das denn keiner?«, klage ich vorwurfsvoll mein Spiegelbild an, und meine natürlich den Wolf, der längst auf der Rückfahrt ist.

»Steht dir«, meint die Coco mit ihrer typisch schnippischen Art, die alte Diven mit den Jahren so kultivieren, obwohl Zynismus seit den Neunzigern out ist.

»Um alle Eventualitäten auszuschließen«, fügt die Coco mit ihren auftoupierten durchsichtiger werdenden Haaren und in ihrem wallenden Blumenprint-Sommerkleid, ganz Künstlerin und Grande Dame in einem, hinzu, soll ich doch in ihre Garage fahren. Maximales Inkognito. Sie parkt heute extra für mich draußen.

Sicher ist sicher, hat sie schon recht. So machen wir's.

Als wir anschließend meine Taschen in ihre Rokoko-Stil-Wohnung geschafft haben und es uns auf dem rosa Rokoko-Sofa bequem machen, erzähle ich der Rokoko-Coco erst ausführlich von meiner Situation, die ich ihr am Telefon lediglich angedeutet habe, und sie kapiert, genau wie ich, höchstens die Hälfte.

»Und jetzt streift da draußen ein unzurechnungsfähiger Kretin umher, auf der Suche nach dir, schrecklich!«, fasst sie die Essenz zusammen. Und ich bejahe das und frage mich, ob ich mich in einer derartigen Bedrängnis auf die Polizei nicht verlassen möchte oder lieber selbst die Initiative ergreife, bevor der Toni nach mir schnappt.

Die Polizei und überhaupt, ich bitte dich. Ich finde, früher hat man solchen Institutionen viel mehr vertraut. Wenn ich heute mit irgendwas Öffentlichem oder Behördlichem zu tun hab, bin ich sofort skeptisch. Dasselbe mit Informationen. Ich glaub gar nichts mehr, hinterfrage alles, schlimm ist das. Anstrengend. Das geht sogar so weit, dass ich sofort meine Meinung ändern will, wenn mir einer in irgendwas recht gibt.

»Heute Nacht kannst du dich auf jeden Fall noch mal entspannen, meine liebe Vikki. Hier wird dich niemand suchen«, sagt die Coco mit ihrer schon auch ein wenig versoffenen Stimme, damit will ich jetzt gar nicht hinterm Berg halten. Sie hat bereits unseren zweiten Kaffee mit Rum aufgesetzt, den sie nach ihrer Gallenblasenoperation erst seit Kurzem wieder verträgt.

Dankbar lächle ich sie an und proste ihr noch mit der ersten Tasse zu.

Die Coco hab ich kennengelernt, als ich mit neunzehn nach München gezogen bin und meine Fühler ausgestreckt hab. Endlich frei, endlich Entfaltung.

Eines Abends saß sie da, zufällig in der WunderBar übrigens, dem Laden, in dem ich später dann auch gearbeitet habe. Wir kamen ins Gespräch, und es hat sofort Klick gemacht zwischen uns. Zwischen ihr, der erfahrenen, schon ein bisserl arg abgebrühten Schauspielerin und Ex-Sexbombe vom Dienst, und mir, der jungen Hüpfer-noch-nicht-ganz-Hüpfer*in, die alle Eindrücke um sich herum förmlich aufgesogen hat, wissbegierig und empfänglich hoch zehn. Hat gleich gepasst mit der Coco, und daran hat sich bis heute nichts geändert.

Sagt der Name noch jemandem was?

Coco Neumayer könnte dem einen oder anderen schon noch was sagen.

Sie war mal ein ziemlicher Promi. Und ganz ist das doch nie vorbei.

Entdeckt wurde sie in den Sechzigern in einer Schwabinger Disco, hatte einen kurvigen Körper, war nicht prüde, spielte bald in diversen Komödien und B-Movies, immer einen Hauch zu viel Busen zeigend, heiratete einen Filmproduzenten, avancierte zum Party- und Boulevardsternchen, wurde schauspielerisch nicht so recht ernst genommen, nahm aber, was an Angeboten reinkam. Scheidung vom einen Mann, Affäre mit anderem Promi (ungewollter Vater ihres ersten Kindes). Die Siebziger brechen an, noch mehr High Life und Billigfilmchen, sie bekommt unvermeidlich das Etikett *Skandalnudel* angeheftet, weil immer noch freizügig und ausschweifend lebend (»Monogamie ist gleich Monotonie«), aber bald wird sie auch schon etwas reifer, rein optisch. So schnell geht das. Noch eine Ehe, diesmal mit einem Anwalt, puh. Rohrkrepierer. Eheannullierung sogar. Aber man bleibt befreundet ... Noch mehr Affären. Und dann zufällig in einem Kunstfilm mitgemacht, der bei Kritik und Publikum gleichermaßen gut ankommt, Überraschung. 1976 einen A-Klasse-Regisseur geheiratet, zweites Kind mit ihm, dann Scheidung, schon brechen die Achtziger an, und man hat ein Drogenproblem, künstlerische Minderwertigkeitskomplexe, MILF-Status und die Schnauze voll von herrischen und dominanten Männern, aber mit anderen funktioniert es leider gar nicht. Nur Trophäe sein, die schlecht behandelt wird oder die *ihn* schlecht behandelt, je nach Kräfteverhältnis, führt zu nichts außer zu Dauerzerwürfnissen.

Noch 'ne Scheidung, dann eine völlig überraschende Aufforderung zur Steuernachzahlung, huch, »die kompletten letzten fünf Jahre, sind die verrückt?«.

Und mit einem Mal, mit einem Mal war die Coco irgendwie von gestern und wurde (wirklich jede Nacht außer Haus feiernd, als gäb's kein Morgen) urplötzlich in der Yellow Press als typische Schwulenmutti etikettiert (verschrien?)

und firmierte mit ihrer typischen Achterbahnbiografie in der öffentlichen Wahrnehmung nur mehr unter *ferner liefen*.

Aber ihre Erlebnisse auf dem Weg dahin, ihr Werdegang an sich, der ist schon spektakulär. Langweilig ist's der Coco nie geworden.

Sie arbeitete in den Siebzigern mit dem notorischen Rainer Werner Fassbinder, der wirklich eine Menge qualitativ höchst fragwürdiger Filme gedreht hat, aber von der Presse zum Genie verklärt wurde. Von dem kann dir die Coco Geschichten erzählen: von Manie, mangelnder Körperpflege und SM-Männersex, dass dir schwarz vor Augen wird. Und dann in den Achtzigern, ebenfalls im Münchner Glockenbachviertel, ist sie mit dem Freddie Mercury rumgehangen, der das Gegenteil vom Fassbinder war, der Freddie war nämlich wirklich ein Genie, aber die Presse hat das damals runtergespielt, weil Journalisten die Welt halt anders sehen. Die wollen immer, dass jemand schön schmuddlig ist und Werke schafft, die sie letzten Endes selbst auch hinbekommen würden. Nur dann jubeln sie einen hoch, alles andere macht denen Angst.

Mit dem Freddie also hat die Coco gekokst und Party gemacht, ja, bist du narrisch. Und heute: der Mercury, Legende. Ja, und die Coco, eben höchstens in Erinnerung als Schwulenmutti, die irgendwann mal Aktrice in zu Recht vergessenen Schmonzetten war.

Noch in den Neunzigern ist die Coco, damals selbst schon weit in ihren Vierzigern, ja sogar noch dann ist sie mit so einem bekannten Hollywoodschauspieler, Rupert Irgendwas, immer wenn der in »my fucking lovely Munich« war, regelmäßig in die Deutsche Eiche getigert, ein Homo-Restaurant mit angeschlossenem Hotel, unter Insidern weltbekannt, und die Coco hat sich in der Lobby eine Nase gezogen und zwei hinter die Binde gegossen, während der Rupert

Schießmichtot unten in der noch viel berühmteren Saunalandschaft und Cruising-Area gruppenmäßig Bumsili-Bumsila gemacht hat. Und danach dann gemeinsam, zum Saufen und fiebrig in den Morgen Tanzen, weiter ins P1, Nobeldisco, härteste Tür der Welt.

Ja, und während das alles vor sich hin lief, hat die Coco immer weiter immer kleinere Filmchen gedreht, hatte null Alimente aus ihren drei Ehen abstauben können, also wirklich nada, da war sie eher ungeschickt, und stand am Ende ohne Geld und mit einem heftigen Suchtproblem da. Schulden sowieso.

Noch obendrauf Trouble mit den eigenen Kindern, drohende Teilentmündigung sogar, Ombudsmann.

Halleluja. Oder wie die Coco sagen würde: Halle*julia*.

Das war die Zeit, in der wir uns kennengelernt haben. Circa 2000. Ich am Anfang meines Erwachsenenlebens, und sie, wie soll ich sagen, schon mit reichlich Erfahrung und *Image im Eimer*. Und ab da standen wir einander immer ein bisschen zur Seite. Mit Rat und Tat. Seelischer Beistand.

Inzwischen hat sie einigermaßen die Kurve gekriegt. Leberwerte natürlich unterirdisch, aber ansonsten erstaunlich solide.

Nach so einem bewegten Leben jetzt auf wenigen Quadratmetern in einem Zwischenstockwerk wieder in Verhausen zu, na ja, hausen, muss man auch erst mal verkraften. Ein Comeback in Form einer Notlandung.

Aber: mit Stil. Weil, ihre Allüren und Exzentrik hat sie sich bewahrt, ja, halt dich fest. Wenn die jemanden mit »Nix da!« anpfeift, da geht der größte Staatspräsident in Deckung.

Die Coco stellt uns eine Flasche Cognac hin, dazu kredenzt sie Zwieback. Ist so ein Spleen von ihr. Wahrscheinlich wegen ihrem Magen.

Den weiteren Abend verbringen wir ratschend, und ich

beruhige mich fast ein klein wenig. Wir reden über ihre zwei längst erwachsenen Kinder (Verhältnis inzwischen gekittet) und ihr neues Hartz IV, meine Pläne für ein neues Bühnenprogramm, Liederauswahl, Outfits, dann schwenken wir um zu ihrem zweiten Exmann, dem alten Uhu (der eheannulierte Anwalt), der nach einer Operation die Wundbandagen nicht regelmäßig gewechselt hat und schließlich sein von Maden zerfressenes Bein amputiert bekam (erst vorletzte Woche), wir reden von meinen Eltern, die die Coco auch kennt, von RTL, das der Coco die Teilnahme an einem neuen Reality-Format angeboten hat, ich flehe sie an, das sein zu lassen, sie sagt: »Mal sehen«, ich: Panik! Sie erzählt mir von ihren aktuellen Surf-Erlebnissen auf verschiedenen Dating-Portalen im Netz (Silver-Surfer), und wie sie die Männer aber natürlich bloß hinhält, weil sie mit denen ansonsten abgeschlossen hat (die angebliche Zahl ihrer Jahre ohne Sex beziffert sie stolz bei jedem Treffen höher, aktuell dreizehn), und ich erzähle ihr von dem Onlineshop, über den ich seit Neuestem mein ultrarares Parfüm beziehe, das nur noch in Kanada erhältlich ist, und wer außer der Coco könnte besser verstehen, wie unvergleichlich wichtig die Duftwahl einer Frau ist ... und mein mitgebrachter neuester Promi-Klatsch und -Tratsch bringt uns zu einer alten Schauspielkollegin von der Coco, die auf ihrem Instagram-Profil ihre aktuellen Fotos so derart schlecht photoshopt, dass man an ihrem Verstand zweifeln muss, weil »die Alte sah schon vor zwanzig Jahren unretuschiert wie ein Haufen Scheiße aus«, so die analytische Coco – und alles in allem sind wir in Höchstform (Coco ist beim fünften Cognac angekommen). Uns sind noch nie die Themen ausgegangen, auch wenn sie sich oft wiederholen. Einer unserer Dauerbrenner: *Stets tipptoppe Unterwäsche tragen, falls Notfall eintritt. Nicht dass man sich vor Sanitäter, Arzt oder Triebtäter schämen muss.*

Es ist immer noch schwülwarm draußen, als wir beschließen, ins Bett zu gehen.

Weil ich deutlich größer bin als die Coco und damit die Couch zu klein für mich ist, überlässt die Coco mir heute nicht nur ihre Garage, sondern auch ihr Schlafzimmer und wird auf der Couch schlafen. Zu protestieren, spare ich mir. Bloß keine Scheingefechte. Bei Rumdruckserei kannst du dir von der Coco einen Rüffel einholen, dass alles zu spät ist. Die Coco druckst auch nicht bei ihrer Altersangabe rum, wie viele aus ihrer Generation. *So* ist die.

Wir machen uns nacheinander im Bonsai-Tunten-Rokoko-Badezimmer bettfertig.

Zum Gute-Nacht-Sagen küsst sie ihre Fingerspitzen und drückt sie auf meine Stirn. Schön, oder? Wer macht heute so was noch?

Als ich im Bett liege, über dessen Kopfende die Airbrush-Zeichnung eines pinkfarbenen Flamingos in einem Rokoko-Rahmen hängt, fällt mir auf, dass es so ruhig ist, dass man eine Stecknadel fallen hören könnte.

Ich bin das Grundrauschen einer Großstadt dermaßen gewöhnt, auch die Lichtverschmutzung, ich muss mich immer erst wieder an die tiefe Stille und Dunkelheit außerhalb gewöhnen. München mag nur knappe zwei Autostunden entfernt liegen, aber so in der Schwärze der Nacht bemisst sich die Distanz in Lichtjahren.

Innere Unruhe, rasende Gedanken. Und ein wenig summen mir auch noch die Ohren von der Explosion. Tinnitus wird's aber keiner werden.

Ich hab doch gewusst, ich werde nicht schlafen können.

Der Wolf hat mir vorhin noch gewhatsappt, dass der Kessler, dieser Autor, unbedingt will, dass ich bei dem Gespräch dabei bin. Nur mit dem Wolf allein möchte er nicht reden.

Doch ein Wichtigtuer? Aber wer weiß. Ich will ja nicht ins Hintertreffen geraten.

Vorschlag: vormittags um halb zehn?

Damit steht mein Plan für morgen.

Die rot leuchtende Anzeige des Radioweckers auf dem Nachttisch sagt 03:18 Uhr, und ich denke sogar darüber nach, dass *Flamingo* zu den skurrilsten Wörtern gehört, die ich kenne, wie *Pinguin*. Und dass *Nachtigall* dafür zu den schönsten gehört, neben *Schatulle, Kastagnetten* und *Kartusche*.

Aha.

Einmal mehr wälze ich mich von links nach rechts, Schulterlage, und kippe dann doch in einen zersetzenden Schlummerzustand, dessen Länge ich erst mal gar nicht einschätzen kann, als aus dem Wohnzimmer ein metallenes Scheppern ertönt, das mich aus meinem Dämmerzustand reißt, und dem sofort darauf spitze Schreie folgen – die von der Coco kommen. Markerschütterndes Gekreische, echt wahr.

Ich schrecke auf, fahnde mit nervösen Fingern nach dem verdammten Schalter für das Nachttischlicht, dunkeldunkel, ich sehe *nichts*, fahre tastend das endlos scheinende Kabel entlang, erreiche endlich das Gehäuse, knips, springe aus dem Bett, suche einen Moment nach einer Waffe, als ob ich immer eine bereitliegen hätte, renne zur Tür, die gewollt einen Spalt offensteht, und klicke das Deckenlicht an.

Was ist los?, möchte ich schreien, kriege aber nur ein knarziges »Coco?« über die Lippen, weil ich in Betracht ziehe, dass es eine Fehlentscheidung sein könnte, mich bemerkbar zu machen, obwohl ich doch schon Licht gemacht hab im Schlafzimmer. Also handle ich unentschlossen und nuschle ihren Namen bloß, na super.

Ein Schatten?

Grauer Hoodie mit Kapuze überm Kopf und schwarze

Turnschuhe, das ist, was ich von dem Umriss erkenne, den ich nur noch durch die Wohnungstür ins Treppenhaus huschen sehe, gar nicht mal so eilig, wie man annehmen könnte, während die Coco ihm unausgesetzt hinterherkreischt. Hysterisch und opernhaft zugleich. Genau richtig.

Das Wohnzimmer misst vielleicht sieben Meter bis zur Tür, das Sofa ist etwa drei Meter von mir entfernt, so klein ist das hier.

Ich höre noch unten eine Tür zuknallen, mehr nicht.

Coco sitzt inzwischen aufrecht, mit zerzaustem Haar, und kriegt sich sofort wieder ein, als klar wird, dass der Angriff vorbei ist und auch im ganzen Haus bereits Lichter angehen, Personen zu ihren Wohnungstüren trampeln und vermutlich gleich bei uns erscheinen werden.

»Coco, alles okay?«, rufe ich perplex und höre schon einen Nachbarn im Hausflur irgendwas einem anderen Nachbarn zurufen. Die wissen ja noch gar nicht, wie, wo, was.

»Denke schon«, erklärt sie, und ich mach die paar Schritte und stelle mich vor ihre Couch und schaue sie sorgenvoll an, wie sie mir ihre rechte Hand hinhält, die vollkommen blutig ist. Tropfen tut es nicht, sie läuft ihr vielmehr den Unterarm runter, die ganz schön dunkelrote Soße. Ich knie mich vor sie hin und ziehe ein paar Kleenex aus der Schatulle, die auf dem kleinen Glastisch steht, neben der Cognacflasche.

»Wo hast du ein Desinfektionsmittel?«, erkundige ich mich und komme gar nicht auf den Gedanken, dem Eindringling irgendwie nachzujagen. Oder auch nur nachzuspähen. Doch ich beginne mich zu fragen, ob die Gefahr überhaupt schon gebannt ist – und ob man hier nicht eine Menge besser machen könnte, reaktionsmäßig. In Echtzeit ist das alles gerade so real.

Einen Moment frage ich mich sogar, ob ich Gespenster gesehen hab.

»Er hat mir direkt durch die Handfläche gestochen«, sagt die Coco, wie andere Leute »Ich bin vorhin durch die Waschstraße gefahren« sagen würden. Schock, könnte man meinen, aber das ist Souveränität, weil gleich darauf beschreibt sie, voll bei Verstand: »Ich hab ihm zufällig die Hand entgegengestreckt, als er an mir rumgetastet hat. Reiner Reflex. Ich hab ja gar nichts geseh'n, weil der mir mit 'ner Taschenlampe direkt ins Gesicht geleuchtet hat ... Weißt du, was ich glaube? Der wollte *dich*, Vikki, der wollte *dich* abmurksen ... das war dieser *Toni*.«

Stumm stehe ich da, nicke unbestimmt, werfe einen Rundumblick durch die Wohnung. Nichts ist umgestoßen oder unordentlich.

Alles ging so schnell. Wie ein Blitzschlag.

Und nur so halbgar, nach meinem Dafürhalten.

An der offenen Eingangstür steht inzwischen der erste Nachbar, den die Coco mit Namen begrüßt, und ich – erleichtert, dass ihr nichts Unlösbares passiert ist, und fassungslos, wie der Toni mich hier finden konnte – gehe ins Schlafzimmer, wo mein Handy liegt, und sage: »Ich ruf Polizei und Notarzt.«

»A geh, ich brauch doch keinen Notarzt ...«, meint die Coco, ganz Das-Leben-ist-ein-einziges-Boulevardstück.

Aber als ich schon jemanden unter der eins eins null dran hab, höre ich sie von nebenan ganz in sich gekehrt murmeln: »Obwohl.«

7

Es ist dunkel, stockduster ... und ich, ich sehe nur das Messer! Die diabolisch funkelnde Klinge! Ich denke: Oh, mein Gott, er will auf mich einstechen! Oh, mein Go-o-ott! Er holt wie wild aus, ach was, wild! Rasend! Ich denke schon, mein letztes Stündchen hat geschlagen. Ich habe mit meinem Leben bereits abgeschlossen! Verstehen Sie! Doch ich schreie: Halt! ... Halt!«, schildert die Coco atemlos den einbrecherischen Vorfall, noch immer mit verstrubbelter Fläumchenmähne auf ihrer Couch sitzend. Ihre Version eines Heldenepos, ähnlich den Ausmaßen einer Sage aus der griechischen Mythologie. Sie fuchtelt mit ihren Händen, macht große Gesten und kleine Kunstpausen, und ist von sich selbst ganz ergriffen.

Ihre Zuhörer stehen im Halbkreis vor ihr aufgereiht und staunen aufmerksam. Die beiden netten Polizeibeamten waren genauso schnell da wie die zwei Journalisten. Fruchtbare Symbiose, könnte man meinen. Aber das geht mich nichts an.

Als Letztes trafen die Sanitäter ein, von denen einer neben Coco auf dem Sofa sitzt, ihre durchbohrte Hand in der Hand hält und sie verarztet. Die Coco, hart im Nehmen und konzentriert auf ihre Erzählung, verzieht bei Berührung der Wunde keine Miene. Man wird operieren müssen, Abtransport ins Krankenhaus, sobald die Blutung gestoppt ist.

Cocos Geschichtswiedergabe ist sowohl Protokollbericht für die Beamten als auch Interview für die Schreiberlinge, von denen einer mit einem iPhone die Coco filmt und beizeiten mit der Linse durch die Wohnung schwenkt.

Die Coco hat zuerst nicht begriffen, warum man kein richtiges Kamerateam holt. Der verschlafene junge Kerl von der Übertreiblinger Morgenpost hat ihr daraufhin geduldig erklärt, dass sein Smartphone für seinen erweiterten Online-Beitrag und für eine eventuelle Ausstrahlung im Regionalsender völlig ausreiche – und qualitativ sowieso besser sei als jeder schwere Otto von Kamera.

Brauchst nicht glauben, die Coco ist nach wie vor misstrauisch, dass das Bildmaterial mit dem kleinen Dings was Anständiges wird.

Der andere Kollege vom Zwieseler Abendblatt lässt teilnahmslos die Diktaphon-App seines Smartphones laufen und steigert nebenbei seinen Beitrag zur Dokumentation des Ereignisses, indem er an einem Tatort, an dem jemandem eine beträchtliche Stichwunde zugefügt wurde, Chips isst.

Wieso auch nicht. Eventuelle Spuren haben die Anwesenden sowieso bereits sorgfältig zertrampelt. Und Fingerabdrücke? Vergiss es. Die Türklinken hat bestimmt schon jeder dreimal angefasst.

Jetzt noch Brösel am Boden: Die Spurensicherung kann im Bett bleiben.

Ich habe mich zurückgezogen, stehe im Rahmen der Badezimmertür und verfolge das Szenario. Kurz nach Verscheuchen der Nachbarn und vor Eintreffen der ersten Gäste habe ich mich mit der Coco geistesgegenwärtig darauf geeinigt, den Toni mit keinem Wort zu erwähnen und den Vorfall wie einen normalen Einbruchsversuch zu kommunizieren. Keiner weiß nichts.

Nicht mal wir sind sicher, was das mit der Aktion gerade auf sich hatte. Ich meine, es ist ausgeschlossen, dass mir jemand gefolgt ist. Der Wolf und ich haben auf der Herfahrt Haken geschlagen wie zwei Hasen und aufgepasst, wie man nur aufpassen kann.

Deshalb also kein Wort zu niemandem.

Die mediale Aufmerksamkeit, die die Verbindung zu einem so heißen Thema wie dem geflohenen Toni mit sich bringen würde, ginge mir gerade noch ab. In diesen Zusammenhang möchte ich öffentlich wirklich nicht schlittern – und den Toni dadurch eventuell noch auf meine Spur bringen, falls er das gerade doch nicht war ... Dann wäre ich ja doppelt gestraft.

Die meisten der Anwesenden haben mich natürlich erkannt. Ich war und bin in der Gegend eine bunte Hündin, und mein Werdegang ist vielen hier geläufig. Mich jetzt in Cocos Schatten abseilen zu können, ist daher ideal.

Cocos Strahlkraft wird allerdings vorübergehend unterbrochen, als der eine Polizeibeamte sich an seinen Kollegen wendet und mit: »Ich würd sagen, des ist zweifellos ein Einbruchsversuch mit Körperverletzung gewesen, oder?« eine messerscharfe Zusammenfassung mustergültiger Kriminalistik liefert, als wären die beiden ganz unter sich. Wir anderen bekommen natürlich alles mit, starren sie an. Hatschek und Watschek, die Wachtmeister aus der Puppenkiste.

»Schon, gell!«, antwortet der andere, und es sieht so aus, als hätten sie einen Riesenspaß an ihrer Ernsthaftigkeit, aber ohne dabei zu lachen. Der erste Polizist, dessen speckige Knie sich seltsam deutlich durch seine Hose abzeichnen, sagt: »Da hat sie Glück gehabt, dass der Typ sich so leicht hat verscheuchen lassen.«

Polizeiuniformhosen gehören zum Unsexiesten, was es gibt. Schnitt, Stoff, Farbe. Aber dann noch solche unvorteilhaften Knie: Comedy.

»Wirklich wahr, da hat sie Glück gehabt«, salbadert nun auch der zweite Beamte wie von einer Abwesenden über die Coco, die keinen Meter entfernt vor ihm sitzt.

Na wartet! Und tatsächlich: »Leiten Sie denn gleich eine Großfahndung ein, meine Herrn?«, meldet sich jetzt genau diese Coco selbst zu Wort, weil außen vor gelassen zu werden ist ja so gar nicht ihr Ding.

Der erste Polizist nickt ihr zu und zückt, als hätte sie ihn gerade auf eine Idee gebracht, sein Handy (absurd). Ich stutze, auch, weil ich nicht gedacht hätte, dass die Polizei über Smartphones kommuniziert, eher über Funkgeräte oder so was, aber schaun wir doch mal. Der Kniespeckler tippt irgendwas ein und schaut dabei ganz animiert. Jetzt legt hier einer aber *richtig* los! Hai jai jai – ich bin nicht mal besonders sauer.

»Was schätzen Sie, wann Sie den Gangster fassen?«, will die Coco gleich noch wissen, und ich denke mir, na, da fragt sie die Richtigen. *Gangster?* Hab ich auch schon lang nicht mehr gehört.

Der zweite Polizist überdenkt seine mögliche Antwort, indem er seine Unterlider halb hochzieht, was vermutlich Skepsis vermitteln soll. Aber wohl eher sich selbst gegenüber.

Wie uns anderen auch, wird der Coco das jetzt ein bisserl arg blöd. Weshalb sie mit ihrem Monolog fortfährt und zügig anfängt, immer weiter auszuschweifen, ich glaube, gerade kündigt sich eine Anekdote von irgendwelchen gefährlichen Dreharbeiten im früheren Westberlin an, während derer sie beinah gestorben wäre. Beiläufig fällt der Name Tony Curtis, und es ist für Cocos Motivation sichtlich von Vorteil, dass ihre sechs Zuhörer ausschließlich männlichen Geschlechts sind. Da blüht sie immer auf.

Der Schlurfige vom Abendblatt hat in der Zwischenzeit

wohl Cocos Eintrag auf Wikipedia recherchiert und fragt ganz gescheit dazwischen, ob er die Coco als Helga in seinem Bericht titulieren soll. Weil das doch ihr bürgerlicher Name sei. Da ist aber jemand besonders auf Zack. Was glaubt er wohl? Dass man einen Künstlernamen wählt, um dessen Verwendung zu untergraben?

Coco Neumayer versus Helga Neumayer.

Welten.

Ich will dem Gscheidhaferl jetzt gar keine böse Absicht unterstellen, obwohl man damit ja fast immer richtigliegt; auch mir passiert das ab und zu, dass mir jemand meinen Geburtsvornamen aus der Nase ziehen will, im Glauben, dadurch mein wahres Ich besser einschätzen zu können.

Aber das genaue Gegenteil ist der Fall: Der *selbst gewählte* Name stellt das wahre Ich dar. Nicht umgekehrt.

Die Coco jedenfalls beantwortet die Frage vom Abendblatt-Bubi mit einem Blick Marke Hiroshima.

Hätten wir das auch.

Schließlich wird die Coco zum Krankenwagen geführt. Auf dem Weg dorthin besprechen wir, was zu tun ist. Ich solle die Wohnungstür einfach zuziehen, wenn ich abhau. (Die Wohnungstür ist einwandfrei intakt, komisch. Vermutlich geschickt manipuliert, Scheckkarte?) Laut Sanitäter wird die Coco sowieso nur ambulant behandelt und ist spätestens mittags wieder zurück. Ich solle mir keine Sorgen machen und »mein Ding durchziehen«, instruiert mich die Coco (zwinker-zwinker, sie will vor den anderen nicht konkreter werden). »Wir telefonieren später.«

Das Täschchen mit dem Nötigsten, das ich ihr gepackt habe (Meridol, Doornkaat), lege ich neben ihre Trage auf den Boden des Wageninnenraums.

Resolut winkt die Coco ab, als ich erneut nachfrage, ob ich nicht doch mitfahren soll … Aber nein. Nein heißt nein. Da halt ich natürlich sofort meinen Mund. Die Coco ist eine andere Abteilung, bloß keine Gefühlsduselei.

Das erzählst du mal einer jungen Influencerin mit Schwerpunkt Psychologie. Die würde mir was geigen von wegen »Arme alte Frau allein lassen« und »Empathie zeigen« und so. Aber dann würde ihr wiederum die Coco was geigen. Da wär gleich Schluss mit Influenzen und Klugscheißerei, mein lieber Scholli. Das darfst du glauben. Der Frau Influencerin fiele gleich mal ihr Samsung aus der Hand, und anschließend kann sie sechs Monate in den Achtsamkeits-Workshop zum mentalen Verarbeiten.

Das Blaulicht, das der Fahrer des Sanitätswagens anschaltet, als er mutterseelenallein auf weiter Flur mit der verletzten Coco im Laderaum anfährt, ist natürlich lächerlich, aber deswegen macht man den Job ja.

Es ist halb fünf, als ich mich entschließe, nicht mehr ins Bett zu gehen (selbstverständlich nicht) und jetzt schon zurück nach München zu düsen (statt künstlich auf nichts zu warten).

Unterdessen stell ich mir freilich die Frage, ob wirklich der Toni hinter diesem schlaffen Einbruchsversuch steckt. Und wenn ja, wie er mich gefunden hat.

Meine Kopfschmerzen, die verlässlich ab und zu vorbeischauen, haben eingesetzt. Hoffentlich besucht mich jetzt nicht auch noch meine Gemütsschwere. Bei beidem kann nämlich kein Mensch entscheiden, wann und wie sie zuschlagen. Ich weiß, wovon ich rede.

Es hämmert mittlerweile wirklich ganz schön in meinem Schädel. Könnte ein Migräneanfall von epischen Ausmaßen werden.

Wenn der ein oder andere jetzt gleich wieder meint, was soll das nun wieder? Was ist die denn für eine Jammerexpertin? Soll sie ihr geplantes Bühnenprogramm doch gleich

Vikki Victoria

in

Die weinerliche Liesl aus'm Umland Zwiesel

nennen.

Dann sage ich: Moment!

Worauf ich nämlich hinauswill, ist: kein Nachteil ohne Vorteil.

Das ganze Leben ist doch eine Staffelung von Prioritäten. Und wenn dir der Kopf dröhnt, als wäre endgültig Schicht im Schacht, und wenn dich eine Niedergeschlagenheit so fest im Griff hat, dass dir der Dritte Weltkrieg wie das lauschige Birkenholz-Kaminfeuer-Video auf Netflix vorkommt, dann, ja dann ist dir der Toni Besenwiesler nämlich scheißdrecksegal.

Dann wirkt deine eigene kleine Misere wie eine Superkraft, die dich für alles andere unangreifbar macht.

Und unangreifbar fühle ich mich, als ich die Garage von der Coco aufschwenke und meine beiden Taschen ins Auto werfe.

Von wegen Vorsicht und Umsicht und Diskretion – wenn ich ein Blaulicht aufm Dach hätte, würd ich's jetzt anschalten. Volle Pulle.

Jetzt heißt's nicht mehr »Bin ich auf der Flucht oder auf der Jagd, huschimuschi, biep-biep-biep, weiß nicht so recht ...«

Jetzt heißt's, leck mich doch am Arsch, Toni. Ich komme. Um dich zu holen.

Mensch, tut mir mein Schädel weh. Ich seh fast dreifach.

Kein Nachteil ohne Vorteil.

Wolfs Antiquitätenladen ist, ohne Übertreibung, der schönste Europas. Mindestens.

Eine Riesenhalle, gigantisch, hell und hoch, vollgestellt bis oben hin, mit den verschiedensten Exponaten, von Kleinmöbeln und Porzellan, Gemälden und Bronzen über Schmuck und Silber bis hin zu Asiatika und Wohnaccessoires, Vintage-Outfits und sogar Trödel und seltene Vinyl-Platten oder Memorabilia.

Vollgestellt, sage ich, ja, das schon, aber geordnet, präzise platziert, drapiert, inszeniert, beinah anheimelnd und zugleich stilvoll. Da denkt jeder, wenn er reinkommt, das ist ein Künstler und Innenarchitekt in einem, der Besitzer. Also der Wolf. Liebe zum Detail. Da braucht man ein Auge für.

Dazu kommen noch der edle Holzboden und die Designerstrahler und Deckenleuchten, die den ehemaligen Maschinenraum zu einem atmosphärischen Mittelding aus gestylter Industriehalle und behaglichem Wohnzimmer werden lassen.

Und du musst nicht glauben, nur weil hunderttausend Gegenstände in den ellenlangen und herrschaftlich breiten Gängen stehen, dass nicht alles genauestens verzeichnet und katalogisiert wäre. Allein die Homepage von www.antikwolff.com ist ein Wunderwerk.

Kannst auch dort ordern. International. Zweiunddreißig Sprachen wählbar. Koreanisch? 주문 할게요. Sie möchten bestellen? Kein Problem.

Und die Lieferung: Am nächsten Morgen hast du's. Da brauchst du kein Prime-Abo abschließen, beim Wolf. Der macht dir das auch so, in der Deluxe-Bringdienst-Variante ohne »Werden-Sie-jetzt-Mitglied«-Zusatz-Schnickschnack.

Und wenn der Miroslav und sein Bruder Jaroslav, die aufgeweckten Spediteursbrüder, die fast exklusiv nur für den Wolf hin und her kutschieren, es mal zufällig zeitlich nicht mehr hinkriegen, schnallt sich der Wolf deinen bestellten Bechstein-Flügel selbst auf sein Bike und fährt ihn dir persönlich vorbei. München Mitte – Seoul West, 문제 없어요, kein Problem. Bitte, gern geschehen. Hauptsache pünktlich. Beim Wolf von Ehrgeiz zu sprechen, wäre Untertreibung.

Vier Mitarbeiter sind permanent im Haus. Service, Lager, Logistik, Online-Kundenbetreuung. Plus natürlich der Wolf. Wie sich das lohnt, weiß ich zwar nicht, aber wird schon laufen.

Die Location liegt im Herzen Sendlings, unweit der Theresienwiese. Von der Wohnung darüber aus, in der der Wolf lebt, sieht man die Bavaria.

Wenn Wiesn ist, pinkeln, kotzen und kacken ihm die Besoffenen auf ihrem Heimweg allnächtlich vors Eingangsportal des Ladens. Aber das ist schon der einzige Nachteil der phänomenalen Lage. Die zwei Wochen Volksfest gehen auch rum. Und bis das Oktoberfest wieder ganz das alte ist, mit Feierei und Alles-wie-früher, wird's auch noch ein bisschen dauern.

Während der Wiesn hat der Winfried Munzinger immer Fäkaldienst, wie sie's nennen. Vor Ladenöffnung um neun muss er immer die klebrigen Hinterlassenschaften wegräumen. Aber nicht, weil er der Arsch vom Dienst wäre, sondern weil er Wolfs rechte Hand ist, sein engster und längster Mitarbeiter. Und gerade dieser Reinigungsjob muss verlässlich und picobello gemacht werden. Weil Eingangsbereich, erster Eindruck, der ist unwiderruflich. (Aus dem Grund steht natürlich auch Wolfs Maschine tagsüber immer schräg geparkt davor. Wie ein Pünktchen auf dem i.)

Der Winnie hat auch alle Schlüssel zum Gebäude und Kassenvollmacht. Also heißt Fäkaldienst während dem Oktoberfest nicht automatisch Lehrbua-Status, sondern Bester-Mann-im-Stall-Rang.

Der Winnie ist wirklich in Ordnung und ein aufgewecktes Kerlchen. Zwar nur eins achtundsechzig groß, aber trotzdem ungefährlich.

Als ich an diesem Vormittag zum Laden reinkomme, sehe ich den Wolf hinter dem breiten Beratungstresen stehen, der sich genau in der Mitte der Halle befindet. Es ist Punkt neun, vorher wollte ich ihn nicht stören, soll er in Ruhe seinen Tag beginnen. Es liegt genug vor uns.

Meine Fahrt aus Übertreibling hierher, inklusive Frühstück beim Bäckerin (nur Spaß, *no hate*), war unangenehm kopfwehbelastet und deshalb auch angenehm tonilos. Erst als ich jetzt den Wolf in seiner Motorradjacke und mit einem Buch in der Hand sehe, und weil ich drei Schmerztabletten intus habe, schießt mir unser Toni-Problem gleich wieder zwischen die Synapsen. Eine Baustelle geschlossen, andere Baustelle umgehend geöffnet.

Der Wolf blickt auf und winkt, indem er mit dem zugeklappten Buch wedelt.

»Vikki, wie geht's dir?«, fragt er mich und macht pantomimisch Anstalten, die Kaffeemaschine einzustarten.

Alle immer mit ihrem Kaffee. Die Kathi, die Coco, der Wolf...

Ich schüttle den Kopf und denke mir, wo soll ich anfangen?

Ich stelle meine Handtasche auf die Theke, raffe mein

legeres Minikleid mit Knopfleiste und schildere dem Wolf alles, was passiert ist, seit er mich bei der Coco abgeliefert hat, was keine fünfzehn Stunden her ist, und dabei merke ich, dass das eine ganze Menge war. Vom Einbruch eines Unbekannten (mutmaßlich dem Toni) über Cocos aufgeschlitzte Hand bis hin zu unserem Herunterspielen des Ganzen vor der Polizei, damit die beiden Dorfbeamten nur ja nicht auf die Idee kommen, den nächtlichen Zwischenfall an die große Glocke zu hängen, um auch mal groß in der Zeitung abgebildet zu werden. *Toni Besenwiesler, meistgesuchter Verbrecher Deutschlands, im Verhausener Umfeld vermutet – unser knallhartes Polizistenteam Hatschek und Watschek war vor Ort.*

So lieber nicht.

»Und du hast mich nicht gleich angerufen? Weil du mich nicht wecken wolltest und gemeint hast, das reicht auch, wenn du's mir jetzt erzählst?«, wiederholt der Wolf meinen letzten Satz fast bis aufs Wort, und ich schüttle mit Schulterhochziehen und Leidensmiene den Kopf, was in diesem Fall Ja heißt.

»Sag mal, kann das sein, dass du die Situation ein bisserl unterschätzt?«, standpaukt der Wolf, nicht ganz zu Unrecht, und ich frage mich sofort dasselbe.

»Das Geständnis von der Jessica, dass sie vertretungsweise Tonis Hassbotschaften an dich verfasst hat, war dir gestern anscheinend noch nicht merkwürdig genug, hab ich das Gefühl. Dann bricht noch jemand nachts mit einem Messer bei der Coco ein und verwechselt wohl sie mit dir, oder was weiß ich, aber eine Stichwunde gibt's trotzdem, und da gibst du mir nicht gleich Bescheid und fährst *allein!*«, der Wolf betont *allein*, wie man *Feuer* schreien würde, wenn der Dachstuhl brennt, »nach München zurück? Pff. Eine leichte Störung hast du fei schon, Vikki. Ich hätt dir sofort den Max und den Harry vorbeigeschickt, die wohnen doch in der Gegend. Die hätten dir Geleitschutz gegeben.«

Den Max und den Harry? Die wären mir gerade noch abgegangen. Das sind zwei Jungs aus Wolfs Switch-Blades-Zirkel. Einer gescheiter als der andere. Aber Muskeln wie aus einer Steroid-Werbung. Wie hätte denn das ausgesehen auf der Autobahn? Ich, mit meinem Mini quasi als Jumbojet, und der Maxl und der Harry flankieren mich wie zwei militärische Abfangjäger, extrabreit, links und rechts, die ganze lange Strecke über nach München, bis direkt vor die Tür von das Bäckerei*innen (nur Spaß, *no offence*).

Hätten wir dann zu allem Überfluss auch noch miteinander frühstücken dürfen?

Da fröstelt's mich gleich.

»Vikki, das hier ist keine Simulation. Das ist das echte, gefährliche Leben«, ventiliert der Wolf. »Und die Polizei hat wegen dem Einbruch echt nichts weiter unternommen?«

»Hatschek und Watschek?«

»Wer?«

»Die beiden Beamten waren das übliche Kaliber ... Fertig werden, Feierabend, Hobby: Urlaub planen.«

»Klingt da deine berühmte Phobie gegenüber Festgehaltsbeziehern durch?«

»Könnte sein!«

»Hast sie anscheinend wirklich ganz schön an der kurzen Leine gehalten, die zwei! Da wundert mich nichts mehr. Aber unabhängig davon: Nimm die Sache nicht zu leicht, ehrlich wahr!«

»Der Coco geht's einigermaßen, hat sie geschrieben. Ihre Hand haben sie genäht. Man muss jetzt abwarten, ob die Antibiotika greifen. Nicht dass sie eine Blutvergiftung kriegt, weil man ja nicht wissen kann, wo die Messerklinge schon überall dringesteckt hat«, lenk ich zugegebenermaßen etwas arg offensichtlich ab, weil der Wolf mit seiner Standpauke schon recht hat, ich aber jetzt auch nicht die Büßerin geben möchte.

»Sehr gut«, lässt auch der Wolf es gut sein und greift wieder nach dem Buch, in dem er vorhin gelesen hat: »Schau mal, das hier ist von diesem Lars Kessler, der sich gestern gemeldet hat und gemeint hat, wir sollten uns schnellstens mit ihm treffen. *Schwindelerregend*, heißt es«, der Wolf hält mir das mintgrüne Cover hin. »Ich hab das letztes Jahr schon mal gelesen, ist ein Roman, der auf einer wahren Begebenheit basiert. Brisant Politisches eingewoben in eine Krimistory. War ein Bestseller. Und gestern Nacht hab ich's noch mal durchgekuckt. Wie auch immer, der Kessler kommt ja in einer halben Stunde vorbei.«

Wirklich erstaunlich, dass dem Wolf auch dieser Kessler was sagt. Der Wolf kennt literarisch anscheinend alles. Das glaubt man nicht. Der liest was weg, wie andere Leute Serien suchteln. Dostojewski, Dürrenmatt, Perry Rhodan und Motorradmagazine …

Mit zwei Kaffeetassen von Suppentellergröße in den Händen und das Buch unter den Arm gesteckt, steuert uns der Wolf zu einer roten, sechsteiligen Sofakombination, auf deren Art-déco-Beistelltisch ein *Bitte nicht berühren*-Schild steht. Wir machen es uns bequem, und der Wolf ruft: »Winnie, machst du Empfang, bitte? Dankeee!«

Ich schau den Wolf so von der Seite an und denke mir, er wäre schon eine Marke, fürs Fernsehen.

Wie ich jetzt da drauf komm?

SAT.1 hat erst kürzlich bei ihm angefragt, ob er in einem neuen Antiquitätensendungsformat mitmachen möchte. So was wie »Bares für Rares«, »Der Trödeltrupp« oder »Die Superhändler«, aber in Kombination mit einer Kochshow, bei der die Teilnehmer, die ein besonderes Exponat mitbringen und es zunächst auf seinen Wert schätzen lassen, auch singen und tanzen und natürlich dabei kochen sollen, während die Jury, deren Teil der Wolfi dann wäre, entscheidet, wer von den Kandidaten anschließend auf eine Insel fliegen darf, um dort mit einem anderen Gewinner bei einem romantischen Dinner-Date verkuppelt zu werden, während einer der beiden in einer Fantasieverkleidung eine Zehn-Punkte-Liste mit Quizfragen abarbeitet und der andere eine Geheim-Challenge meistern muss, während er zum Halbplayback einen bekannten Song singt.

Klingt schlüssig. Fand der Wolf auch und hat die zuständige Redakteurin, eine gewisse Felicia, ganz freundlich gefragt, ob die beim Sender noch alle Tassen im Schrank hätten.

Aufmerksam sind sie auf den Wolf geworden, weil er mal bei »Wer wird Millionär?« mitgemacht hat. In welchem Outfit? Ja, in Ledermontur mit Switch-Blades-Logo drauf. Was glaubst denn du?

Leider ist er bei der 200-Euro-Frage schon rausgefallen, aber witzig war er, und charmant, wie er sich mit dem Jauch zwischendrin so unterhalten hat. Ich hab meinen Wolf gleich gar nicht wiedererkannt, als ich mir die Sendung angesehen hab.

Bei manchen Leuten springt da so ein innerer Motor an, wenn eine Kamera auf sie draufhält. Das hat man gemerkt. Showman, der Wolf.

Das hat wohl die Felicia von der SAT.1-Redaktion auch gespürt.

Dass der Wolf dann bei 200 Euro schon rausgeflogen ist, ist übrigens überhaupt nicht peinlich oder ehrenrührig. Weil, wenn du in München aufgewachsen bist und die Arschlöcher präsentieren dir eine Frage nach einem berühmten Kinderreim aus dem Ostfriesischen, dann stehst du da. Dann schauste.

Test?

Okay. Die ach so leichte 200-Euro-Aufwärmfrage lautete (ich zitiere aus dem Gedächtnis):

Vervollständige dieses bekannte Sprichwort für Kinder aus dem plattdeutschen Raum: »De Jung as'n Hunnköttl in Düüstern op Stiekelswien ruug löppt freten ström ...«

Ja, und dann die Antwortmöglichkeiten A, B, C und D. Die spar ich uns.

Abartig, oder? Gut, wie gesagt, ganz korrekt hab ich's jetzt vielleicht nicht wiedergegeben, aber man weiß, was ich mein.

Dass der Wolf allerdings keinen Joker genommen hat, ist wohl seinem TV-Charisma geschuldet. Er war halt voll in Fahrt, und die vier Joker wollte er auf seinem sicheren Weg zur Million nicht zu früh verbraten.

Jetzt glänzt der Wolf publicitymäßig eben vorerst lediglich auf seinem eigenen YouTube-Kanal, auf dem er verschiedene Ausstellungsstücke präsentiert und mittenrein mal ein paar politische Statements zur Lage der Nation vom Stapel lässt. Nur polemisch natürlich. Eindeutigkeit bringt dich ja bloß in die Bredouille.

So viel dazu.

Schwindelerregend. Ein wahrer Kriminalroman.

Der Wolf legt das Buch von diesem Lars Kessler neben seine Tasse auf den Sofatisch vor uns und sagt: »Jetzt pass auf – dieser Kessler ist ein ehemaliger Journalist, der sich spezialisiert hat auf legendäre und spektakuläre Kriminalfälle. Der deckt Ungereimtheiten oder Intrigen oder Ermittlungsfehler oder, äh, eben Widersprüche auf und baut das dann in seine Thriller um. Zum Beispiel hat er sich in einem früheren Buch, nicht dem hier, die Verwicklungen des Geheimdienstes in das Wiesn-Attentat von 1980 vorgenommen, wo wundersamerweise entscheidende Beweismittel verschwunden sind und so weiter, und wo am Ende klar wurde, dass es sich bei dem Bombenleger wohl nicht um einen Einzeltäter gehandelt hat, wie ewig standhaft behauptet wurde, sondern, dass eben ... der Verfassungsschutz da gehörig seine Finger mit im Spiel hatte.«

»Mhm, also im Sinne von: Kriminalistische Verschwörungstheorie stellt sich bei näherer Beleuchtung als bittere Wahrheit heraus«, sage ich, ziemlich ahnungslos, worauf das hier hinaussoll. Aber ist es nicht ein Zufall? Wir sitzen hier, keinen Kilometer von der Wiesn entfernt, hab ich ja schon erzählt, und der Wolf schildert mir einen Buchinhalt, der ausgerechnet mit der Wiesn zu tun hat, geschrieben von ausgerechnet diesem Kessler, während genau dieser Kessler auf seiner Anfahrt zu uns gerade selbst nur noch einen Kilometer von eben der Wiesn entfernt ist ...?

Aber dieser Zufall ist natürlich jetzt wurst.

»Genau, Kesslers Bücher greifen immer Konspirationen auf, die er dann entdröselt«, erklärt der Wolf. »Du weißt ja, ich sag immer *Konspiration* statt *Verschwörung*. Sonst steht man wie ein Depp da. Ich mein, die Erde war ja auch mal offiziell eine Scheibe, und wenn du da mit der Kugelversion vorstellig geworden bist, warst du auch erst mal ein Spinner und Kopf ab, Zunge ab ... man braucht halt zu allem immer erst mal ein bisschen Abstand, bevor sich das Entscheidende rausschält ... Auf jeden Fall behandelt der Kessler in *diesem* Buch«, der Wolf zeigt mit seinem Kinn genau auf das Buch vor ihm, »auch wieder einen mysteriösen Fall, nämlich den RDS-Skandal mit diesen drei Terroristen, die unter anderem für das grausame Rathausmassaker in Nordrhein-Westfalen über zwei Jahre vor Gericht standen, und wo es so zäh voranging, weil Akten verschwanden, Beamte suspendiert wurden und am Ende rauskam, dass ein Geheimdienstler eines der Attentate mitinitiiert hatte ...«

»Ja, ich erinnere mich. So ganz kapiert habe ich die Zusammenhänge aber schon sehr bald nicht mehr und hab immer umgeschaltet, wenn darüber berichtet wurde.«

»Genau wie wir alle. Es ist immer dasselbe. Die Verbrechen selbst, die Festnahmen, das ganze Brimborium vornweg, das wird medial aufgeblasen bis zum Gehtnichtmehr – aber der anschließende Prozess und das Urteil und die wirklich interessanten Details werden dann nur noch in einem Nebensatz irgendwo versteckt erwähnt. Wenn überhaupt. Wundert mich schon, seit ich denken kann, dass das Danach immer so stiefmütterlich behandelt wird«, sagt der Wolf.

»Okay, ich hab kapiert, was der Vogel in seinen Krimis macht. Und der will jetzt mit mir sprechen?«, sage ich und meine den werten Herrn Kessler, und weiß gleich gar nicht, ob das Gespräch ein rechter Unsinn werden wird. Auf diesem Planeten wimmelt es von Menschen, die Dinge zum Guten wenden wollen und damit alles nur noch schlimmer machen.

»Was hältst du denn von den Büchern?«, frage ich noch.

»Literarisch stümperhaft, wirklich Wahnsinn«, sagt der Wolf sofort, »sprachlich, syntaktisch – wie ein Fünftklässler. Null Flow. Den Kessler einen Schriftsteller zu nennen, ist, als würde man Moritz Bleibtreu einen Schaupieler nennen.«

Wir müssen beide laut auflachen. Moritz Bleibtreu ein Schauspieler! Sehr gut! Grotesk!

Ich sag ja, der Wolf hat einen natürlichen Witz in sich, der wär schon was fürs Fernsehen.

»... aber von der Recherche her, vom Investigativen, da sind Kesslers Werke mitunter ganz interessant und wirklich aufschlussreich«, relativiert der Wolf sein Urteil ganz unsarkastisch.

»Tja, man soll eine gute Story nie durch die Wahrheit vermasseln«, schlaumeiere ich ein bisschen, habe keine Ahnung, was ich damit meine, ich hatte den Spruch irgendwie parat, und der Kaffee ist nun ausreichend abgekühlt, sodass ich einen Schluck nehmen kann. Als ich mich zurücklehne, justiere ich meinen Kopf etwas nach rechts, weil mir sonst zwei Blätter einer der Kunstpalmen im Rücken hängen.

Ob es wohl die ganzen Plastikpflanzen sind, die die Temperatur im Laden so angenehm machen, trotz Wüstenhitze draußen?

Das Ambiente des mit Objekten prall gefüllten Ladens wirkt sowieso wie eine eigene Miniaturwelt, einschließlich eines eigenen Öko- und Klimasystems.

Ich muss plötzlich an die letzten vierundzwanzig Stunden denken und fühle mich ziemlich down. Was vielleicht auch kein Wunder ist, weil man jetzt nicht gerade sagen kann: »Besser könnte es nicht laufen.«

Ich befinde mich in einer Art Schwebezustand der Ungewissheit.

Und da muss man auch nicht fragen: »Weißt du, was ich meine?« Weil es nämlich ein ganz großer Irrtum ist, wenn man hofft, dass sich jemand in deine Lage versetzen kann. Man kann sich ja nicht mal in den *eigenen* Zustand zurückversetzen, wie es sich anfühlt, wenn einem mal selbst – zum Beispiel – richtig schlecht vom Magen her ist. Das kannst du dir einfach nicht vorstellen, wenn's grad nicht der Fall ist.

Weißt du, was ich meine?

Das typische DingDong der Eingangstür ertönt.

»Ja, da hinten links ... einfach geradeaus durchgehen ... Gern!«, höre ich Winnies Glockenstimmerl aus dem vorderen Ladenbereich schallen, und da kommt auch schon der auf uns zu, der es sein muss – der Kessler.

Und der Toni steckt wahrscheinlich gerade irgendwo eine weitere Nadel in meine Voodoo-Puppe.

Der Wolf und ich sitzen auf der Mondsichel-Couch, neben dem Lampenbereich und dem bunten Polsterstühle-Sortiment, und versuchen, nicht zu sehr im Duett zu gaffen, wie der Lars Kessler flott auf uns zutrottet.

Meinem unmittelbaren Eindruck nach ist er Mitte fünfzig, könnte aber auch älter sein. Ist er auch. Je näher er kommt. Nur seine Drahtigkeit und die Entfernung verzögern die angejahrte Wirklichkeit.

Mit dunkler Jeans und langärmeligem T-Shirt zwar schlicht und neutral gekleidet, hat er dennoch etwas Abgerissenes an sich. Die strähnigen Strubbelhaare und sein Dreitagebart vermitteln diesen verwitterten Obdachlosen-Eindruck, wie er bei Berufsjugendlichen und einst attraktiven Möchtegernintellektuellen oft vorkommt.

Und spätestens, als er, noch im Gehen, fragend: »Frau Victoria, Herr Wolff?« raspelt, bin ich endgültig im Bilde.

Nimm einen ehemaligen Gockel und Weiberhelden, kombiniere ihn mit einem verplanten Romantiker, der sieben Kinder von neun Frauen hat, und der Essenz lebenslänglich unterlassener Unterhaltszahlungen und dem ganzen daraus resultierenden Ballast, dann hast du Lars Kessler, der aus dem letzten Loch pfeift, aber immer einen auf souverän macht.

Ich persönlich finde das ja ganz sympathisch. Wie es auch immer ganz erfrischend ist, wenn jemand zum Beispiel einen Tobsuchtsanfall bekommt. Es ist halt interessant, was sich die Menschen antun, weil sie eben nicht anders können.

Wir begrüßen einander, sind alle zunächst ein bisschen sperrig, reden über Kesslers Anfahrt, was ja sogar in Navi-Zeiten noch Usus ist, wir bestaunen Wolfs imposante Ladengröße, erörtern gleich darauf mein wertes Befinden im Allgemeinen, auch aus gegebenem Anlass, dann bringt der Winnie eine Flasche stilles Wasser samt Gläsern, zwinkert mir zum Gruß vertraut zu, um nicht akustisch zu stören, ich forme mit meinen Lippen ein lautloses »Hi«, und nachdem es den Kessler sichtlich erfreut, dass der Wolf nicht nur dessen grünes Taschenbuch auf dem Tischchen liegen hat, sondern auch noch betont, wie gut ihm die Lektüre gefallen habe, wird der Kessler plötzlich ganz ernst und bekommt so was Dringliches.

Dem versuche ich entgegenzukommen, indem ich sage: »Herr Kessler, Sie hatten in Ihrer SMS geschrieben, Sie hätten meine Nummer vom Achmet Kyriakides?«

Bevor der Kessler antwortet, schnalzt er mit der Zunge, was ein komisches Zeichen ist, und sagt dann zögerlich »Ja«. Wenig verwunderlich, denn den Achmet gut genug zu kennen, sodass er dir eine Telefonnummer rausgibt, heißt auch, dass du ihn bereits gut genug kennst, um zu wissen, dass du dich ansonsten besser bedeckt hältst, was dein Verhältnis zu ihm angeht.

»Dann sind wir jetzt sehr gespannt, was Sie an Informationen für uns haben«, sage ich zum Kessler und schaue reihum die beiden Männer mir gegenüber an. Kessler – Wolf. Wolf – Kessler.

»Gern«, meint der Kessler, wie man jetzt zu allem immer *gern* meint, ob's passt oder nicht. »Wie Sie ja vielleicht wissen, widme ich mich bei jedem meiner Krimis einem bestimmten aufsehenerregenden Fall vergangener Zeiten. Der Reemtsma-Entführung, dem Mord an Walter Sedlmayr, der Amigo-Affäre, dem Wiesn-Attentat, der Ermordung Detlev

Karsten Rohwedders, also des Treuhand-Chefs, dem NSU-Debakel oder dem Rudolf-Moshammer-Mord, um nur ein paar zu nennen. Und wenn das behandelte Thema eine München-Verbindung aufweist, umso besser, ich komm ja selbst von hier.«

Einhelliges Lächeln aller Beteiligten.

»Für mein neuestes Projekt hatte ich mich ursprünglich gefragt, was hat momentan besondere gesamtgesellschaftliche Relevanz. Und so kam ich ...« Kessler hält inne, baut einen Spannungsbogen. Einhelliges Lächeln aller Beteiligten Teil zwei.

»... auf das Sujet Bandenkriminalität und deren Auswüchse. Und da gab es in den letzten Jahren ja wirklich zahllose Ansatzpunkte. Nur wollte ich mich nicht einem der x-beliebigen Überfälle oder skurrilen Bruderzwiste zwischen irgendwelchen Rappern wie Bushido und irgendwelchen Clan-Bossen wie Arafat Abou-Chaker widmen oder dummdreiste Waffen-Großdeals und Goldmünzenraube beleuchten. Das schien mir alles bereits abgegrast.« Kessler setzt wieder ab.

Verständiges Lächeln aller Beteiligten zum Dritten. Ihm entkommt ein Aufstoßer. Oopsili. Zumindest mein Lächeln erstirbt abrupt.

Ich stelle kurzzeitig das Atmen ein.

»Und dann spielte der Zufall Schicksal, als mich eines Abends ein alter Zeitungskollege von früher anrief, von damals, als ich selbst noch Journalist war ... Er ist inzwischen im Ruhestand und hatte eine Idee, oder, besser gesagt, ein Anliegen. Er kannte meine Bücher und nach welchem Konzept ich sie schreibe und schlug mir etwas vor.

Es gab da einen Stoff, den er vor etwa fünfzehn Jahren zu recherchieren begonnen, aber nie publiziert hatte. Es ging um einen Fall von 2006/2007, der redaktionsintern der Fall der *Dreckigen Siebzehn* genannt wurde. Wie gesagt, nie publiziert. Entsprechend ahnungslos war ich, wovon er redete. Aber ich greife vor. Entschuldigung.«

Wolf und ich schauen ratlos, wofür Entschuldigung.

Für den Aufstoßer hat er sich ja wohl nicht entschuldigt.

»Der eigentliche Aufhänger meines nächsten Buchs, dessen vorläufiger Arbeitstitel *Doppelte Seiten* lautet, und an dem ich gerade arbeite, ist nämlich zuvorderst der Fall Toni Besenwiesler und sein Mord an seiner Ehefrau Nicole.«

Die Namen lassen mich zusammenzucken, obwohl ich ja wusste, dass es bei diesem Gespräch um den Toni gehen wird. In diesem Kontext wirkt seine Nennung dennoch wie ein kaltes Gefühl im Nacken, obwohl ich selbst mit dem Fall an sich doch gar nichts zu tun habe.

Ich reagiere, nicht unfreundlich: »Ich dachte, Sie sagten, Sie wollten über Bandenkriminalität schreiben. Aber bei den Besenwieslers ging es doch um eine Beziehungstat. Gibt das genug her für einen Krimi? ... Also brutal war es, das schon, sehr sogar. Aber sonst?«

Der Wolf schaut mich beipflichtend an, wohingegen der Kessler ein Auge halb zukneift, und man ahnt, jetzt kommt was.

»Das Blutbad, von dem Sie sprechen, meine Liebe ...«

Hat er gerade *meine Liebe* gesagt? Sind wir hier auf dem Wiener Opernball anno 1961, und er klappst mir gleich auf den Po? Es ist schon interessant: Männer, die vor den Siebzigern geboren wurden, sind teilweise noch von einer Jovialität, wie das ganz früher einmal war.

Er kann ja auch nix dafür. Ich hör weiter zu ... kurz zurückspulen ...

»Das Blutbad, von dem Sie sprechen, meine Liebe(!), diese surreale Inszenierung mit Nicole Besenwiesler, die wie bei einem Ritualmord am Schrank hing, das war nur die Spitze des Eisbergs oder vielmehr das Finale einer Geschichte, die lange davor ihren Anfang genommen hat! Und ich erkenne an Ihren Blicken, dass Ihnen das genauso unbekannt ist, wie es das mir war, bevor mich mein ehemaliger Kollege angerufen hat.«

Ich verziehe das Gesicht, mein Interesse ist geweckt. Hoffentlich wird das keine Luftnummer. Aber vielleicht kann er mir auch helfen, herauszufinden, was den Toni antreibt, mich auf seiner Abschussliste zu haben. Und vor allem, wo er ist.

Vielleicht heißt aber immer auch vielleicht nicht.

»Was ging denn nun dem Mord voraus, Herr Kessler?«, drückt der Wolf auf die Tube, was den Kessler erst mal einen Schluck Wasser nehmen lässt, weil das gerade genauso ist, wie wenn du mit dem Auto am Zebrastreifen warten musst: Der Fußgänger verlangsamt demonstrativ seine Überquerung.

Es wird Ostern, es wird Pfingsten, es wird Weihnachten.

»Also!« Der Kessler hat fertig getrunken. »Mein erwähnter ehemaliger Kollege war über einen Informantenhinweis auf eine Gruppe von fünfzehn Mann und zwei Frauen bei der Münchner Polizei gestoßen, die angeblich neben ihrem Streifendienst auch als Drogenkuriere und Dealer tätig waren und unglaublicherweise noch dazu als Chauffeure für unzählige Angehörige des Clans um Achmet Kyriakides fungierten. Achmet! Wir wissen, von wem ich rede!«

Das war keine Frage, also antwortet keiner von uns anderen beiden auf dem roten Halbkreis-Sofa für ausgeschriebene zweitausendzweihundert Euro (Ratenzahlung möglich).

»Es klang völlig verrückt, und ich wollte es erst nicht glauben: siebzehn korrupte Polizisten und Polizistinnen, die mit Achmet gemeinsame Sache gemacht hatten?

Übten sie Druck auf ihn aus, um ein paar Euro zusätzlich einzustecken, oder verhielt es sich umgekehrt? Dass nämlich Achmet sie in der Hand hatte und sich ihrer bediente?

Lirumlarum, so ein außergewöhnliches Vorkommnis hätte doch seinerzeit bekannt werden müssen ...

Also zurück ins Jahr 2006. Mein Exkollege zeigte mir seine damaligen Aufzeichnungen, ein unermessliches Konvolut. Über Monate hinweg hatte er verschiedenste Personen beschatten lassen. Die betroffenen Polizisten, alle siebzehn, Achmets Mitarbeiter, Achmet selbst, Kunden und Käufer der Drogenware. Die Süddeutsche hatte für diese potenzielle Riesengeschichte ein beispielloses Budget lockergemacht. Damals hatte die Printmedien-Branche noch Geld ... Es wurden sogar Privatdetekteien zur Beschattung eingesetzt, Recherche-Teams rekrutiert, mein Exkollege hatte praktisch Carte blanche. Denn: korrupte Polizisten, Drogenhandel – und obendrein noch der aufstrebende junge Münchner Clan-Babo Achmet K Punkt, den man genüsslich im Scheinwerferlicht würde vorführen können! Was wollte man mehr.

Garantierte Headlines für etliche Wochen.

Doch dann ... kam alles anders.«

Zu meiner Überraschung kann der abgetakelte Herr Kessler wirklich gut erzählen. Nicht dass mir jetzt Anhimmelei unterstellt wird. Das ist ein Talent, wie es viele haben, die unter konstitutioneller Redesucht leiden.

Der Kessler spricht weiter: »Achmets Logistikchef, wenn man so will, war damals ein gewisser Toni Besenwiesler, der im Eiltempo einen Aufstieg hingelegt hatte, vom tumben Schlägerwilli, der säumige Geschäftspartner einschüchtern sollte, zum Koordinator der Abteilung Drogengeschäfte. Somit war Besenwiesler auch zum Ansprechpartner der siebzehn besagten Polizisten geworden. Alles, was es an Organisation zwischen den siebzehn Beamten und Achmets Leuten zu koordinieren gab, lief über ihn. Er hat sich wohl auch dabei recht geschickt angestellt.

Aus Sicht der korrupten Polizisten allerdings war die Situation bereits innerhalb kurzer Zeit ziemlich aus dem Ruder gelaufen. Allesamt waren sie inzwischen selbst drogenabhängig, lebten maßlos über ihre Verhältnisse, verhedderten sich in Größenwahn, Verschwendungssucht und Partyexzessen, wurden unersättlich, gierig, stiegen immer tiefer ins Milieu ein und verloren langsam, aber sicher die Kontrolle.

Manchmal luden sie sogar *während* ihrer offiziellen Streife einen von Achmets Dealern in ihren Wagen, fuhren ihn von A nach B, verlangten dafür einen Anteil an der Provision, kauften ihm gegebenenfalls sogar noch ein paar Gramm ab, *privat*, sozusagen, und verhökerten die Ware ihrerseits gewinnbringend an ihren eigenen Kundenkreis aus Freunden und Bekannten. Sie wurden fahrlässig, übermütig, skrupellos. Es war Sodom und Gomorrha. Für mindestens *einenhalb* Jahre.

Aber das konnte nicht recht viel länger gut gehen.«

»Wow!«, wirft der Wolf ein, sagt gleich noch mal »Wow!«, genauso gebannt von Kesslers Referat wie ich, und kippt sich den letzten Schluck Kaffee euphorisiert hastig in den Mund, wobei er dabei seinen Kopf derart ruckartig in den Nacken wirft, dass er sich verschluckt und gleich darauf so mit geschlossenem Mund vor sich hin hüstelt, damit's nur niemand merkt. Als ob. Verstehste.

Der Kessler blickt ihn irritiert an und nickt zustimmend, als wenn er es beim Wolf mit einem ernst zu nehmenden Erwachsenen zu tun hätte.

»Nachdem mein Exkollege mehr als genug Beweis- und – nennen wir es mal – Anschauungsmaterial gesammelt hatte, suchte er nach einem Ansatzpunkt, das ganze Konstrukt effektiv und juristisch einwandfrei auffliegen zu lassen«, erklärt er weiter. »Wenn Sie wüssten, was mir vorliegt, an Fotos, Protokollen, Aussagen, Beteiligtenlisten et cetera. Sie würden es nicht glauben. Ein Querschnitt an teils ungeschwärzten Originaldokumenten wird auch in meinem Buch abgedruckt sein ... da kommen Dinge ans Tageslicht ... phänomenal.«

Ein weiteres Mal lächle ich milde, weil offensichtlich ist heute der Donnerstag des Lächelns, und winde mich ein bisschen angesichts Kesslers Eigenlobhudelei. Wobei man zu seiner Verteidigung sagen muss, dass es ganz ohne Profilneurose auch keinerlei Kultur an und für sich gäbe. Weil wenn sich beim Shakespeare die dichterische Dringlichkeit nicht auch mit einem gewissen Geltungsbedürfnis die Waage gehalten hätte, wär er ja im Bett geblieben, anstatt zu schreiben, oder hätte es heimlich getan.

»Wo war ich?«, redet der Lars William Shakespeare Kessler kurz mit sich selbst. »Ach ja, mein Kollege suchte also nach einem geeigneten Aufhänger, um seine monatelange sisyphusartige Nachforschungsmeisterleistung zu beenden und endlich die Bombe platzen zu lassen, als ihm zu Ohren kam, dass Toni Besenwiesler sich wegen irgendetwas mit Achmet Kyriakides massiv in die Haare bekommen hatte. Unüberbrückbare interne Querelen! In diesen Kreisen nicht selten.

Es hat sich wohl um etwas wirklich Einschneidendes gehandelt, denn der Bruch zwischen beiden war nicht mehr zu kitten. Es ging sogar so weit, dass Besenwiesler zusehen musste, Land zu gewinnen, da Achmet unter seinen Leuten ein Kopfgeld ausgesetzt hatte, ihn einzufangen, damit Achmet den abtrünnigen Besenwiesler persönlich bestrafen konnte.

Meinem Kollegen jedenfalls schien dieser Zwist zwischen

den beiden genau der richtige Zeitpunkt zu sein, um im Frühjahr 2007 mit einer großen Schlagzeile an die Öffentlichkeit zu gehen und seine Korruptionsstory von den siebzehn Polizisten in Verbindung mit Achmets Gang der breiten Öffentlichkeit zu präsentieren. Die Süddeutsche bereitete den großen Scoop vor.

Die Dreckige Siebzehn. Griffiger Titel.

Blöd nur, dass dieser Artikel nie erscheinen sollte.

Wenige Tage vor der geplanten Veröffentlichung nämlich schob man meinem Exkollegen und seiner Redaktion einen Riegel vor.

Aus dem Nichts verhängte das Verlagshaus selbst, die höchste Instanz also, eine strikte Veröffentlichungssperre.

Niemandem in der Redaktion wurden konkrete Gründe genannt, außer dass es sich um ›etwas Hochpolitisches‹ handeln würde.

In den folgenden Tagen nahm mein Kollege seine Investigationen aber wieder auf, im Vertrauen darauf, dass es sich bei der Entscheidung des Verlags lediglich um einen Aufschub handeln und die Dinge sich am Ende klären würden. Die Größenordnung und Signifikanz der Angelegenheit waren zu bombastisch, um sie einfach unter den Tisch fallen zu lassen.«

»Wieso auch?«, sagt der Wolf so als belebende Beipflichtung, was aber etwas einfältig daherkommt. Ich bin nicht stolz drauf, aber ich versuche, mich von Wolfs kindlichem Eifer durch einen stoischen Blick abzugrenzen, damit der Kessler uns beide nicht in einen Topf wirft, obwohl mir der Kessler doch viel weniger nahesteht als der Wolf.

Aber jetzt sag nicht, du könntest genau diese Art von Scham nicht nachvollziehen. Da mag man sich dann selbst nicht, aber lassen kann man's auch nicht.

Vor lauter Redefluss ist Kesslers Wahrnehmung diesbezüglich jedoch sowieso eher dürftig, er lässt sich nicht beirren: »Zwei Tage später dann wurde ein gewisser Toni Besenwiesler *ganz zufällig* festgenommen! Aber erstaunlicherweise aus Gründen, die nichts mit dem Dreckige-Siebzehn-Fall zu tun hatten. Die Anklage lautete lediglich: Drogenhandel und Körperverletzung in mehreren Fällen. Besenwiesler das anzulasten, war ein Leichtes. Über die Jahre hinweg hatte er das ja mit links aufsummiert. Aber noch mal: Es fiel kein Wort von den siebzehn korrupten Polizisten oder sonst etwas aus jenem Umfeld, mit dem er fast eineinhalb Jahre im Namen Achmets betraut gewesen war.

Eine unauffällige Klage.

Für die wenig interessierte Öffentlichkeit war er einfach nur ein weiterer beliebiger Kerl aus der Bandenriege, den man mit der üblichen Latte an Vergehen vor einen Haftrichter stellte.

Letztlich ein unscheinbarer und wenig interessanter Fall.

Achmet blieb also medial unverändert traumhaft unsichtbar, und die ganze Kiste mit den zwei Damen und fünfzehn Herren vom Polizei-Hauptpräsidium Ettstraße fand auch anderweitig keinerlei Erwähnung, während Besenwiesler in Untersuchungshaft zunächst der Staatsanwaltschaft anbot, Informationen über Achmet preiszugeben … als Gegenleistung für ein Entgegenkommen betreffs seiner Anklage und des Strafmaßes.

Aber nicht nur Besenwieslers Bereitschaft zu plaudern, stieß auf wenig bis gar kein Interesse bei der Staatsanwaltschaft. Mehr noch stellte mein Kollege fest, dass es sich bei Besenwieslers Festnahme um ein Versehen gehandelt hatte, das einem Ermittlerteam unterlaufen war, das nicht im Bilde darüber war, dass man in anderen Abteilungen der Polizei seine schützenden Hände über Achmet und seine Mannen zu halten beschlossen hatte.

Die eine polizeiinterne Hand schien also nicht gewusst zu haben, was die andere Hand tat.

Ich gehe sogar so weit, zu behaupten: Hätten die ahnungslosen Fahnder Besenwiesler nicht versehentlich dingfest gemacht und wären damit Achmets Leuten unwissentlich zuvorgekommen, würde Besenwiesler heute nicht mehr leben.

Nun befand er sich also in staatlichem Gewahrsam.

Und dann passierte das Unerklärliche.«

Mein Kiefer macht, was er will. Ich hänge an Kesslers Lippen. Wolf hat einen derart konzentrierten Gesichtsausdruck, als würde er für einen Hypnose-Workshop üben.

Kessler rollt weiter, mit einer Art Gier, als hätte er einen ganzen Monat mit niemandem gesprochen: »Die Staatsanwaltschaft hatte also einen Deal mit Besenwiesler abgelehnt, ganz so, als wollte sie auf keinen Fall von Besenwieslers Insiderinfos wissen – igittigit, bloß nicht! Es kam demnach nicht zu einem wechselseitigen Deal. Und *dennoch* wurde er, nach nur zwei Tagen U-Haft, gegen Kaution auf freien Fuß gesetzt.

Angeblich bestand keine Fluchtgefahr.

Keine zwei Tage in Haft! Und bereits Entlassung!

Wie konnte das sein?«

Der Wolf nickt überreizt, *ja-wie-kann-das-sein*-mäßig, und hebt halt original seine Hand zum Zeichen, dass ich jetzt bloß stillhalten soll, um Kesslers Auflösung nicht zu verzögern. Dabei hab ich überhaupt nichts gesagt. Jetzt geht's ja echt los.

»Mein Kollege blieb natürlich am Ball!«, so der Kessler. »Er war entschlossen, auch den Verlauf der weiteren Geschehnisse genauestens zu beobachten. Jetzt erst recht. Das Ganze schien ihm unerklärlich.

So kam es, dass er auch vor Ort war, als Besenwiesler entlassen wurde. Er war sprichwörtlich vor Ort. Er und ein Kollege folgten Besenwiesler nämlich. An jenem Tag – ich gebe das Protokoll meines Kollegen wieder –, um circa zehn Uhr vormittags, verlässt Besenwiesler das Polizeigebäude, in dem er seine knapp dreiundvierzig Stunden Untersuchungshaft abgesessen hat, und macht sich auf den Weg nach Hause, schaut noch kurz bei einem McDonald's vorbei und betritt gegen Viertel vor elf das Wohnhaus, in dem er mit seiner Frau Nicole lebt. Sein Sohn befindet sich zu dem Zeitpunkt in der Schule.

Besenwiesler wird dabei natürlich nicht nur von meinem Kollegen und dessen Kollegen observiert, sondern auch von wohl mindestens zwei Kriminalern.

Keine drei Minuten, nachdem Besenwiesler im Hauseingang verschwunden ist: Großalarm.

Tja, und den Rest kennen Sie ja. Aus den Medien.

Blut überall, Besenwieslers Frau mausetot, entsetzliche Ritualabschlachtung. Anschließendes publicityträchtiges Abführen Toni Besenwieslers in Handschellen in einen bereitgestellten vergitterten Mannschaftswagen, alles wie inszeniert.

Ziemlich stümperhaft sogar, wie ich später rausfinden sollte.

Und auf einmal sprach man im Zusammenhang mit Besenwiesler von nichts anderem mehr. Vergessen waren jegliche möglichen Assoziationen mit Achmet und seinen weitverzweigten Geschäftsfeldern, die man offenbar behördenseitig gefürchtet hatte; das alles verblasste bis zur Unkenntlichkeit. Es verblasste sogar noch viel deutlicher, als wenn Achmet seinen verhassten Besenwiesler zehnmal persönlich umgebracht hätte! Denn das hätte womöglich noch jemanden auf den Plan gerufen, doch einmal ein bisschen genauer in Achmets Sumpf rumzustochern.

Stattdessen also Ehedrama. Was für eine herrliche Geschichte.

Beziehungstat. Blutbad. Gründe irgendwie unklar, aber *es wird schon das Übliche gewesen sein* ... Eifersucht, Zurückweisung, Überdruss – letztlich egal.

Besenwiesler war ausgeschaltet, wie auf Knopfdruck. Diese Tat überschattete alles. Es stand ja wirklich überall.

Aber die Vorgeschichte, mit der ich Sie gerade hoffentlich nicht überfahren habe, fand nie mehr Erwähnung. Nirgendwo. Sie fiel endgültig unter den Tisch. Als gäbe es so was wie einen übergeordneten Sperrvermerk.«

Mit unverhohlener Entdeckerfreude klopft der Kessler sich aufs Knie, was genau zwei Dinge heißt: *Das wär's so weit fürs Erste*, und *An Fragwürdigkeit kaum zu überbieten, oder?*

Allerdings.

Mir fehlen die Worte. Ich versuche, Ruhe zu bewahren, obwohl ich innerlich bebe, kurz vor einer Verkrampfung stehe.

Ist das vielleicht alles nur gequirlter Quatsch?

Unbewusst schaue ich auf die überdimensionale Bahnhofsuhr, hoch oben an einer der Seitenwände des Ladens (vierhundert Euro). Seit sie da hängt, steht sie still und zeigt deshalb nur zweimal am Tag die richtige Uhrzeit an. Aber das hilft mir jetzt auch nicht weiter.

Ich kann mir überhaupt nicht vorstellen, wie Kesslers Geschichte nun weitergeht. Er nimmt einen Schluck Wasser und sagt danach: »Was Besenwieslers Mord betraf, so konnte mein Kollege nur staunend mitverfolgen, wie vor Gericht Zeitabläufe des Tathergangs willkürlich auf Schlüssigkeit frisiert wurden, wie Handlungsabläufe in der Wohnung von der Spurensicherung zurechtinterpretiert wurden, dass es nur so schepperte, und und und.

Nichts an den Anklagefakten war wirklich belastbar oder

stichhaltig genug, um einer seriösen Anfechtung standzuhalten. Von Besenwieslers mangelndem Motiv ganz abgesehen.

Für meinen Kollegen stand von Anfang an fest: Besenwieslers Frau war bereits hingerichtet worden, als er die Wohnung betrat. Und ich glaube, ich verrate Ihnen nichts Unerwartetes, wenn ich Ihnen sage, dass meinen umfassenden Recherchen nach Toni Besenwiesler am Mord seiner Gattin mit ziemlicher Sicherheit unschuldig ist. Ich habe dazu eine nahezu lückenlose Indizienkette aufgebaut ... und die werde ich auch im Buch veröffentlichen. Ein ... ja, ein Skandal, wenn Sie so wollen.«

Schauriges Zeug, wirklich schauriges Zeug.

Noch dazu droht die hohe Informationsdichte, meine Sinne zu überfluten. Erfreulicherweise auch mein Kopfweh ... Das wirkt gegen diese Chronik des Grauens wie eine Lappalie.

Stellt sich am Ende gar Toni als Opfer der Justiz raus?

Granatenarschloch und Vollblutgangster wird durch noch größere Granatenarschlöcher zum Leidtragenden eines Komplotts? Und zwar so richtig?

Vom Saulus zum Paulus? Das müsste ihm erst mal einer nachmachen.

Noch bevor ich das fragen kann, meint der Kessler: »Besenwiesler war wohl nichts weiter als der klassische Sündenbock. Und wenn er es zum Zeitpunkt seiner ersten Festnahme noch nicht war, dann war er es spätestens zum Zeitpunkt seiner Freilassung auf Kaution, als er sich auf den Weg in seine Wohnung machte. Ein Pechvogel, verwickelt in ein Geflecht aus Intrigen einer unfähigen Polizeibehörde, deren interne Kontrollmechanismen komplett versagt haben, wenn es darum ging, die Machenschaften ihrer eigenen siebzehn Polizeibeamten auszuheben. Sowie einer verantwortlichen Regierungsebene, die sich vollständig aus der Pflicht gestohlen hat. Und natürlich verwickelt mit dem Kyriakides-Clan selbst, der noch so viel tiefer mit der Polizei verzahnt war und ist, als dass es je erschöpfend dokumentiert werden könnte ...« Kessler wischt sich mit dem Handrücken über den Mund, wie nach getaner Arbeit.

Schon grandios, was er da zutage gefördert hat.

»Ich musste etwas vereinfachen, aber ich hoffe, Sie konnten mir so weit folgen. Der Rest steht dann in meinem Buch ...« Er lässt dem Gesagten einen süffisanten Stoßlacher folgen, und wie ein gebannter Roboter stimmt der Wolf in Kesslers Lachen ein, hört sich aber dabei an, als sei er mit seinen Gedanken bereits ganz woanders. Das ist alles viel zu abgedreht, um allein damit fertigzuwerden.

Gilt für uns beide, würde ich sagen.

»Das ist also die *Affäre der Dreckigen Siebzehn*, wie Sie mein Kollege getauft hat«, fabuliert der Kessler und atmet durch. Seine Luftröhre rasselt. »Was damals in der Redaktion der Süddeutschen geschehen ist, ließ sich nie komplett nachverfolgen. Ob der Druck auf die Redaktion vielleicht sogar von der Staatskanzlei selbst ausging, damals noch unter Ministerpräsident Stoiber, wer weiß!

Fakt ist, mein Kollege samt seiner Mannschaft wurden genötigt, Unterlassungserklärungen zu unterzeichnen, die unter Auflage hoher Konventionalstrafen Stillschweigen und vollständige Aktenherausgabe einforderten.«

»Weshalb«, fragt der Wolf aufgekratzt, was er auch gar nicht verbergen will, »gehen Sie mit Ihrem Material nicht zu Besenwieslers Anwälten, damit die auf eine Wiederaufnahme des Verfahrens plädieren können?«

»Nun, zum einen ist es lange her, und das spielt eine große Rolle. Auch wenn es hier keine Tatverjährung geben mag, so zeigt die juristische Realität, dass nach so vielen Jahren nirgendwo Interesse besteht oder ausreichend Kapazitäten vorhanden wären, sich einer solch alten Kamelle anzunehmen.

Und selbst wenn: eine Verfahrenswiederaufnahme bei scheinbar eindeutiger Faktenlage? Die Gerechtigkeit siegt am Ende? Das ist alles Folklore. Etwas für Fernsehdokumentationen, die mit ihren positiven Ausgängen absolute Singularitäten darstellen.

Zudem gibt es da eine kleine Besonderheit, die ich vielleicht noch nicht erwähnt habe: Besenwiesler schweigt. Beharrlich. Er hat sich seit seiner Festnahme wegen Mordes zu nichts mehr geäußert. Entsprechend gibt es derzeit keine Anwälte, die für ihn arbeiten, oder Menschen, von denen er sich beraten ließe.«

»Und worin würden Sie den Grund für sein Schweigen sehen?«, frage ich und erkenne meine eigene Stimme kaum wieder.

»Nun, ich glaube nicht, dass er über all die Zeit jemanden deckt. Ich glaube eher, er hat Angst oder weiß, dass eine Aussage unweigerlich Folgen für ihn oder seine Nächsten haben würde. Vielleicht steht er unter Druck von außen. Wissen Sie, es kommt oft vor, dass Menschen, die mit kriminellen Großfamilien zu tun haben, nicht nur sich, sondern auch ihr eigenes familiäres Umfeld schützen wollen, weil sie es gefährdet sehen.«

Ich nicke. Wolf fragt, irgendwie thematisch durcheinander:

»Über vierzehn Jahre ist das alles jetzt her. Wieso hat Ihr Kollege Ihnen gerade jetzt von dem Vorfall erzählt? Ich meine, seine Schweigeverpflichtung hat doch wohl noch Gültigkeit, oder?«

»Das hat sie, ja. Schon während meiner Recherchen zu früheren Büchern hab ich mich oft gefragt, weshalb nicht viel, viel mehr ehemalige Geheimnisträger und Spitzenpolitiker oder Wirtschaftslenker über vergangene dunkle Machenschaften auspacken. Bei meinem Kollegen ist es ganz profan so, dass er zweiundsiebzig ist und Leberkrebs hat. Ganz einfach, ganz nüchtern. Das wird nichts mehr. Er kommt psychisch äußerst passabel damit zurecht. Die Kopien der offiziell vernichteten Unterlagen, die er angefertigt hatte, hat er über die ganzen Jahre in seinem Keller gelagert, und jetzt sieht er die Zeit gekommen, sie der Öffentlichkeit zugänglich zu machen. Sein Vermächtnis, sozusagen.

Mich und meine Krimis hält er dabei für das beste Medium, um dies zu tun. Würde er einfach nur gescannte Dokumente ins Netz stellen, würde das keinen Menschen interessieren. Mehr noch, er würde sich eventuell strafbar oder zumindest angreifbar machen.

Mainstream-Medien machen sich an solchen Dokumenten sowieso niemals die Finger schmutzig. Und alternative Medien sind durch Framing und Sprachhygiene breitengesellschaftlich längst indiskutabel gemacht worden. Damit will man als Exjournalist nicht in Verbindung gebracht werden, weil man um seine Reputation fürchtet. Auch posthum, haha.«

Kessler holt sich eine zerknitterte Packung blaue Gauloises aus der Hosentasche, derart spitzfingerig, als bräuchte er jetzt sofort die Zigarette danach. Das Feuerzeug ist in die Packung gesteckt. Wolf starrt ihn an, ob das jetzt sein Ernst ist, hier mitten im Laden.

Der Kessler fragt, ob es uns stören würde, wenn er schnell draußen eine rauchen würde. Er scheint ähnlich mitgenommen, wie wir es sind.

»Natürlich nicht«, entgegne ich und plane schon ein Päuschen, um mich frisch zu machen. »Aber noch das eine, Herr Kessler: Der Toni ist ja seit vorgestern Nacht abgängig. Und die Polizei geht mutmaßlich davon aus, dass er gestern das

Café in Laim gesprengt hat. Wieso melden Sie sich ausgerechnet bei mir, *direkt*, nachdem ich gestern den Ort des Geschehens verlassen habe? Ich meine, Sie haben doch monatelang im Fall Besenwiesler recherchiert. Wieso haben Sie mich nicht schon viel früher kontaktiert?«

Kessler schaut mich an, seine Augen kreisen ein paarmal in Gedanken, dann sagt er: »Sie waren am Ort der Sprengung?«

Und da wird mir klar: Kessler hatte keine Ahnung. Von meiner Anwesenheit stand ja auch nichts in den Medien. Es gab in Mariannes Café keine Überwachungskameras, selbstverständlich nicht, und Achmet erzählt niemandem jemals mehr als unbedingt nötig. Natürlich! Deshalb hat die Polizei ebenfalls keine Informationen darüber ... Kein Mensch außer dem Achmet, dem Wolf und der Coco wissen, dass ich da war! Moment, die Jessica, die weiß auch davon.

Und jetzt eben noch der Lars Kessler. Auch kein Problem.

»Ja, schon, ich war im Café Marianne zum Zeitpunkt der Sprengung«, spiele ich es ein wenig runter. »Weil ich aber komplett spontan dort aufgekreuzt bin, war es reiner Zufall. Genau wie offenbar der Zeitpunkt Ihrer SMS an mich! ... Ich dachte eben nur, weil mich Ihre Nachricht unmittelbar danach erreicht hat, dass Sie vom Achmet erfahren hätten, dass ich gemeinsam mit ihm der Explosion entkommen bin. In welchem Verhältnis stehen Sie denn zum Achmet? Hat er Sie bei Ihren Recherchen unterstützt?«, frage ich den Kessler ernsthaft interessiert und nicht bloß *interessiert* tuend, wie man es sonst immer tut, wenn einen etwas überhaupt nicht interessiert.

»Unterstützen? Mich? Der Achmet Kyriakides? I wo. Bevor der mit jemandem wie mir redet, beißt der sich eher die Zunge ab«, höhnt der Kessler und steht schon mal auf, der Nikotinhunger ruft.

Wie zur Salzsäule erstarrt durchbohren meine Augen die seinen, und bei mir schrillen sämtliche Alarmglocken, weil ich denke, dass hier etwas ganz und gar nicht in Ordnung ist.

Ich reibe mir übers Kinn. Soll ich oder soll ich nicht?

Doch, es sieht mir sehr danach aus. Ich frage: »Und wieso haben Sie mir vorhin gesagt, Sie hätten meine Nummer von ihm?«

10

Zu dritt stehen wir auf dem Gehsteig vor Wolfs Antikgeschäft. Der Lars Kessler, der Wolf selbst und ich.

Neben uns die breitbeinig geparkte Pseudo-Harley-Davidson, deren dunkelblauer Tank einen frischen Lackkratzer aufweist. Fünf Zentimeter lang, schätzungsweise mit einem Schlüssel eingeritzt. Ratsch, autsch. Eindeutig Vandalismus. Vielleicht motiviert durch vandalenhaftes Parken auf dem Gehsteig? Nicht ganz ausgeschlossen.

Der Wolf ist noch ahnungslos. Ich sag nichts.

Wir stehen uns so blöd im Dreieck gegenüber, wie aufm Schulhof früher. Der Kessler absolviert seine Raucherpause, macht dabei aber natürlich nicht vom Rauchen eine Pause, sondern inhaliert seine Gauloises derart tief, als würde er sich dadurch die Zähne spülen.

Die vorbeirauschenden Autos verursachen ihren eigenen Wind, was bei der stehenden Wärme eine Wohltat ist, und ich bin immer noch dabei, zu verdauen, dass der Kessler mir gerade gestanden hat, dass er mir vorhin eine ziemlich unüberlegte Notlüge kredenzt hat. Natürlich hätte nicht Achmet ihm meine Nummer gegeben, sondern eine gewisse Kerstin Scherr. Ob mir die was sage?

Kerstin Scherr! Natürlich. Wie könnt ich die je vergessen?

Mir wurde sofort schlecht.

Was denn noch alles? Erst tischt uns der Lars Kessler die Polizistennovelle von den *Dreckigen Siebzehn* auf, dann Tonis vermutliche Unschuld am Tod seiner Frau und jetzt auch noch: die Kerstin Scherr.

Die rabiate Hardcore-Lesbe von damals, aus dem New York, einem Club, in dem ich um die Zeit rum, als das mit Tonis Mord passiert ist, regelmäßig aufgetreten bin. Sie hing da derart oft ab, als würde sie in den Räumlichkeiten wohnen.

Dass der Kessler mich angeflunkert hat, von wegen, »er hätte meine Nummer vom Achmet«, war ein bisschen blöd, aber er wollte unseren Erstkontakt anscheinend nicht unnötig verkomplizieren. Na gut. Man muss auch mal verzeihen können. Oder wenigstens so tun.

Womöglich hätte ich auch nicht auf seine SMS reagiert, wenn ich gleich über Kerstins Namen gestolpert wäre. Bäh. Gleich möcht ich mir den Mund ausspülen. Entschuldigung, ich kann den Namen gar nicht ohne Ekel aussprechen.

Ich mach da jetzt kein Theater. Wir haben uns einfach nicht leiden können. Hauptsächlich aber, muss ich betonen, weil *sie mich* auf den Tod nicht ausstehen konnte. Und dann kriegt so eine Beziehung durch den einseitigen Drall immer diese negative Eigendynamik.

Der Kessler macht einen weiteren Zug und sagt, während er den Qualm aus seinem Mund wieder ausspeit: »Über die letzten Monate hinweg habe ich natürlich die ganzen Mitglieder der *Dreckigen Siebzehn* zu kontaktieren versucht. Alle siebzehn Polizeibeamten, also die fünfzehn Männer sowie die beiden Frauen. Ich wollte mit ihnen reden und ihnen die Möglichkeit geben, mir ihre Sicht der Dinge zu schildern, was die Klüngelei mit Achmet Kyriakides und das Desaster mit dem Besenwiesler-Mord angeht. Aber nur ein gewisser Schmitz und eben die Kerstin Scherr haben mir Gesprächsbereitschaft signalisiert.«

Ach! Die Kerstin war da involviert? Klar, sie war damals

schon bei der Polizei. Ich erinnere mich. Dass sie aber bei genau *der* 17er-Einheit war?

Na ja, passt ja. Ein Haufen Pfeifenköpfe, und sie ist dabei.

»Aber wie sind Sie während Ihres Gesprächs mit der Kerstin auf mich gekommen?«, versuche ich ruhig zu bleiben, was nicht einmal in meinen eigenen Ohren überzeugend klingt.

»Ich bin schon viel früher auf Sie gestoßen, Frau Victoria, zunächst aber, ohne Ihren Namen zu kennen. Bevor ich mit Frau Scherr und auch Herrn Schmitz gesprochen habe, habe ich mir durch einen Kontakt in Stadelheim die internen Gefängnisberichte über Toni Besenwiesler besorgt. Es gibt da Mittel und Wege, als ehemaliger Journalist … In diesen Akten steht das Haftverhalten eines Strafgefangenen vermerkt, Informationen zu Besonderheiten und zur allgemeinen Führung. Und unter anderem stand dort bei Besenwiesler, dass er zwischen 2009 und 2012 über die Gefängnispost regelmäßig Nachrichten an jemanden gesandt hat. Briefe, die, wie üblich, von der Gefängnisprüfstelle abgefangen und autorisiert wurden. Im Protokoll der Prüfstelle stand, dass Besenwieslers Briefe aus lediglich maximal drei Sätzen bestanden, die kryptische Formulierungen enthielten, wie zum Beispiel: *Was man jemandem antut, fällt früher oder später auf einen selbst zurück. Und auf Dich zurückfallen wird es, das verspreche ich Dir hoch und heilig!* Oder so in der Art. Der zuständige Postprüfer hat das für gerade noch tragbar gehalten und die meisten Zustellungen gewährt.«

Das stimmt. Früher kam der Mist mit der Post.

Ich sehe Wolf unbehaglich an. Schweigen hängt ein paar betretene Augenblicke in der Luft. Er erinnert sich auch noch daran, ich habe ihm die Schreiben damals gezeigt. Die Briefe brachen dann etwa um 2012 herum ab. Und stattdessen erreichten mich E-Mails von Absendern mit Namen wie »Die

In Panic Now«, »Cruelty XXX« oder anderen Fantasy-Horror-Bullshit-Signaturen. Und mit einem Mal wurde es inhaltlich auch deutlich rabiater und infantiler. Keine Hemmschwellen mehr.

Klar, weil keine Stadelheimer Prüfkommission mehr als Zensor zwischengeschaltet war.

Das muss der Zeitpunkt gewesen sein, zu dem Tonis Schwester Jessica die Versendung von Tonis Nachrichten an mich übernommen hat, wie wir ja gestern von ihr selbst erfahren haben ... Die liebe Schwester Jessica Hinreiner, geborene Besenwiesler, aus meinem beschaulichen Übertreibling. Von Briefpost zu elektronischer Post.

So schaut's aus.

Eine Neuigkeit nach der anderen, das muss man sich mal überlegen.

Eine weitere Straßenbahn mit müden Gesichtern hinter den Scheiben donnert an uns vorbei und macht einen Heidenlärm. Kessler lässt sie wegen des Geräuschpegels passieren und sagt erst dann zu mir: »Durch diese Briefe stieß ich quasi indirekt auf Sie, Frau Victoria. Ich konnte Ihre konkrete Identität nämlich nicht ableiten, da Ihr Name und Ihre Adressdaten von der Behörde geschwärzt worden waren – aus Datenschutzgründen. Aber mir wurde klar, dass Sie, ohne dass ich da schon wusste, um wen es sich bei Ihnen handelt, eine der wenigen Personen waren, mit der Besenwiesler eine Korrespondenz unterhielt.«

Durch knirschende Zähne hindurch höre ich mich etwas sagen, das sich anhört wie: »Eine einseitige Korrespondenz allerdings.«

»Allerdings, ja«, sagt Kessler, als ob ihn meine Unterbrechung persönlich enttäuscht hätte. »Als ich Kerstin Scherr vor ein paar Monaten schließlich am Telefon hatte, habe ich sie, unter anderem, auch danach befragt, ob sie eine

Ahnung hätte, um wen es sich bei der Person, der Besenwiesler diese Briefe geschrieben hat, handeln könnte. Es war generell nicht einfach, etwas aus Frau Scherr herauszubekommen. Sie ist mit ihren Äußerungen sehr vorsichtig, was verständlich ist, da sie immer noch bei der Polizei arbeitet. Und zu meiner Frage nach Ihnen wollte sie mir nicht viel verraten, ich habe aber zwischen den Zeilen gelesen, dass sie wusste, von wem ich rede, und dass es eine Verbindung zwischen Ihnen beiden geben könnte. Mehr nicht. Bis gestern.

Gestern gegen Mittag dann meldete sich Kerstin Scherr bei mir und verriet mir auf einmal nicht nur Ihren Namen, Frau Victoria, sondern bat mich vor allem, Sie wegen Besenwieslers Ausbruch zu warnen.

Ich war natürlich überrascht – können Sie sich ja vorstellen. Ich vermute, es war eine Gewissensfrage für Frau Scherr ... das war mein Gefühl ... da es durch Besenwieslers Ausbruch ... ja ... gewissermaßen plötzlich ernst zu werden schien. Frau Scherr meinte nur, dass Besenwieslers vorzeitiges Verlassen der Haftanstalt brenzlig für Sie werden könnte. Sie wisse, wovon sie rede, sagte sie, und daher ...«

Erstaunlich! Kerstin fühlte sich zuständig? Wurde sogar aktiv in meinem Sinne? Ausgerechnet sie?

Es bedeutet nie Gutes, wenn harte Menschen weich werden, denke ich mir, als mein Handy klingelt, wie heute schon zigmal. Ich schalte das Handy selten ab, sondern klicke stattdessen immer erst den jeweiligen Anruf stumm, sobald ich auf dem Display sehe, wer da gerade anklingelt. Ist bestimmt auch ein Suchtsymptom.

Viele Freunde und Bekannte haben mich die letzten Stunden bereits zu erreichen versucht, ich bin aber nicht rangegangen, ich habe gerade keine geistigen Kapazitäten frei. Die schreiben dann sowieso im Anschluss an ihren Anrufversuch eine Nachricht. Heute wollen mich alle warnen. Der Toni ist unterwegs. Vorsicht Vikki hier, Achtung Vikki da.

Letztlich genau wie die Kerstin Scherr auch.

Freund wie Feind. Dann ist die Kacke wohl richtig am Dampfen.

Aber komisch, irgendetwas sagt mir, dass hier noch etwas ganz anderes im Gange ist.

Apropos!

Ich meine zum Kessler und dem Wolf, »Entschuldigung, da muss ich rangehen«, weil es die Sabine ist, die Mutter von der Kathi aus meinem Haus. Und kennst du das, wenn du am Klingeln schon erahnst, dass es sich um was Unangenehmes handelt?

Ich sage: »Hallo, Sabine« und füge bereits völlig grundlos hinzu: »Ich hoffe, es ist alles in Ordnung?«

Und die Sabine sagt, dass sie die Kathi seit gestern Nachmittag nicht mehr gesehen habe und auch nicht erreichen könne und dass sie vorhin die Polizei verständigt habe. Und ich wiederum habe das Handy inmitten von Sabines hektischem Wortschwall schon auf laut gestellt, sodass der Wolf und – von mir aus auch – der Kessler mithören können.

Wir sind alle bestürzt, obwohl wir viel zu wenig wissen. Aber in der Psychologie spricht man von Metaebene, wenn sich dir zwischen den Zeilen ein gesamter Sachverhalt und seine voraussichtlichen Konsequenzen enthüllen. Mal vereinfacht gesagt.

Die sonst so besonnene Sabine, die mit gespreizten Uber-Kunden und anzüglichen Krankenhauspatienten bewundernswert abgeklärt umgeht, ist panisch und außer sich wegen ihrer Tochter.

Unsere Kathi ist verschwunden! Grundgütiger!

Ich persönlich finde, jetzt wär's irgendwann eigentlich auch genug gewesen an Wahnsinn. Die Verdichtung der Ereignisse ist mir etwas zu ... ich finde es etwas übertrieben. Von *wem* denn, Vikki, fragt man jetzt zu Recht. *Wer* übertreibt? Die Fügungen des Zufalls etwa? Ich denke mir jedenfalls, wir können alle erst wieder glücklich sein, wenn der Toni unter der Erde liegt.

Der Wolf hängt schon an seinem Handy, hat uns den Rücken zugedreht, und ich kann mir aus seinem Gebaren zusammenreimen, dass er seine Leute mobilisiert.

Was soll das denn jetzt?

Eine Kohorte aus Switch Bladeslern, die mit grimmigen Blicken München nach einer sechzehnjährigen Influencerin absuchen?

Nicht nur während der letzten vierundzwanzig Stunden kam es mir manchmal so vor, als wäre der Wolf die größte Prüfung für meine Nerven. Was natürlich Schmarrn ist. Aber in der Psychologie nennt man das Projektion. Vereinfacht gesagt.

Ich bin überfordert, und dafür brauch ich einen emotionalen Sündenbock. Am besten mit breiten Schultern und Biker-Lederjacke ... der hält das aus.

Ich beschwichtige die Sabine am Telefon, sie ist einfach total aufgelöst, und frage nach dem Üblichen, wenn man einzugrenzen versucht, was mit einer verschwundenen Person geschehen sein könnte.

Bevor ich auflege, versichere ich ihr, sofort vorbeizukommen.

Der Herr Kessler weiß gleich gar nicht, was da jetzt gerade vor sich geht, und hat seine Kippe nur ganz lätschert zwischen den altersschmalen Lippen hängen, während er auf dem Gehsteigpflaster von einem Fuß auf den anderen tritt, durch Wolfs Aktionismus restlos aus der Fassung gebracht.

Was endgültig klarmacht, dass es mit dem verwegenen Großstadtcowboy von Bestseller-Autor nicht weit her ist.

Ich verabschiede mich hastig von ihm, beteuere, ich würde mich melden, und der Wolf brüllt zum Winnie in den Laden, dass er dringend wegmüsste.

Also wird es keine Probleme mit der Frage geben, was wir mit dem Rest des Tages anfangen sollen.

Bevor ich in mein Auto steige, erhasche ich einen flüchtigen Blick auf mein Spiegelbild in der Seitenfensterscheibe und frage mich, ob das wirklich ich bin, die mir da entgegenblickt. Ein paar heftige Stunden können *das* anrichten?

Nach all den Operationen, die ich diesem Antlitz unterzogen habe? Den einhergehenden Schmerzen, Kosten, Rückschlägen?

Ich kann gleich gar nicht wegschauen, obwohl ich es nicht sehen will.

In der Psychologie nennt man das »haarscharf an einem Nervenzusammenbruch entlangschrammen«. Vereinfacht ausgedrückt.

Elf Uhr vierunddreißig.

Einmal mehr fahren der Wolf und ich, hintereinander, Mini und Harley-Rip-off, Richtung Sendlinger-Tor-Platz, die Lindwurm runter. Währenddessen mach ich mir im Kopf eine Liste von all den Menschen, die mir begegnet sind, seit ich gestern vom Wolf aus dem Bett geklingelt wurde, und wer von denen der Kategorie *psychisch auffällig* angehört.

Dies ist die Liste:

So ziemlich alle.

Und ich nehme mich selbst da keineswegs aus.

Auf Höhe Goetheplatz macht mein Handy Klapperdiklopp, auch nicht zum ersten Mal heute. Das ist der auf Xylofon-Sound gestellte Benachrichtigungston für Push-Nachrichten von Spiegel-online.

Und nur, weil die Ampel Ecke Lindwurm- und Häberlstraße auf Rot gesprungen ist und ich als Erste davorstehe, ziehe ich mein iPhone aus der Handtasche und kucke.

Zuerst in den Rückspiegel, der Wolf ist noch da, und dann aufs Display.

Rubrik »München aktuell«.

Bitteschön.

Die Schlagzeile:

Fehlalarm!
Wende im Fall des flüchtigen Gefängnisinsassen

Ich hab keine Zeit für so was, denke ich mir gleich, weil ich gerade nicht ganz bei der Sache bin und es deshalb nicht unmittelbar mit mir verknüpfe, lese aber noch schnell weiter.

Der seit vorgestern Nacht mutmaßlich abgängige Inhaftierte Anton Besenwiesler (43) wurde am heutigen Vormittag innerhalb des Geländes der Münchner Justizvollzugsanstalt Stadelheim tot aufgefunden.

Was? Völlig überrascht blicke ich in den Rückspiegel. Wolf blendet auf ... ah, weil die Ampel auf Grün gesprungen ist ... egal, ich scrolle weiter.

Nach Angaben der Verwaltung verstarb der wegen Mordes Verurteilte unbemerkt vor Ort – ob während eines Fluchtversuchs oder infolge eines Unfalls, womöglich gar unter Fremdeinwirkung, ist bislang noch unklar.

Jetzt hupt der Wolf sogar. Grün, jaha, is ja gut ... Ich lese:

Laut eines Polizeisprechers habe Besenwiesler das Gefängnisareal nie verlassen.

Aufgefunden wurde der Leichnam des Gesuchten durch Zufall am Boden eines Aufzugsschachts, wo er ...

Der Wolf hinter mir hupt nicht mehr, obwohl die Ampel immer noch auf Grün steht, sondern schreit stattdessen den Wagen hinter sich an, »Schieb ab!«, weil der wiederum den Wolf und mich anhupt. Der Wolf hebt die Faust in die Höhe, und der Fahrer des Wagens hinter ihm winkt freundlich zurück, kannst dir ja vorstellen. Nur, ich krieg es nicht auf die Reihe, einfach loszufahren.

Wie auch?

Jetzt stell dir das mal vor! Der Toni ist tot und hat das Gefängnis nie verlassen? Dann war er gar nicht ... Aber das erklärt noch lange nicht ... Augenblicklich wird alles zum Rätsel ...

Nur entfernt nehme ich ein einsetzendes Hupkonzert in meinem Rücken wahr. Auf dem Gehsteig rechts von mir formiert sich eine Menschentraube, und indem ich meinen Kopf um etwa hundertsechzig Grad drehe, folge ich ihren Blicken zum Wolf, der inzwischen von seiner Maschine gestiegen ist, die Tür des Wagens hinter sich aufgerissen hat und den Fahrer anbrüllt: »Hey, Kollege, machst du grad an Huptest, oder was? Was soll die Scheiße, mich so vollzutröten? Siehst du ned, dass die Dame da vorn ned weiterkommt? Gleich glaub ich's aber ...«

Wenn ich jetzt Beraterin wäre, würde ich dem Fahrer des Audis vorschlagen, nicht auszusteigen und sich aufzumandeln, was er aber leider tut.

Deshalb steige ich nun selbst aus, als Deeskalatorin von Gottes Gnaden, die Ampel ist längst wieder rot, und als ich bemerke, dass nun auch noch der Fahrer des Wagens hinter dem Audi aussteigt, um wiederum dem Audifahrer zu Hilfe zu kommen (gemeinsam gegen den Wolf nämlich), wir nun also gleich zu viert auf der Straße stehen, ist mir klar, das wird eine Lose-lose-Situation. Reine Formsache.

Ich haste zum Wolf und den beiden anderen Männern, die sich reihum, ganz ohne jeglichen epidemiologisch empfohlenen Abstand, Nase an Nase anschreien und dabei offenbar aneinander vorbeireden, und rufe: »Bitte, bitte! Das ist doch alles nur ein …«, keine Ahnung, was, mir gehen die Worte aus, weshalb ich nach Wolfs Schulter greife und damit allen Beteiligten verdeutliche, dass wir zusammengehören und er sich lediglich ein bisschen für mich starkmacht, und ich hoffe, dadurch ein Zeichen zu setzen, damit uns die beiden Herren und auch die ganzen Gaffer nicht für gewalttätig, sondern nur für schwachsinnig halten.

Kurz kommt den drei Streithähnen deshalb tatsächlich das Vokabular abhanden, und ich hoffe schon, wir können allesamt einfach weiterfahren, doch dann reißt es meine ganze Hoffnung auf ein Abflauen der Situation in Stücke, als ich sehe, dass zwei knatternde Motorräder aus unserer Fahrtrichtung gleich direkt an uns vorbeikommen werden.

Und natürlich sind es zwei Switch Bladesler.

Der Wolf hat ja vorhin seinen Trupp zusammengetrommelt, und die Jungs sind bereits aus allen Himmelsrichtungen unterwegs zum Treffpunkt vor Sabines und meinem Haus in der Utzschneiderstraße beim Viktualienmarkt.

Die beiden anrollenden Biker-Kollegen kapieren im Bruchteil einer Sekunde, was Sache ist. Ärger riechen die zehn Kilometer gegen den Wind. Sie erkennen den Wolf (ich erkenne in einem von ihnen den Rudi), sie bremsen ab, blockieren nun auch noch die zweite Spur der zweispurigen Lindwurmstraße, was innerhalb der nächsten Minuten zu einem Rückstau bis hoch zum Harras führen wird, klettern von ihren Maschinen und grüßen den Wolf mit einem Kopfnicken, das besagt: »Sollen wir den Audi-Schluffi und den

BMW-Flachwichser gleich umnieten oder erst noch ein bisschen quälen?«

Feingefühl ist etwas völlig anderes.

Ich nehm's mal vorweg: Sowohl der Audi-Schluffi als auch der BMW-Flachwichser erkennen, dass die Samthandschuh-Variante heute keine Option mehr darstellen wird und wiegeln mit erhobenen Händen ab, was abzuwiegeln ist. Aber ich erkenne an Rudis Lächeln, das wie das Lächeln eines Erwachsenen wirkt, der über den Unsinn eines Kindes lächelt, dass der *Point of no return* bereits überschritten ist. Ging ganz schön schnell. Drei Biker, zwei Bürotypen, drei Dutzend sich stauende Autos, Hunderte Schaulustige rund um den Goetheplatz, und ich denke mir, dass der ganze Irrsinn eigentlich fast noch etwas mehr Aufmerksamkeit verdient hätte, als ihm gerade zuteilwird.

Aber nicht von mir. Ich rufe dem Wolf noch zu: »Der Toni wurde tot im Gefängnis aufgefunden!«, aber er schaut nur. Wenn er bloß nicht so eine lange Leitung hätte! (Oder er hat's akustisch nicht verstanden, bei dem Gebrüll.) Dann gehe ich zu meinem Wagen, spüre die mir bekannten Blicke an mir auf und ab wandern, meine exotische Gestalt provoziert in diesem Spektakel einmal mehr ihre ganz eigene Kategorie des Glotzens, und steige ein.

Wer sagt's denn: Schon drehen ein paar Passanten Beweisvideos der Handgreiflichkeiten hinter mir, die in wenigen Minuten im Netz dafür sorgen werden, dass nichts von dem ganzen Krawall umsonst gewesen sein wird. Die Menschen empfinden es einfach als einen Genuss, Leuten beim Ausrasten zuzusehen.

Ich höre noch den Rudi grölen: »Wolf, Wolf ... sag amoi, hat dir der blöde Pisser da den Lackkratzer in den Tank gemacht?«

Aber Wolfs Antwort bekomm ich nicht mehr mit. Ich

schau nicht mal mehr in den Rückspiegel, na ja, doch, kurz – und was ich sehe, ist ein Riesentumult und Handgemenge, und es wirkt wie so ein wolkiger Staubwirbel in einem Comic.

Die Kindsköpfe verschwinden langsam im Spiegel.

Ich muss jetzt der Sabine helfen und die Kathi finden. Die Welt schrumpft auf das Wesentliche zusammen.

Der Toni ist tot. Er hat das Gefängnis nie verlassen.

Dass ich das erfahren habe, ist nur ein paar Sekunden her – und schon ist eine völlig andere Zeit angebrochen.

11

Die Sonne scheint, als würde sie bald ausglühen. Mein Make-up und ich zerfließen praktisch. In der Früh geduscht und mittags bereits wieder fällig. Diese Klebrigkeit auszuhalten, ist die primäre Prüfung des Sommers.

Gerade will ich in meine Straße einbiegen, eine kompakte Einbahnstraße, als ich notgedrungen scharf abbremsen muss, weil es nicht weitergeht. Die ganze Fahrbahn ist vollgestellt mit Motorrädern und ihren daneben herumlungernden Fahrern in Lederkutten. Kein Durchkommen. Die Straßenschlucht sieht aus wie der Abstellplatz eines Biker-Clubs während der Jahreshauptversammlung.

Wolfs Trupp wäre also am Start. Alle verfügbaren Kräfte da.

Ach, stimmt. Das fehlt mir jetzt gerade noch.

Mich wundert sowieso, dass die Switch-Blades-Jungs aber auch wirklich immer auf Abruf bereitstehen. Einige unter ihnen arbeiten als Anwälte in eigenen Kanzleien, sind Inhaber von mittelständischen Betrieben oder sonst wie unternehmerisch tätig. Verarmt oder antriebslos ist da keiner. Die sind gut beschäftigt. Aber wenn einer von denen pfeift, sind alle in null Komma nichts vor Ort. Um zum Beispiel die Straße vor meinem Wohnhaus zu verstopfen.

Ich setze also zurück, muss eine Lücke im dichten Autostrom hinter mir abwarten, bevor ich mich in den Fluss des Innenstadtverkehrs einfädeln kann, und verbringe die nächsten fünfzehn Minuten mit Kreise fahrendem Parkplatzsuchen rund ums Viktualienmarkt-Viertel. Eine solche Banalität belastet das Gemüt doppelt und dreifach, vierfach, fünffach, furchtbar, wenn du derart unter Druck stehst wie ich, weil sich kurz zuvor eine Zentnerlast von neuem Wissen angehäuft hat, das auf keine Kuhhaut geht. Nämlich:

Die Jessica hat Tonis Drohnachrichten an mich übermittelt. In seinem Auftrag. Haarsträubend, aber: bitte sehr.

Der Toni war, laut Jessica, ein harmonischer Familienmensch. Merkwürdig, aber: na schön.

Der Toni war, laut Enthüllungsautor Lars Kessler, am Mord an seiner Frau unschuldig. Wie bitte? Etwas abseitig, könnte man sagen, aber: na gut.

Der Toni hat das Gefängnis *nicht* vorzeitig verlassen, sondern ist dort drinnen gestorben, laut neuester Eilmeldung. Hoppla!

Das ist alles zu viel. Für meine Seele, und sogar für ein Drehbuch. Könnte man meinen. Da setzen sich die Zahnrädchen in meinem strapazierten Gehirn ganz schön in Bewegung, das kannst du mir glauben.

Der Toni ist also nicht mehr! Er ist tot! Puh.

Aber *nichtsdestotrotz* ging *gestern* eine Bombe im Café Marianne hoch, kurz nachdem der Achmet und die Vikki simultan eine Handynachricht erhalten haben, die *Na ihr? Wie geht's?* lautete. (Vorsicht, wenn ich schon in der dritten Person von mir rede: Nerven am Abgrund.)

Und *nichtsdestotrotz* hat irgendjemand heute Nacht der Coco die Hand durchschlitzt.

Und *nichtsdestotrotz* hat mir der Lars Kessler eine Nachricht von der mir einst feindselig gesinnten Berufslesbierin und Polizistin Kerstin Scherr ausgerichtet, die vor über einem Jahrzehnt mit dem Achmet und dem Toni über die *Dreckige Siebzehn* verbandelt war. Und genau diese Kerstin lässt mich vor dem vermeintlich ausgebüxten Toni warnen.

Aber das Krasseste: Die Kathi wurde entführt. Was inzwischen nicht nur eine Vermutung, sondern ziemlich sicher ist, denn vor ein paar Minuten rief mich die Sabine ein zweites Mal an und setzte mich in Kenntnis, dass auf Kathis Instagram-Seite ein Bild gepostet wurde, auf dem in weißer Kursivschrift auf schwarzem Grund geschrieben steht: ich wurde entführt.

Was ist das denn für eine Ansage?

(Der Post hat schon viertausend Likes.)

Ist das ein neuer Social-Media-Trend? Stellt man so was im Ich-Ton auf Instagram, wenn man *wirklich* entführt wurde? Eher nicht. Und ganz sicher nicht die Kathi, die würde ihrer Mutter so was nie antun. Da scheint jemand in ihrem Namen Spielchen zu spielen. Aber wer?

Darüber muss ich also als Erstes gründlich nachdenken, aber man muss kein Genie sein, um zu prognostizieren, dass das mit meinem persönlichen Tohuwabohu zusammenhängt. Wer auch immer diese Farce veranstaltet, der ganze Reigen erscheint wie eine Kollektivstrafe.

Aber ich kann mich auch täuschen.

Wäre nicht das erste Mal.

Jetzt aber husch, husch zur Sabine, ihr beistehen. Nur deshalb wage ich mich ja wieder in die Nähe meiner Wohnung. Die Sabine und die Kathi wohnen doch unter mir.

Nach endlosem Rumgondeln finde ich endlich einen Parkplatz, lediglich zehn Meter von meinem Haus entfernt (hätte ich doch einfach nur im Auto gewartet, anstatt zu suchen), und spurte über den Gehsteig.

Ein paar der vielleicht fünfzehn Biker-Jungs, die meine Straße mit ihren Maschinen blockieren, sind bekannte Gesichter für mich. Ich würde schätzen, von der *gesamten* offiziellen Belegschaft (laut Wolf locker über hundert Mann) kenn ich immerhin ein Viertel beim Namen. Einer ruft mir

»Ja, servus, Vikki« zu, und fragt, wo denn der Wolf bleibe. Ob ich gestikuliere oder »der führt gerade eine monumentale Schlacht am Goetheplatz« antworte, könnte ich unmöglich sagen, so hektisch bin ich und will nur endlich zur Sabine. Auch kann ich nicht vermeiden, unwillkürlich ein paar Gesprächsfetzen aufzuschnappen, während ich mich durch die Meute aus Switch Bladeslern schlängle, weshalb ich mitbekomme, wie einer dem anderen erklärt, dass er es *normalerweise mit 'ner Frau scho deutlich länger aushält als mit der Jacqueline. Aber er tät sagen, durchschnittlich fängt die Langeweile mit am Mädel nach am zehnten Mal Vögeln an* ... Schau, schau. Solch ungefilterte Einblicke zu erhalten, kann einer Frau ja auch nichts schaden.

»Sabine, hi«, hauche ich einer aufgelöst wirkenden Sabine entgegen, die mir ihre Wohnungstür öffnet und kurz und knapp »Komm rein, wir sitzen in der Küche« erwidert.

Der Kontrast ihrer mitgenommenen Erscheinung zu sonst ist gravierend. Die Sabine Röhm, die ich kenne, ist Ende dreißig, hat eine Pixie-Cut-Kurzhaarfrisur und lustige Augen mit kleinen Fältchen, die ihre relativ dünnen Lippen konterkarieren. Dünne Lippen vermitteln bei Menschen ja eine Strenge, die charakterlich gar nicht der Fall sein muss.

Die Sabine jedenfalls ist sonst stets bester Dinge, aber gerade erkenne ich sie kaum wieder. Gramgebeugt und durchsichtig wirkt sie, weil ihr einziges Kind unauffindbar ist.

Öfter schon hab ich mich gefragt, ob Eltern von mehreren Kindern leichter mit den Sorgen um jedes einzelne davon umgehen, weil sie ja noch welche in Reserve haben.

Ich sage ein paar aufmunternde Worte zur Sabine, und natürlich zwingt sie sich ganz lieb zu einem Lächeln, winkt mich durch den Flur, und dabei passiert die Rollenumkehr, die so oft passiert: dass nämlich der Trost Spendende plötzlich zu dem wird, dem der Betroffene zu Hilfe kommen muss, und man gleich gar nicht mehr sagen kann, wer jetzt eigentlich wen tröstet.

Ich dackle der Sabine hinterher, die paar Meterchen durch die Wohnung, und bevor ich die Küche betrete, erhasche ich einen Blick in Kathis Zimmer, Schrägstrich Videostudio, Schrägstrich Influencer-Lounge.

Mit dem Rücken zu mir sitzt ein Mann vor ihrem Schminktisch und tippt flink auf so etwas wie einem Laptop herum, der aber deutlich klobiger wirkt und schwarz ist.

Der Laptop, nicht der Mann. Der hat rote Haare. Dass jemand Fremdes in Kathis Zimmer sitzt, wahrscheinlich ein Kripobeamter, verdeutlicht die Drastik ihres Verschwindens. Sie ist einfach weg. Seit über vier Jahren, seit die Kathi zwölf war und sich von jetzt auf gleich eingebildet hat, wir müssten unbedingt Freundinnen werden (was wir auch schnell wurden), und sie mir zu anfangs täglich förmlich aufgelauert hat und mich beinah schon nötigte, ihr Aufmerksamkeit zu schenken, »Magst du mit mir chillen, Vikki?«, seit diesen gut vier Jahren war sie immer da, immer präsent, auf die eine oder andere Weise, jede Sekunde meines Lebens. Es gab kein Dazwischen.

Und jetzt ist sie einfach weg.

Schlagartig bekomme ich feuchte Augen.

Nichts, wofür man sich schämen muss.

Als ich nach der Sabine die Küche betrete, sage ich schüchtern »Hallo, zusammen« zu den zwei bereits anwesenden Personen, weil betonte Schüchternheit Anteilnahme vermittelt wie nichts sonst. Und selten ist sie so angebracht wie jetzt.

Etwas Beklemmendes erfüllt den kleinen Raum, wie die Sabine und ich so dastehen, während an dem quadratischen

Ikea-Tisch zwei Männer sitzen. Der eine leicht schräg zur Balkontür, der andere der Wand gegenüber, mit dem Rücken zu uns.

Die Sabine hatte mir am Telefon nicht angekündigt, dass jemand anwesend sein würde, aber jetzt bin ich sicher, dass es sich bei dem Mann in Kathis Zimmer, und auch bei den beiden hier in der Küche, um Kriminaler handeln muss. Einen davon, den schräg zur Balkontür sitzenden, kenne ich nämlich nur allzu gut. Den Herrn von Segnitz. Was mich sehr unerwartet trifft.

Wenn es sowas wie einen Ziemlich-unwahrscheinlichen-Zufall gibt, dann ist das vielleicht ein Musterbeispiel dafür. Denn der Herr von Segnitz ist meine Kontaktperson bei der Münchner Polizei für meinen V-Frau-Nebenjob. Er ist es, der mir die Aufträge übermittelt, dem ich im Anschluss an meine Recherchen Bericht erstatte, und der auch die Vergütung übernimmt.

Er ist ein unauffälliger Kerl, erweckt ein wenig den Eindruck, als hielte er sich für Höheres bestimmt, aber wir kommen gut klar.

Obwohl er nur ein paar Jahre älter ist als ich, und obwohl wir uns schon so lange kennen, sind wir immer noch per Sie. Zwischen manchen Menschen schafft das *Sie* einfach eine konsistentere Beziehungsqualität als ein *Du*.

Mein entgeisterter Blick der Überraschung ist noch nicht ganz abgeflaut, während der von Segnitz mich bereits anschmunzelt und mit »Ah, da sind Sie ja!« einen Gesprächseinstieg wählt, der mir klar werden lässt, dass seine Anwesenheit natürlich *kein* Zufall ist.

Seinen Kollegen stellt er mir als Pascal Herzberg vor. Der wiederum steht zur Begrüßung auf, was eine Seltenheit ist. Männer zahlen nach wie vor meistens im Restaurant, halten einem oft auch mal die Tür auf, aber Sich-vom-Stuhl-Erheben ist rar gesät. Ich ertappe mich dabei, dass mich das gleich ein bisschen für ihn einnimmt.

Ich schätze Pascal Herzberg auf Anfang dreißig, finde aber gleichzeitig auch, dass er älter aussieht, auf eine attraktive Art. Athletisch, braunhaarig, Fünftagebart. Er trägt Hochwasserhosen und keine Socken, also wie die Teilnehmer von Love Island, Temptation Island und sämtlichen sonstigen Reality-Formaten. Und trotzdem wirkt er nicht vollkommen verblödet, sondern helle und smart.

Er will mir seinen Stuhl überlassen, weil insgesamt zu wenige Stühle vorhanden sind, was die Sabine veranlasst, eilig einen kümmerlichen Hocker aus einem Hochschrank hervorzuzaubern, den sie erst für sich selbst nehmen möchte, der Herzberg solle auf ihrem Stuhl Platz nehmen, aber der Herzi insistiert. Wirklich höflich, der Pascal. Und seinen diskreten Streifblick auf mein Dekolleté, den verzeihe ich ihm, weil, das ist ja sowieso nur ein unausweichlicher Reflex.

Endlich sitzen wir alle vier.

Herr von Segnitz räuspert sich, längst ungeduldig, und sagt zu mir: »So, dann können wir ja jetzt fortfahren. Wir hätten Sie in der nächsten Stunde sowieso kontaktiert.«

Wirklich? Wieso denn? Was hat Kathis Verschwinden aus der Sicht vom Herrn von Segnitz denn mit mir zu tun? Weil ich einen Stock höher wohne?

Aber Moment! Da sieht man, wie paranoid ich schon bin. Mich versetzt sofort jede noch so kleine Bemerkung in Schrecken, weil ich glaube, der Herr von Segnitz könnte in meinen Kopf schauen und dort jeden einzelnen meiner Gedanken lesen. Dabei ist das Naheliegendste doch, dass die Sabine ihm von meiner Freundschaft mit der Kathi erzählt hat und dass ich sie womöglich als Letzte gesehen habe.

Ich atme ein, ich atme aus.

Der Herr von Segnitz sagt, immer noch an mich gewandt:

»Frau Röhm hat Ihnen ja bereits berichtet, was Sache ist. Von dem neuen *ich wurde entführt*-Eintrag auf Instagram wissen Sie auch schon?«

Ich nicke als Antwort.

»Gut. Dann nur die Eckdaten kurz für Sie zusammengefasst: Kathi wird seit gestern, circa dreizehn Uhr, vermisst. Das heißt, ab dann können wir ihren Verbleib anhand der Handysignale nicht mehr nachvollziehen. Sie verschwand um diese Zeit herum komplett vom Radar, sozusagen. Wir werten momentan sämtliche Digitaldaten aus, um weitere Hinweise zu erhalten.« Er zeigt mit einem Zeigefinger in Richtung von Kathis Zimmer, in dem der rothaarige Laptop-Mann sitzt.

»Wo haben Sie die Kathi denn zuletzt geortet?«, frage ich vorsichtig (und trotzdem vorlaut, ich weiß) und bin fast entsetzt, dass die Auswertung von Kathis Bewegungsdaten so mühelos vonstattengeht.

»An der Friedenheimer Brücke konnten wir das letzte Signal von ihrem Handy orten«, erklärt der von Segnitz, und ich glaube, er gibt nur deshalb so bereitwillig Auskunft, weil er mich kennt. In gewisser Weise redet er mit mir, als wäre ich eine enge Kollegin oder eine gänzlich Unbeteiligte, was sich irgendwie ähnlich anfühlt – aber das kann ich mir auch nur einbilden.

»Sie ist dort aus der S6 gestiegen, wurde noch auf einer der Treppen sowie auf der Brücke selbst von zwei Kameras eingefangen, ging dann Richtung Arnulfstraße, wo sie wohl ein paar Minuten stehen geblieben ist – vermutlich auf jemanden wartend … und dann bricht ihre Ortung mit einem Mal ab. Kameras sind an jener Strecke keine vorhanden, sodass wir auf Bildmaterial leider nicht zurückgreifen können«, schildert der von Segnitz.

Ich nicke erneut, die Sabine schaut mich seltsam wohlwollend an. Erkenne ich auch Gereiztheit, oder deute ich das falsch?

»Wann haben Sie die Kathi denn das letzte Mal gesehen?«, stellt mir der von Segnitz nun die erwartete Frage, und in mir keimt plötzlich eine Befürchtung auf.

»Gestern gegen halb zwölf«, teile ich langsam mit. »Wir waren ein paar Minuten in ihrem Zimmer, nachdem sie mich zuvor spontan oben in meiner Wohnung abgeholt hat.«

»Hat sie vielleicht erzählt, was sie noch vorhatte? Mit wem sie sich treffen wollte oder so was?«

»Hm«, ich tue, als würde ich nachdenken. Tue ich auch, aber über etwas anderes, nämlich, ob ich momentan womöglich nicht mal dem Herrn von Segnitz trauen sollte ... Erst mal antworte ich wahrheitsgemäß: »Nein, die Kathi hat nichts gesagt. Ich wusste zwar, dass sie nachmittags noch wegmusste, aber nicht, wohin oder zu wem.«

»Verstehe«, scheint der Herr von Segnitz zu verstehen, dass ich ihm gerade nicht mit Konkreterem dienen kann. »Nachdem Sie sich von Kathi verabschiedet haben: Wohin sind *Sie* dann gegangen oder gefahren?« Von Segnitz' Tonfall klingt etwas zu plump suggestiv, als dass ich nicht ableiten könnte, dass er die Antwort eventuell längst weiß.

Oder bin ich tatsächlich schon wahnhaft? Nein. Es hat sowieso lange gedauert, bis die Polizei Wind davon bekommen h... Oh, Mist. Jetzt fällt mir auf, dass Kathis letzter Ortungspunkt an der Friedenheimer Brücke keine zweihundert Meter vom explodierten Café Marianne entfernt liegt!

Also örtlich *zu verdammt nah* und zeitlich nur um etwa eine halbe Stunde versetzt zur Sprengung (überschlage ich Pi mal Daumen), als dass da *nicht* irgendein Zusammenhang zu erahnen wäre.

Wahnsinn.

Was denn noch alles?

Tonis Wiederauferstehung als Zombie unterm Küchentisch wäre für diesen irrwitzigen Tag jetzt noch die wirklich passende Krönung. Weil, absurder kann's doch gar nicht mehr werden.

Doch! Sehr wohl!

In meine Überlegungspause hinein sagt der von Segnitz: »Frau Victoria, wie Sie sich ja denken können, haben wir, in Anbetracht der Dringlichkeit der Situation, auch die Bewegungsdaten sämtlicher Personen in Kathi Röhms Umfeld ausgewertet. Unter anderem auch die Ihren. Dass Sie kurz vor Kathis Verschwinden nicht nur ebenfalls in Laim waren, also unweit von Kathis letztem dokumentierten Aufenthaltsort, sondern sich noch dazu im Café Marianne aufgehalten haben, der Zentrale von Achmet Kyriakides, ist uns inzwischen bekannt.«

Was hab ich gesagt? Er wusste es. Und dennoch: Ich stutze. Einmal mehr oder weniger ist jetzt auch schon egal.

»Ebenfalls wissen wir von der Textnachricht, die Sie und Achmet Kyriakides kurz vor der Detonation erhalten haben«, klärt mich der von Segnitz auf. Aber nicht ruppig oder schnippisch, so, wie sie im Tatort permanent reden, und weswegen ich mir den aufgesetzt wirkenden Blech auch nicht anschauen kann. Nein, der Herr von Segnitz bleibt gottlob ganz sachlich: »Wir wissen *auch* von Ihrer anschließenden Fahrt nach Übertreibling zu Toni Besenwieslers Schwester Jessica sowie von Ihrem daraufolgenden Aufenthalt in Verhausen, bei Frau Coco Neumayer. Und wir haben auch Ihre Rückfahrt nach München heute Morgen nachverfolgen können.«

Ich mache große Augen. Sabine hat mir vorhin am Telefon gesagt, dass sie die Polizei um etwa zehn Uhr verständigt hätte. Seitdem sind keine zwei Stunden vergangen. Innerhalb so kurzer Zeit haben die Ermittler das alles herausgefunden?

Aber was wundere ich mich. Ich meine, der US-Geheimdienst NSA hat den kompletten Handy- und E-Mail-Verkehr des Bundestags ausgespäht, und keinen schert's.

»Lassen Sie uns doch einfach mit offenen Karten spielen«, meint der von Segnitz und sieht mich fragend an.

»Ich hatte nie was anderes vor«, sage ich und zucke mit den Schultern, und es ist eindeutig, dass ich plötzlich als irgendwie dubios dastehe.

Eine Verschiebung findet statt. Ich wandle mich, oder besser: werde verwandelt. Nämlich von Sabines Beistand und Kathis Freundin zur obskuren Figur in einem Spiel mit so vielen Unbekannten und Stellschrauben, dass ich mich fühle wie im freien Fall.

»Verstehen Sie mich nicht falsch«, betont der von Segnitz, »Sie sind keine Verdächtige, aber ich hätte doch ein paar Fragen. Denn dass Sie beide, Sie und Kathi, sich gestern Nachmittag nur wenige Hundert Meter voneinander entfernt aufgehalten haben, bevor Kathi verschwunden ist, erscheint zunächst einmal bemerkenswert, finden Sie nicht? Es sieht halt, rein theoretisch zumindest, ein bisschen komisch aus.«

Ich nicke zustimmend: »Finde ich auch.«

Die Sabine auch, stelle ich fest, als ich zu ihr schaue. Ein stiller Teil von ihr hält mich für verantwortlich für den Verbleib ihrer Tochter. Ganz klar. Und ich kann es ihr nicht verdenken.

Was soll ich ihr jetzt sagen, damit sie das Vertrauen in mich nicht komplett verliert?

Da grätscht aber auch schon wieder der von Segnitz dazwischen: »Können Sie sich erklären, wie dieser Zufall zustande gekommen sein mag, dass Sie und Kathi sich gestern gegen die Mittagszeit ausgerechnet in Laim aufgehalten haben? Wohlgemerkt: getrennt voneinander. Nur: Bei Ihnen geht eine Bombe hoch, und Kathi Röhm wird kurz darauf vom Erdboden verschluckt.«

»Ich kann es mir nicht mal selbst erklären«, lautet meine Antwort. Und noch bevor ich mich entscheide, jetzt besser zu verstummen, weil ich nach Lars Kesslers Korruptionsgeschichte von der Dreckigen Siebzehn sowieso gerade an gar nichts mehr glaube, also genau in dem Moment kommt der Rothaarige aus Kathis Zimmer zu uns in die Küche gelaufen, den schwarzen Laptop auf seinem angewinkelten Unterarm balancierend und mit der anderen Hand tippend.

Jetzt sehe ich ihn zum ersten Mal von vorn.

Er mich auch.

Wir grüßen einander.

So sieht also einer der Zuständigen für die alles entscheidende IT-Erfassung und -Auswertung aus. Interessant.

Menschen mit Knopfaugen sind alle verrückt.

»Ich habe jetzt den gesamten aktuellen Mail- und Internet-Traffic von Kathi Röhm ausgelesen. Von Telekom bis Instagram«, verkündet er, und da kannst du jetzt sagen, was du willst, aber ich habe den Eindruck, es gibt heute mehr Rothaarige als früher.

»Und?«, sagt der von Segnitz zu ihm.

»Sie hat sich tatsächlich gestern mit einem gewissen Dennis P verabredet, und zwar genau dort, wo wir sie verloren haben: Arnulfstraße, Ecke Wilhelm-Hale-Straße, die Verlängerung der Friedenheimer Brücke.«

»Und? Gibt's was, das wir noch *nicht* wissen?«, sagt der von Segnitz, als müsse er dem Rötlichhaarigen alles aus der Nase ziehen. Die Sabine und ich, wir hängen ebenfalls an seinen Lippen.

»Die beiden hatten über die vergangenen Wochen eine angeregte Korrespondenz über Instagram. Hunderte von Nachrichten. Achthundertzweiundzwanzig, um genau zu sein. Ich würde schon sagen, dass es ein Flirt war, es hat sich zumindest dahin entwickelt ... Das Date gestern war ihr erstes persönliches Treffen.«

»Und?«, höre ich jetzt mich fragen, unverhohlen dreinredend, weil's jetzt auch schon egal ist. »Wer ist dieser Dennis P?«

Er druckst herum, schaut seinen Boss an, den Herrn von Segnitz, der gibt durch ein Stirnrunzeln sein Einverständnis, dass er offen reden kann, und der Laptopler zeigt uns das Profilfoto von diesem Dennis P. Jung, attraktiv, letztlich unerheblich, weil ganz sicher Fake. Dann erklärt er uns, dass Dennis Ps Profil und seine gesamten Schriftverkehrsdaten über ein ausgeklügeltes Verschlüsselungsprogramm liefen, über Hunderte in Reihe geschaltete Server und Schleifen, »echt Respekt«, und dass sich an einem so verschachtelten System gegenwärtig sogar die Leute aus der Cybercrime-Abteilung die Zähne ausbeißen. Aber: »Die arbeiten mit Hochdruck daran«.

Ah. Ich sacke in mir zusammen. Die Sabine ebenso.

(Lass mich raten: Dieses ausgeklügelte Codierungssystem ist dasselbe wie das, über welches mir die *Na ihr? Wie geht's?*-WhatsApp geschickt wurde? Ich werde mich hüten, das zu fragen.)

Hab ich's nicht gesagt? Du kannst Institutionen im Großen und Ganzen vergessen. Kannst auf nichts bauen.

Jetzt rechne noch mit ein, dass die Polizei unter Personalmangel leidet, dass bei Beamten um sechzehn Uhr Arbeitsschluss ist, auch wenn der Dachstuhl brennt, und dass der eine Hansl noch bis Dezember im Vaterschaftsurlaub weilt, dass der andere Fuzzi aber heute bis um eins bei der Wurzelbehandlung ist und sowieso nur Donnerstag bis Freitag im Büro auftaucht, dass eine weitere Sachbearbeiterin sich gerade depressiv fühlt, weil die Sportunterwäsche-Kollektion bei H&M schon vormittags ausverkauft war, und dass die Experten des Hauses (also »Experten«), die *unter* vierzig Jahre alt sind, ihre Abschlussprüfungen bereits im Multiple-Choice-Verfahren absolviert haben, was bildungsfördernd völlig wertlos ist, weil durch A-, B- oder C-Antwortauswahl kein abrufbares Wissen mehr hängen bleibt, und dass die halbe Menschheit, und damit auch unsere Zielfahnder, sowieso nur noch freizeitorientiert lebt, Playstation, Porno, Handy.

Kuck doch allein nur mal in einen vorbeifahrenden Streifenwagen. Der-die-das Polizistin auf dem Beifahrersitz daddelt garantiert abwesend aufm Smartphone rum. Ga-ran-tiert!

Und in so einem Saftladen sollen die Sabine und ich uns auf die fantastischen Jungs und Mädels vom Cybercrime-Dezernat verlassen? Dass *die* unsere Kathi finden?

Auf Tinder vielleicht.

Privat.

Aber sonst?

Nee, nee. Vergiss es.

Die sind – wie gesagt – um vier im Feierabend. Wohlverdient.

Aber ich kann die Welt nicht ändern. Ich kann nur meine Einstellung der Welt gegenüber ändern. Ich spüre, wie ich wieder in meinen Action-Modus schalte.

Folgendermaßen sieht es aus: Aufgrund dieses Dennis P bin ich verdachtsmäßig letztlich wohl aus dem Schneider.

Der von Segnitz stellt mir gerade zwar noch ein paar Fragen, wie: »Sagt Ihnen der Name Dennis P etwas? Hat Ihnen Kathi von ihren Internetbekanntschaften erzählt?«, »Warum waren Sie gestern bei Achmet Kyriakides im Café?«, »Der gestrige Kurzausflug in Ihre alte Heimat ... gab es dafür einen speziellen Anlass?«, »Können Sie nachher zu mir ins Büro kommen, wir müssten noch ein Protokoll zum Ablauf des Bombenattentats aufnehmen. Dass Sie den Tatort umgehend verlassen haben, ist eigentlich nicht in Ordnung, aber das wissen Sie ja ... und mit dem Thema sind wir auch noch nicht durch, das ist Ihnen sicher klar? Momentan müssen wir nur Prioritäten setzen und widmen uns daher zunächst dem Vermisstenfall«, und schließlich: »Geht der Aufmarsch der Biker da draußen auf Ihr Konto?«

Alle Fragen umschiffe und beantworte ich gleichzeitig. Dabei lege ich mir bereits meinen eigenen Plan zurecht, als mein Handy eine eingehende WhatsApp-Message meldet.

Zögerlich fummele ich das iPhone raus, weil ich erwarte, dass der Wolf Bescheid gibt, dass er unten angekommen ist. Ich schaue verstohlen aufs Display und lese:

bevor ich dich kaltmach muss die kathi leiden. schön lamgsam. stay tjuned. fortsetzung folgt!

Und einmal mehr gefriert mir das Blut in den Adern.

Trotzdem simultan Hitzewallung.

Der Toni ist tot, aber die Nachrichten an mich gehen weiter?

Ich möchte lauthals schreien.

Der Geist geht nicht wieder in die Flasche zurück!

Wer schreibt da? Wer ist das?

... wer auch immer – er ist zurück.

Das ist drastisch.

Und der Text klingt irgendwie unrund. Wie gewohnt. Das ist mein zweiter Eindruck. Da steht: *Schön lamgsam* und *tjuned*.

Meine dritte Schlussfolgerung lautet: Nun ist sicher, dass Kathis Entführung mit mir in Verbindung steht. Denn der Verfasser der brandneuen WhatsApp ist der ... ja, so was wie der *Nachlassverwalter* vom Toni. Und es wäre schon ein

Wunder, wenn dieser *Toni 2* nicht auch hinter dem Pseudonym Dennis P steckt.

Ganz klar, Mister Anonymus möchte mich mit Kathi als Geisel unter Druck setzen.

Erstens, zweitens, drittens.

Meinen Informationsvorsprung müssen die von Segnitzens und die Herzbergs dieser Welt auch erst mal aufholen.

Für einen Augenblick befinde ich mich in der Zwickmühle, *wem* ich mich *wie* anvertrauen soll, doch schnell setzt eine Neuorientierung ein.

Niemandem lautet die Antwort. Niemandem vertraue ich mich auch nur irgendwie an. Die größte Klugheit besteht in der Unterlassung von Dingen ...

Merkst du, dass ich schon gar nicht mehr so total ausflippe, wie ich eigentlich müsste?

So ungern ich das sage, doch die Summe an Perversionen hat mich bereits verändert.

Aber weißt du, was noch pervers ist. So richtig pervers?

Aus meinem Augenwinkel heraus bemerke ich, wie der Rotschopf, gegen den Türrahmen gelehnt, etwas auf seinem Laptop-Bildschirm liest, *mit*liest, mich anstarrt, wieder auf den Bildschirm stiert, sich auf die Unterlippe beißt, die Finger kräuselt, eine Aneinanderreihung von Übersprungshandlungen abspult – und damit ungewollt vermittelt, dass er *meine Handynachricht gerade auch auf seinem Laptop abgebildet sieht!*

Diese Typen haben mein Handy auf ihren Geräten gespiegelt.

Und jetzt kommst du!

Da ist datenschutzmäßig alles im grünen Bereich.

Nachdem ich das Handy apathisch wieder weglege, fragt die Sabine mit dem Instinkt einer Mutter: »Ist was, Vikki?«

Mein Herz rast. Ich habe die Sabine noch nie angelogen,

aber jetzt scheint der ideale Zeitpunkt zu sein, damit anzufangen.

»Ist nur der Wolf«, antworte ich ihr. Der Laptop-Spion wendet sich zum Gehen, wohl zurück in Kathis Zimmer. Mein Gott, ist das alles konspirativ. Er sagt nichts, ich sage nichts, und jeder glaubt, daraus einen Vorteil zu ziehen.

Ich werde nervös. Weil ich ahne, was hier gerade passiert. Warte nur, gleich kommt's.

Nach ein paar letzten Fragen, die mir der von Segnitz noch stellt, unter anderem zu Kathis und meinem YouTube-Kanal und erneut zu meinen aktuellen Verbindungen zum Achmet, Kraut-und-Rüben-Ermittlung eben, will ich mich verabschieden, als mich der von Segnitz hastig informiert, dass er ab morgen in Urlaub ist (hahaha!), und da muss man doch wirklich mal sagen, dass das jetzt von der Terminierung her nicht so ist, dass man sagen könnte, besser geht es nicht.

Und du hast vorhin geglaubt, ich übertreibe?

»Urlaub? Aha!«, kann ich mich leider nicht hindern zu sagen und fürchte, man merkt, für was für eine Gurkentruppe ich die anwesenden Helden halte.

Die Leitung der Ermittlungen geht so lange an den wirklich mit jedem Blick attraktiver werdenden und gut riechenden Pascal Herzberg, der ab jetzt auch mein Ansprechpartner sein wird. Nummernaustausch ist wohl nicht nötig, nehme ich an. Ihr habt ja *alle* meine Daten, oder?

»Bitte bleiben Sie bis auf Weiteres erreichbar«, meint der von Segnitz. Ich nicke seine Bitte ungeduldig ab, wünsche der unfassbar niedergeschlagenen Sabine alles Gute, was sich anfühlt, als wären wir Fremde, aber ich habe es eilig, und dann verlasse ich endlich die Wohnung und renne die Treppen hinab so schnell ich kann.

Ich vermute nämlich, dass der Laptop-Mann mit seinem Wissen von der neuen WhatsApp-Nachricht, die ich gerade erhalten habe, hinterm Berg gehalten hat, um a.) mich nicht wissen zu lassen, dass sie meine Endgeräte überwachen, und b.), um seinen Boss, den von Segnitz, erst unter vier Augen über meine WhatsApp zu informieren, um bloß nicht irgendeiner Handlungsstrategie vorzugreifen und Gefahr zu laufen, sich einen Anschiss einzuhandeln.

Kurzum, ob mich die Herren Polizisten gleich persönlich einkassieren oder entscheiden, mir inkognito zu folgen: Für mich gelten momentan nur zwei Punkte.

Ich muss mein Ding durchziehen.

Und dazu muss ich diesen Staatsdienstlern zuvorkommen. Die könnten alles in den Sand setzen und Kathis Wohl gefährden. Natürlich nur exakt während ihrer gesetzlich vorgeschriebenen Arbeitszeiten.

Beim Aufspüren von Tonis Nachlassverwalter und Kathi-Entführer funktioniert Schema F nämlich *garantiert nicht*.

In dem Moment, in dem ich die Haustür im Erdgeschoss aufreiße und vor Eile beinah umknicke in meinen Wanderpumps (also meinen Alltagsschuhen, Sechs-Zentimeter-Absätze sind das absolute Minimum), höre ich den Herrn von Segnitz aus dem vierten Stock durchs Treppenhaus rufen: »Frau Victoria, warten Sie. Halt! Wir hätten jetzt doch noch ein paar Fragen …«

Was mir eine Heidenangst einjagt.

Kehrtmachen? Na klar, ganz bestimmt.

Nichts wie weg!

12

Ich sprinte aus meinem Wohnhaus, mitten hinein in ein Meer aus Lederjacken und schweren Maschinen. Selten war ich so erleichtert, eine Horde Asphaltpiraten in einer restlos zugeparkten Einbahnstraße anzutreffen.

Der Wolf erspäht mich und kommt mir gleich entgegengelaufen.

Ich verliere keine Zeit und rufe ihm zu: »Ist der Rudi auch schon da?« Damit meine ich, ob er, genau wie der Wolf, die Rangelei am Goetheplatz bereits hinter sich gelassen hat und schon irgendwo hier rumhängt? Die Rangelei am Goetheplatz – weißt schon, wo ich vorhin bei Grün nicht gleich losgefahren bin, weil ich aufm Handy von Tonis Tod gelesen habe, und wo sich deshalb hinter mir dieses Hupkonzert in D-Moll aufgebaut hat.

Der Wolf reagiert sofort mit Daumen hoch. »Rudi! Auf geht's, kumm amoi her zu uns«, brüllt er über zig Köpfe hinweg.

»Vikki, servus. Ois klar?«, begrüßt mich der unverzüglich auftauchende Rudi herzlich, wofür er am Goetheplatz ja keine Zeit hatte, weil er gemeinsam mit dem Wolf den widerspenstigen Audi-Schnuller und den BMW-Spezl aufmischen musste.

»Rudi, servus, du, pass auf! Ich hab jetzt eine ganz ungewöhnliche Bitte und absolut keine Zeit für Erklärungen«, sage ich kurzatmig. »Könntest du uns heute ein paar Stunden zur Verfügung stehen?«

Der Rudi, genauso hoch wie breit, schüttelt den Kopf, hebt die beachtlichen Schultern und dreht seine Handflächen nach oben, was seine Bereitschaft signalisiert.

»Super«, sage ich und ziehe mein Handy aus der Handtasche. »Hier! Bitte nimm mein Handy und fahr sofort über die Garmischer Autobahn immer weiter Richtung Süden, solange du kannst. Mindestens bis abends. Wäre das machbar?«

»Ja, freilich.« Ihm behagt diese Bitte zwar nicht, aber er ahnt, dass sich jegliches Nachfragen erübrigt.

Ich füge noch an: »Dann fahr bitte sofort los. Also *sofort!* Und sei über dein Handy durchgehend erreichbar, ja?«

Er nickt. Der Wolf starrt mich an, als hätte ich den Verstand verloren.

»Rudi, nichts wie los! Immer Richtung Süden fahren«, gebe ich ihm noch mal einen kleinen verbalen Schubs. »Ich meld mich regelmäßig auf deinem Handy, und dann sehen wir weiter.«

»Alles klar«, antwortet der Rudi mit einem Gesicht, als hätte man ihn auf die Ersatzbank geschickt, und verschwindet in der Menge.

Aus dem Augenwinkel sehe ich, wie sich die Tür meines Hauses öffnet und der Herr Kommissar von Segnitz und sein Kollege Pascal Herzberg herauseilen, was jetzt total scheiße ist. Was ich aber nicht anders erwartet habe. Ihr Laptop-Mann wird ihnen inzwischen von der WhatsApp vom Neu-Toni berichtet haben, die ich erhalten habe.

bevor ich dich kaltmach muss die kathi leiden. schön lamgsam. stay tjuned. fortsetzung folgt!

Dazu haben sie bestimmt ein paar Fragen ... Ich könnte ihnen sowieso keine einzige davon beantworten.

Der von Segnitz und der Herzberg schauen sich suchend um, scannen den Menschenauflauf nach mir ab. Zum Wolf gewendet sage ich: »Kannst du ein paar von deinen Jungs bitten, dass sie die beiden etwas in Schach halten?« Ich zeige auf die irritierten Kriminaler an der Haustür. »Lass uns hier sofort abhauen. Und zwar im großen Schwarm.«

Mit militärischer Präzision, aber auch mit relativ rustikalem Ton, also das muss man schon mögen, instruiert der Wolf fünf seiner Mannen, dem von Segnitz und dem Herzberg für die nächsten Minuten erst mal den Bewegungsradius eines Sarges einzuräumen, bis wir mit unserer Flotte von mittlerweile mindestens zwanzig Switch-Bladeslern Land gewonnen haben.

So schnell ich kann, haste ich zu meinem Auto, einmal ums Eck in die Blumenstraße, gegenüber der Schrannenhalle, steige ein, wende und fahre Richtung Stachus. Hinter mir der motorisierte Tross laut knatternder Zweiräder. Nicht gerade subtil.

Die Leut schauen schon.

Ich als die Rattenfängerin von Hameln. In München City. Im Gefolge die Creme de la Creme eines der berüchtigtsten Motorradclubs weit und breit. Ja, spinnst du! Was ist aus mir geworden …

Bevor wir gleich bei der Innenstadt-Tankstelle ankommen, zu der ich möchte, ist vielleicht jetzt der richtige Zeitpunkt, kurz zu erwähnen, was es mit den Switch-Blades-Jungs noch so auf sich hat.

Also erst mal: Wenn du die alleine triffst, dann sind das alles Supertypen, jeder Einzelne. Aber in der Gruppe, da entwickelt sich so eine Dynamik, so was Übergeordnetes, dass du die zum Teil nicht wiedererkennst.

Auf so ein Phänomen trifft man auch bei Feuerwehrmännern oder Soldaten oder Streifenpolizisten oder generell Menschen, die eine Uniform tragen. Man fremdelt dann einander gegenüber, obwohl das ja alles nur Verkleidung ist.

Weil, die verwandeln sich dadurch einfach in etwas anderes, Hochoffizielles.

Und so ein Motorradclubberer mutiert dann eben zu einer deutlich herberen Variante seiner selbst. Was ja nicht schlimm ist – wenn man auf der richtigen Seite steht.

Versteh mich nicht falsch: Natürlich haben die alle einen Hau.

Was jetzt aber gerade deshalb interessant zu erfahren sein könnte, ist der Kniff, den sich die Burschen vor ein paar Jahren ausgedacht haben.

Clever, wie die nämlich unbestreitbar sind, haben sie sich irgendwann mal gefragt: Obacht, wie könnten wir denn unserem Bedürfnis nach Ab-und-zu-mal-Luft-ausm-Kessel-Lassen Rechnung tragen, dabei aber auch gleichzeitig Gutes tun?

Also zwei Fliegen mit einer Klappe.

Was ja schon mal kein so ein verkehrter Ansatz ist, wie ich meine, wenn man längst ahnt, dass man vom Naturell her ums Gewalttätige auch nie, nie, nie so ganz drum rum kommen wird.

Und da haben sich der Wolf und seine Schlaubischlümpfe überlegt, dass sie sich zu diesem Zwecke doch beispielsweise dem Tierschutz widmen könnten. Aber auf eine etwas andere Weise, als das die im e.V. organisierten Streichelzoo-Diskutierer in ihren Funktionsjacken und mit ihren individuellen Frisuren gemeinhin tun. Die Jack-Wolfskin- und Northern-Face-Fraktion mit Soziologiestudium und weicher Stimme eben. Das sind ganz wertvolle Menschen, da will ich keine Missverständnisse aufkommen lassen, um Himmels willen, aber vom Ergebnis her sieht es bei denen eben doch oft ein bisschen machtlos aus.

So.

Deshalb haben sich die Switch-Bladesler umgehört und

sich direkt ein paar Leutchen rausgepickt, über die öffentlich bekannt wurde, dass sie ihren Hund nicht so gut behandeln oder dass irgendwo zweihundert Katzen und vierzig Schafe und zahllose sonstige Klein- oder Großtiere nicht artgerecht vor sich hin vegetieren, der Besitzer sich aber weigert, die Polizei oder die Tierschützer aufs Grundstück zu lassen. So was eben. Verwahrlosung, Zucht, Quälerei. Wo die Behörden und ihre Däumchendreher ewig brauchen und am Ende sowieso nichts passiert. Oder der Tierhalter kann nach einer lächerlich geringen Strafe (Dududu!) wieder ungehindert weitermachen mit seinen Praktiken und einem Satz neuer Tiere.

Du verstehst, worauf ich hinauswill.

Und genau solche pikanten Fälle suchen sich die Switch Bladesler sorgfältig raus und werden dann, wenn mal wieder Zeit und Muße ist, direkt vor Ort, unangemeldet vorstellig. Einfach bimmelbimmel Sturm klingeln, grüß Gott sagen und gleich reinkommen, ob das der betreffenden Person jetzt passt oder eher weniger.

Kurz und gut: Wenn sich vor Ort herausstellt, dass sich die Recherchen als korrekt erweisen und derjenige sich wirklich eines Vergehens an seinem Tier schuldig gemacht hat, dann schaut's, mit Verlaub, medizinisch sofort düster für den Halter aus.

Wenn die Jungs mit dir fertig sind, weil sich dein Wauwau oder deine Miezi in einem erbärmlichen körperlichen und seelischen Zustand befindet, dann kannst du sicher sein, dass *dein* körperlicher und seelischer Zustand dem innerhalb weniger Minuten in nichts nachsteht.

Da kannst dich drauf verlassen. Da sind die sehr sorgfältig.

Und den Hund nehmen sie anschließend auch gleich noch mit. Jetzt nur *Hund* als Beispiel, weil die betroffenen Opfer sind sehr, sehr häufig Hunde.

Daher kommt's übrigens auch, dass mittlerweile fast jeder Switch Bladesler mindestens einen ehemals ramponierten Hund daheim hat. Die päppeln den jeweiligen Wauzi dann nämlich auf (körperlich und seelisch, versteht sich), verlieben sich dabei natürlich immer gleich unweigerlich und behalten den dann schlussendlich. Klar. Da fährst du ja nicht nach der wochenlangen Pflege nach Riem ins Tierheim und sagst: »So, jetzt, wo du wieder halbwegs fit bist, ist das nun dein neues Zuhause, Nepomuk, Pfiat di. Bitte, gern geschehen.«

Siehst du, jetzt weißt du, wie sich die Burschen abreagieren und seitdem deutlich weniger auf Straßenschlachten, künstliche Konflikte oder Bandenfehden angewiesen sind.

Die Schattenseite dieses Tierquäler-besuchen-Hobbys besteht allerdings darin, dass über die Jahre derart viele Anzeigen gegen die Switch-Blades-Isar-Gang (das ist der offiziell eingetragene Vereinsname, kein Witz. Klingt wie Spider Murphy Gang) eingegangen sind, dass der Knut Borchert, der selbst Switch Bladesler und ein bekannter Strafrechtsanwalt ist, mit der Bearbeitung der Fälle kaum mehr nachkommt, wie er oft beklagt.

Es ist halt immer was los.

Von dem kleinen Unfall, bei dem der Herbert Edenkofler, auch einer aus der Switch-Blades-Crew, einen renitenten Tierhalter versehentlich zum Pflegefall umkomponiert hat (Pflegestufe 3), fang ich gar nicht erst an. (Aber dessen Cocker Spaniel mittlerweile: vom Zustand her eins a!)

Das alles nur kurz nebenbei, von wegen Ventilfunktion.

Damit man halt ein bisschen was weiß über den Motorradclub, dessen Belegschaft ich gerade im Schlepptau hinter mir herziehe. Zwanzig Mann! Testosteron pur. Genau das Testosteron, das ich in meinem Körper ein Leben lang durch Hormondosen reduzieren muss.

Das aber auch nur nebenbei ...
Da wären wir fast. Versammlungspunkt eins.

Ich biege mit meinem Mini noch einmal rechts ab, kurz vorm Stachus, und parke neben einem Münzstaubsauger der inselhaften Innenstadt-Tankstelle, an der man aufgrund der zentralen Lage gut und gern auch mal vierzig Prozent mehr für den Liter zahlt.

Im Scheinwerferlicht der gleißenden Sonne sieht die Tanke wie direkt aus der Aral-Werbung aus. Strahlend weiß-blau der Himmel, weiß-blau die Markenfarben des Ölkonzerns.

Während der gesamte motorisierte Pulk sich über die Stellflächen der Station verteilt, kommt der Wolf auf mich zugezuckelt, hält an, streicht sich den Schweiß aus dem Nacken, als wischte er sich Schnee aus dem Kragen, und sagt, auf seiner Maschine sitzend: »Was machen wir jetzt hier?«

So grazil es eben geht, steige ich aus dem Wagen und stelle mich vor ihn hin. Ungewöhnlich intensiver Benzingeruch umhüllt uns, als gäbe es irgendwo bei den Zapfsäulen ein Leck. Noch dazu bei dieser Hitze würde es mich heute nicht mehr wundern, wenn gleich wieder wo was explodiert.

»Erst mal hab ich ein kleines Update für dich. Dass der Toni tot ist, hast du mitbekommen?«, frage ich den Wolf, weil wir seit dem Goetheplatz-Gerangel nicht mehr ausführlich gesprochen haben.

»Hab ich. Hab's auch schon gegoogelt. Mysteriöse Umstände in Stadelheim! Bin gespannt, was die Ermittlungen ergeben, wie er tatsächlich umgekommen ist. Aber in Tonis Fall besteht der einzige Unterschied zwischen Missgeschick, Mord oder Selbstmord für uns nur darin, wem wir zu danken haben. Der Aufzugsfirma, dem Mörder oder dem Toni selbst«, macht der Wolf ein Späßchen.

Ich schmunzle, eher pflichtschuldig. »Was du aber noch nicht weißt, ist, was gerade oben in Sabines Wohnung passiert ist«, verplempere ich keine Zeit. »Der von Segnitz und noch zwei Kollegen waren da, um den Fall von Kathis Verschwinden aufzunehmen. Sie haben mich ein bisschen zur Kathi ausgefragt, und dabei kam raus, dass sie Kenntnis davon haben, dass ich gestern beim Achmet war, als die Sprengung passiert ist. Davon, dass du auch anwesend warst, haben sie aber nichts gesagt, und ich glaube, davon wissen sie auch nichts. Also vollumfänglich scheinen die nicht informiert zu sein, weder durch den Achmet noch durch deine Bewegungsdaten. Die haben die noch nicht aufm Schirm. Aber jetzt pass auf: Die Kathi war gestern, eine halbe Stunde nach dem großen Knall, als du und ich schon aufm Weg nach Übertreibling waren, nur ein paar Hundert Meter vom Café Marianne entfernt unterwegs, in der Arnulfstraße.«

»Was? Die war in der Nähe?«

»Merkwürdig, oder? Dort hat sie sich mit einem Typen getroffen, von dem sie mir gestern Vormittag noch ganz nebenbei erzählt hat. Dennis P. Irgendeine Instagram-Bekanntschaft von vielen. Die müssen schon seit Längerem miteinander geschrieben haben. Flirt, Knistern und so. *Das* hat mir die Kathi übrigens nicht gesagt! ... Jedenfalls brechen Kathis Handydaten genau an der Straßenecke, an der sie sich mit diesem Dennis verabredet hat, ab. Gestern gegen eins. Und seit einer Stunde steht jetzt auf ihrer Instagram-Seite ein Post, der *ich wurde entführt* lautet.«

»Auf *ihrer* Seite steht, *ich wurde entführt*?«

»Genau.«

»Wer schreibt denn so was? Wohl nicht die Kathi selbst«, fasst der Wolf auch meine Gedanken zusammen.

»Natürlich nicht. Da hält sich jemand für ganz gewieft und will ein bisschen spielen.« Ich hole Luft, auch zum Zeichen, dass jetzt der Höhepunkt kommt. »Bevor ich nämlich vorhin Sabines Wohnung verlassen habe, hat mich noch eine

WhatsApp erreicht, wie immer von einer unbekannten Nummer, und darin stand in etwa: *Bevor ich dich unmbring, wird die Kathi dran glauben. Ganz langsam. Bleib dran, Fortsetzung folgt!* So ähnlich, mit Rechtschreibfehlern. Den Wortlaut krieg ich nicht mehr ganz zusammen. Mein Handy hat ja der Rudi.«

»Oha!« Der Wolf horcht auf, aber jetzt so richtig. »Eine Nachricht im Toni-Style, obwohl der Toni tot ist und die Jessica angeblich vom Nachrichtenschreiben zurückgetreten ist.«

»Obwohl der Toni tot ist und die Jessica sich in der Nachrichtenrente befindet! Genau!«, brummle ich, wie zu mir selbst. »Der Wahnsinn geht weiter.« Immer *noch* weiter. Und ich, ich kann die Namen schon nicht mehr hören.

»Au weia. Der Toni hat einen Erben!«

»Scheint so. Als ich die Nachricht bekommen hab, war noch ein dritter Kriminalbeamter in Sabines Küche. Einer, der für die IT zuständig ist. Er hat die ganze Zeit auf seinem Laptop Daten ausgewertet. Und in dem Moment, in dem auf meinem iPhone genau diese ominöse WhatsApp eingetrudelt ist, hat er auf seinem Laptop rumgedrückt, und ich hab an seinem Verhalten erkannt, dass er dieselbe Nachricht auch auf seinem Bildschirm aufflackern gesehen hat.«

»Tsss«, zischt der Wolf nach einer kurzen Pause durch die Zähne. »Die tracken dich!«

»Gib dir das mal!«

»Deshalb hast du den Rudi mit deinem Handy auf Reisen geschickt? Zum Legen einer falschen Fährte?«

»Mal sehen, ob es funktioniert. Der Rudi fährt jetzt einfach Richtung Garmisch. Vielleicht werd ich dadurch den von Segnitz los. Wenn die Entführung von der Kathi nämlich wirklich auf die Kappe vom Toni 2 geht, dann müssen *wir* das klären. Auf unsere Weise. Wenn uns die Polizei dabei dazwischenfunkt, könnte das Kathis Heil gefährden«, doziere ich, habe es aber eigentlich nur noch mal laut für mich zusammengefasst. Bei allem, was jetzt kommt, folge ich meiner weiblichen Intuition ... aber ... was heißt das schon. Darauf werd ich mich später auch nicht rausreden können.

Ich komme mir vor wie jemand, der allein durch einen dunklen Wald stapft und dabei laut zu pfeifen beginnt, damit es weniger unheimlich ist. Natürlich habe ich Angst.

Dass ich mit meinem Plan total ins Blaue schieße und unsicher bin, spürt der Wolf natürlich auch und sagt aufmunternd: »Denk dran: Eine Krise ist ein produktiver Zustand, man muss ihm nur den Beigeschmack der Katastrophe nehmen. Sagt Max Frisch.«

Schau an, der Wolf. Antiquitätenhändler, Rocker *und* Literat. Und nie um ein passendes Zitat verlegen. Normal ist das nicht. Er überrascht mich immer wieder.

Also. Eins nach dem anderen. Jetzt müssen wir erst mal weiter.

Vielleicht habe ich gerade im Eifer des Gefechts etwas vergessen, was ich dem Wolf noch unbedingt erzählen müsste, aber die Zeit drängt.

»Na dann«, lächle ich ihn an, gehe ein paar Meter weiter und bleibe am Schattenrand der Zapfsäulen-Überdachung stehen. Ich überlege, wie ich nun zwanzig Kraftpaketen verklickere, was ich vorhabe. Ich lasse ihren Anblick noch kurz auf mich wirken. Wir hier, versammelt bei einer Aral-Filiale, ich kann mir nicht helfen, es sieht lauschig aus. Wir besetzen das Areal wie Lemminge dicht an dicht.

So. Führungsqualitäten zeigen, im Chefton sprechen. Wird schon werden. Ich will gerade meine Hände heben, um ihre Aufmerksamkeit auf mich zu ziehen, wie ein Messias ... Moment!

Messias! Wo ist die Sprachpolizei, wenn man sie mal

braucht! Gibt es eine weibliche Form von Messias? Ich kenne nur *der* Messias.

Aber dafür gibt es für *die* Elfe auch kein männliches Pendant. Elferich? Und wenn wir schon dabei sind: Wieso ist die Drohne zwar eine *männliche* Biene, hat aber einen *weiblichen* Artikel?

Weiß der Geier.

»Entschuldigung, darf ich kurz um eure Aufmerksamkeit bitten?«, rufe ich beherzt und überblicke dabei alle zwanzig handverlesenen Teilnehmer unseres kleinen Ausflugs. Drei davon nutzen unseren Zwischenstopp zum Tanken und halten Einfüllstutzen in die Benzinöffnungen ihrer Motorradl, während sie mich erwartungsvoll fixieren.

Um noch größer zu wirken und quasi ein Rednerpodium zu simulieren, stelle ich mich auf Zehenspitzen. Das hilft natürlich ungemein.

»Was jetzt kommt, ist nichts für Zartbesaitete!«, kündige ich mit lauter Stimme explizit an, um mir die Aufmerksamkeit aller zu sichern. Die größte Fahrlässigkeit wäre es, sie zu langweilen.

»Es kommt jetzt etwas auf euch zu, das es so vermutlich seit 1997, oder so was um den Dreh rum, für keinen von euch, oder auch auf der ganzen Welt, gegeben hat. Also seit eben die meisten von uns sich spätestens ein Handy zugelegt haben. Zumindest *ich* habe von diesem Vorhaben noch in keinem noch so harten Psychothriller gehört. Wenn es für einen von euch zu heavy ist, so möge er es bitte gleich sagen. Wir müssten dann leider auf seine Teilnahme verzichten.«

Mir geht innerlich ganz schön die Puste, weil als Projektleiterin von einem Haufen Zweirad-Machos muss man manchmal auch ein bisschen was wagen, was vielleicht brutal in die Hosen geht.

»Einverstanden?«

Ein Raunen und Nicken geht durch die Reihen.

»Dann zieht jetzt bitte die SIM-Cards aus euren Smartphones. Nicht bloß ausschalten. Karte entfernen. Niemand darf in den nächsten Stunden verfolgbar oder erreichbar sein.« Nicht nur wegen der anstehenden Fahrt selbst, sondern auch wegen einer eventuellen rechtlichen Nachvollziehbarkeit im Nachhinein.

»Wir fahren komplett analog nach Übertreibling. Als wären wir in den Achtzigern. Alles klar? Kriegt ihr das hin, oder ist euch das zu krass?«

Erleichtert (und auch wieder nicht) kichern die Jungs über meine dramatische Einleitung, die, als abmildernder Gag, Gott sei Dank einigermaßen funktioniert hat. Ich bin selbst ganz erstaunt. Trotzdem spüre ich das allgemeine Unbehagen, die Handys stillzulegen. Jetzt, wo der Rudi meines hat und in der Gegend herumfährt, merk ich's ja auch selbst.

Entzugserscheinungen, Nacktheitsgefühl, Entkoppelung. Grad, dass ich kein Fieber krieg.

Aber für Vorhaben wie das unsere bleibt einem nichts anderes übrig, als sich unsichtbar zu machen. Wobei ich mir sicher bin, dass die meisten Verbrecher heutzutage trotzdem ihre Handys während ihrer Streifzüge *nicht* komplett offline nehmen. Wenn sie's überhaupt auf lautlos stellen ...

»Übertreibling! Weiß jeder, wo das ist? Erst mal A9?«, frage ich schließlich in die Runde, weil Handy-Navi ist ja ab jetzt auch nicht mehr.

Alle reagieren mit einer jeweiligen Selbstverständlich-Geste, aber keiner dieser Männer würde ums Verrecken zugeben, wenn es nicht so wäre. Die fahren lieber eine Stunde im Kreis, als nach dem Weg zu fragen.

Ich gebe ihnen die genaue Adresse, Straße, Hausnummer. Alle sitzen auf und werfen ihre Maschinen an. Und bevor jetzt einer mit der kritischen Feinstaubbelastung unserer

Aktion daherkommt, soll er doch bitte erst noch mal die Siebzehn-Tonnen-CO_2-Bilanz von seiner subventionierten E-Auto-Batterie durchrechnen. Dann hätten wir das auch gleich geregelt.

Los geht's, würde ich sagen. Ich straffe mein Kleid und dackle zum Auto. Der Wolf schaut mich an und verschränkt seine Hände hinter dem Kopf. Er kann das alles gar nicht glauben.

Gerade in solchen Extremsituationen frage ich mich oft, ob ich eigentlich bin, wer ich immer sein wollte.

Aber – da ist ja schon die Frage falsch.

Hinter der Scheibe des Tankstellen-Shops beobachtet uns der junge Mann hinter der Kasse bereits die ganze Zeit etwas eingeschüchtert, als ob er erwartet, dass ihm gleich noch auf den Zahn gefühlt wird. Ich will ihm schon zuwinken, von wegen Entwarnung-wir-hauen-jetzt-ab, als mir einfällt, dass ich auch noch besser tanken sollte. Mist.

Jetzt müssen alle auf mich warten.

Wieso habe ich das nicht gleich gemacht?

Da geht's schon los. Wenn dieses kleine Versäumnis stellvertretend für meine kriminalistisch-kombinatorischen Fähigkeiten steht, dann gute Nacht.

13

Gleich, wenn du bei Übertreibling reinkommst, beim Ortsschild am linken Straßenrand, direkt da steht der Foodtruck Zapf. Der Alfons Zapf hat sich dort in die Wiese eine Stellfläche hinbetoniert, genehmigt mit ein bisschen Spezlwirtschaft im Gemeinderat, und da parkt jetzt seit ein paar Jahren sein acht Meter langer, schwarz lackierter Mercedes-Kastenwagen mit Verkaufsklappe und Hochtresen, so wie man's kennt. Früher hat man so was Imbisswagen, Currywurst-Hänger oder fahrbare Kebapbude genannt.

Angeboten wird in solchen Trucks in der Regel ja echtes Hipster-Essen. *Von* Hipstern. Aber nicht in Übertreibling. Da macht das der Alfons. Der ist zwar schon gut über sechzig, und Grantler *und* Grattler in einem, also ein echtes *Original*, aber seit der Schließung von seinem Gasthof zum Alten Wirt (wegen ein paar steuerlichen Ungereimtheiten), ist der Alfons der Foodtruck-Vorreiter vor Ort.

Und wie es bei Originalen immer so ist, verkleiden sie ihren unbändigen Menschenhass in markige Sprüche und Kommentare, die der Empfänger als pointierten Charme auslegen kann und dem Original deshalb jede noch so direkte Beleidigung und Schikane nachsieht, weil: Es kommt ja von einem Original. Und ein Original darf nun mal alles von sich geben. Da hat sich die Gesellschaft drauf geeinigt.

Original hin, Spaß her, man muss schon sagen, der Alfons ist ein Granatenarschloch. Aber das Geschäft läuft mega. Das Angebot ist halt auch nicht schlecht: El Gringo Trüffel Mediterran Burger, Sweet Potato Fries à la Tandoori Kurkuma Pepper, Übertreiblinger Ox Grill Special Miniknödel.

Da hat's am Ortsschild schon Vollbremsungsunfälle gegeben, unzählig, weil vorbeifahrende Autos den Truck und das geile Flammenlogo mit dem stylischen Schriftzug sehen (*Zapf! Freshes Street-Food on Fire*) und sofort in die Eisen steigen, weil sie gleich Lust auf ein Chester Bratkäse Sandwich oder eine Veggie Country Crisp Bowl kriegen. Und du weißt ja, so eine unvermittelte Bremsung ist nicht ohne. Wenn du auf der Landstraße erst ewig lang durch Waldabschnitte und Felder und dann urplötzlich in eine geschlossene Ortschaft bretterst, hast du ja gut und gern immer noch hundertzwanzig aufm Tacho. Dann siehst du den Alfons und seine fahrbahre Gourmetbude am Straßenrand auftauchen, kriegst eine spontane Appetitattacke, Ietsch!, Radikalbremsung, und wumms, knallt dir der Krüppel hinter dir hinten drauf. Ehrensache.

Da vergeht dir dein Bedürfnis nach einem saftigen Kartoffel Bulldog Käsezwergerl mit Aurorasauce zwar ganz schnell, aber zur Beruhigung drückt dir der Alfons sicher noch einen derart blöden Spruch rein, dass dein kaputter Kofferraum rein mental sofort dein geringstes Ärgernis darstellt.

A Heckpartie wie aus der Schrottpresse! Hat ma des heit a so?

oder auch

Liefert Tesla den Wagen ab Werk eigentlich direkt so *verbeult aus?*

Brutal! Der Alfons!

Daran erkennst du, man muss immer trennen zwischen dem Menschen und seinem Werk. Nero, Nietzsche, Newton, menschlich alle unterirdisch, aber Nachlass gewaltig.

Noch ein Tipp: Sag zum Alfons niemals »Hm, lecker!«, wenn's dir schmeckt. Gegen so einen Preußen-Slang ist der

Fonsi nämlich »algerisch« (klassischer Alfons-Witz, statt *allergisch*). Seine Standardantwort auf *lecker* lautet, und da darfst du dir aber mal ganz sicher sein: »*Lecker*, ja? Du, Meister: Du kannst mi höchstens moi am Arsch lecka!«

Aber jetzt wirst du lachen, heute ist der Alfons ausnahmsweise vergleichsweise ganz zahm. Und zwar nicht, weil's gleich fünf wird und der oide Depp schon ein bisserl schwächelt, sondern weil seine Kundschaft gerade von ganz anderer Coleur und deutlich in Überzahl ist.

Zu einundzwanzigst belagern wir die Fläche um den Truck und essen Alfons' köstliche Sandwiches. Zumindest die erste Hälfte von uns. Die anderen knapp zehn Switch-Bladesler und ich stehen noch an, und wir warten brav, bis wir an der Reihe sind. Der Alfons kommt kaum nach mit den Bestellungen, und jetzt muss er wirklich aufpassen, dass nicht *er* sich einen Rüffel von einem der Leder-Yankees einholt, anstatt wie sonst andersrum. Wir sind alle furchtbar hungrig nach unserer Eineinhalbstundenfahrt aus München nach Übertreibling. Der allgemeine Kräftehaushalt steht auf Messers Schneide, kurz vorm Kippen. Und klar, das merkt auch der Alfons. Deshalb gibt's bei ihm auch kein Trödeln.

Mir macht ein leerer Magen immer ganz schön zu schaffen. Damit umzugehen, daran gewöhnt man sich nicht.

Aber vorerst noch alles im dunkelgrünen Bereich.

Aus den Boxen des Trucks schallt eine fast schon kriminelle Country-Verstümmelung von Gloria Gaynors »I Am What I Am«, während ich mit dem Wolf den Rudi anrufe, der inzwischen schon fast an der österreichischen Grenze sein dürfte, bei Mittenwald.

Alle Switch-Bladesler haben ja ihre Handys entkernt, also ihre SIM-Cards entfernt, sodass wir während unserer Exkursion keinerlei empfangbares Signal von uns geben. Und mein eigenes Smarthphone ist doch mit dem Rudi Richtung Süden unterwegs. Weil ich aber immer wieder mal prüfen muss, ob ich vom Toni 2 eine Nachricht erhalten habe, oder ob's auf Kathis Instagram was Neues gibt, habe ich mir jetzt das Handy vom Tobias geschnappt, einem aus unserer Entourage, habe seine SIM-Card wieder reingesteckt, sein Handy aktiviert und rufe darüber den Rudi an.

»Tobias, servus«, sagt der Rudi zu mir, als er abhebt, wegen der Nummernkennung. Ich höre Fahrtwind im Hintergrund.

»Rudi, nein, nein, ich bin's, die Vikki. Ich hab mir nur Tobias' Telefon geliehen.«

»Ah geh, griaß di.«

»Wo bist'n grad?«

»Fast an der Grenze.«

Dacht ich mir. Ich sage: »Perfekt. Könntest du vielleicht kurz mein Handy für mich checken?«

Der Rudi bejaht das, fährt rechts ran, ich gebe ihm meinen Code, 9272, der Rudi loggt sich ein, scrollt herum, versucht, sich zurechtzufinden, findet die App meines WhatsApps, und tatsächlich: Der Toni 2 hat mir mit *Halt dich fern du Hure!* zwischenzeitlich eine weitere Nachricht geschickt. Sehr nett. »Die kam vor einer halben Stunde ... Moment, Moment«, murmelt der Rudi konzentriert, er ist schon vierundvierzig, also leicht altersweitsichtig, »da ist noch eine weitere Nachricht. Und zwa-a-ar ... kurz davor hat er auch noch was geschrieben: *Es kann losgehen! Um 7h kann der Spaß beginnen.*«

»Es gibt also zwei neue Nachrichten?«, frage ich ungläubig, und der Rudi sagt: »So ist es.«

Ich lasse sie mir beide noch mal vorlesen, damit ich wenigstens halbwegs kapiere, was es hier zu verstehen geben könnte, und bitte den Rudi, auch noch meinen Instagram-

Account zu öffnen und Kathis Instagram-Profil zu überprüfen.

Und tatsächlich gibt es auch dort inzwischen einen aktuellen Post. Erneut ein schwarzes Bild mit weißer Schrift, die besagt: *Jetzt sind wir schon zu zweit!* Diese für wirklich absolut *jeden* völlig zusammenhanglose Message hat ebenfalls bereits wieder zigtausend Daumen-Hochs, wie auch schon der vorangegangene Post (*ich wurde entführt*), der sich inzwischen sogar auf sage und schreibe hunderttausend Likes aufsummiert hat. Kathis Follower klicken wirklich einfach völlig random aufs Herzsymbol, egal, was für ein sinnloser Bullshit da zu sehen ist, Hauptsache, es kommt von der Kathi. Vermeintlich.

Was ist das bloß mit diesem bedeutungslosen Liken?

Na gut, so weit jedenfalls zu den News auf meinem Handy.

Ein letztes Anliegen habe ich noch an den armen Rudi, der gerade vermutlich irgendwo im Serpentinengelände auf dem Seitenstreifen steht. Ich bitte ihn, mit meinem Handy die Sabine anzurufen und dann das Handy, von dem aus *ich* gerade anrufe (also das vom Tobias), ganz nah an *mein* Handy, das der Rudi in Händen hält, zu pressen, damit ich mit der Sabine sprechen kann. Ein Telefonat über den Rudi als Zwischenstation quasi. Ich in Übertreibling, der Rudi irgendwo bei Mittenwald, die Sabine in München.

Ein Mobilfunkdreieck.

Und so machen wir's. Es tutet, und die Sabine geht sofort ran.

»Wo bist du?«, will sie einleitend gleich patzig wissen.

Was ich auch erwartet haben mag, ich bin schlagartig verdattert.

Mein »Ähm« wirkt deshalb jetzt auch nicht übermäßig erfreut, aber als sie mich dann noch nahtlos harsch auffordert, mich der Polizei zu stellen, und meint, ich solle ihr sagen, was für ein Ding ich hier eigentlich durchziehe, hat sie mir das Kraut endgültig ausgeschüttet. Diesen Stimmungsumschwung hatte ich so ehrlich nicht erwartet. Eigentlich wollte ich bloß kurz unseren Informationsstand abgleichen, bevor ich mich in die Höhle des Löwen stürze, aber stattdessen muss ich erfahren, dass sie vom von Segnitz und Co. gegen mich in Stellung gebracht wurde!

Ich kann auf Sabines niederschmetternde Reaktion jetzt nicht näher eingehen, weil ich noch viel größere Probleme habe und mir die Nerven nicht komplett zerschießen möchte. Nur so viel: Von der Sabine verdächtigt zu werden, etwas mit Kathis Entführung zu tun zu haben, ist kaum zu ertragen.

Zudem bin ich überzeugt, dass die Polizei unser Telefonat mithört. Ich schreie: »Leg bitte auf!«, damit es der Rudi mitbekommt, der ja mithört und gerade sein eigenes Handy, auf dem ich ihn anrufe, an mein Handy hält, über das wir ja wiederum die Sabine anrufen. (Ist gar nicht so kompliziert, wie sich's anhört ...) Also beendet der Rudi das Telefonat mit der Sabine auf *meinem* iPhone und geht wieder selbst an *sein* Handy. Und hat jetzt mich dran.

»Super, das war's, Rudi. Danke für deine Mühen. Ich erklär dir jetzt sicherheitshalber nicht, was gerade abgeht und wo ich mich befinde, weil wir eventuell abgehört werden. Das holen wir nach«, versuche ich mich an ein bisschen Optimismus. »Du brauchst jetzt nicht mehr weiterzufahren. Wenn du magst, nimm dir doch auf meine Kosten ein Hotel für die Nacht, und dann schauen wir weiter. Hauptsache, du bleibst durchgehend erreichbar.«

»Wennst meinst«, wundert sich der Rudi. Nichts weiter. Weisungsgebundenes Handeln ohne Hinterfragen, einfach mal machen und Maul halten. Mein Gott, dass es so was noch gibt. Unser Rudi, toll.

Die Dutzend Anrufe und sonstigen Nachrichten, die sich auf meinem durch Mittenwald reisenden iPhone laut Rudi aufsummiert haben, ignoriere ich erst mal und sage dankbar: »Tschau, Rudi, bis nachher.« *Bis nachher* sagen hat immer was viel Verheißenderes als *Bis dann*. Ich kämpfe mit allen psychologischen Feinheiten!

Nachdem ich aufgelegt habe, gebe ich dem Tobias sein Handy zurück und bitte ihn, wieder zurück nach München zu fahren. Aus reiner Vorsicht. Nachdem sein Handy durch die Inbetriebnahme gerade wieder Ortungsdaten von sich gegeben hat, ist er für die bevorstehende Aktion sozusagen verbrannt.

Auch der Tobias hat damit, einer Anweisung zu folgen, überhaupt kein Problem, schlingt den letzten Bissen seines appetitlich aussehenden Curry Fleischpflanzerl Soft Lunch Snacks runter, winkt und grölt den anderen eine Verabschiedung zu, schlägt sich auf dem Unterarm eine Mücke tot und macht sich auf, dieselbe Strecke, die wir gerade gekommen sind, allein zurückzufahren, um dabei dieselben Dinge wie vorhin zu sehen, bloß in entgegengesetzter Richtung und von der anderen Straßenseite aus.

Und da waren's nur noch neunzehn Switch-Bladesler – und ich, die Vikki aus Übertreibling, die zum zweiten Mal innerhalb von vierundzwanzig Stunden zurück in ihrer Heimatstadt ist und deren vorherrschendes Gefühl, nämlich ihre irre Angst um die Kathi, nur noch von der Panik übertroffen wird, beim Versuch, sie zu retten, zu scheitern.

Du musst dir mal überlegen, was so eine Entführung für ein sechzehnjähriges Mädchen wie die Kathi bedeutet. Eine unleugbare Tatsache ist doch, dass die gegenwärtige Jugend die realitätsfernste, naivste und verhätscheltste Generation darstellt, die diesen Planeten je bevölkert hat. Wenn da dann auch noch die ungeschönte Wirklichkeit auf sie einprasselt, ist das doch gar nicht mehr zu verarbeiten. Bei denen gibt es keinen Anknüpfungspunkt zum wahren Leben. Die kennen ja nur Fotobearbeitungsfilter, zensierte Disney-Filme und Auf-dem-Bildschirm-Weiterwischen mit einer Konzentrationsspanne von eineinhalb Sekunden.

Und dann kommt da plötzlich so ein Toni 2 daher: *Bitte einsteigen, du bist mir ab sofort schutzlos ausgeliefert, liebe Kathi!* Und mit einem Mal kannst du eben nicht mehr so einfach weiterwischen.

Nicht auszudenken, was die Kathi gerade durchmacht.

Bevor ich an dem Gedanken eingehe und vielleicht einfach umkippe, wende ich mich dem Wolf zu, der die ganze Zeit neben mir steht, und überlege für uns beide laut: »Der Toni 2 hat auf Kathis Instagram, in ihrem Namen, *Jetzt sind wir schon zu zweit* gepostet. Nach dem vorangegangenen *ich wurde entführt*. Was immer das bezwecken soll. Und mir hat er direkt gewhatsappt, dass es losgehen kann und der Spaß um sieben Uhr beginnt. Um sieben! Was da wohl losgeht? ... Aber weißt du, was komisch ist? Er hat ja danach noch geschrieben, dass *Ich Hure* mich *fernhalten* soll ... Ich finde alle diese Messages schräg und auch ein bisschen ... dümmlich, und, ähm, konfus, ... aber vor allem diese letzte Nachricht ist doch ...«

Anstatt es mit dieser unfertigen Feststellung auf sich beruhen zu lassen und mit unserem Vorhaben fortzufahren, konkretisiere ich meinen sich anbahnenden Gedanken weiter, weil sich da gerade etwas vertieft: »Wenn der Toni 2 explizit schreibt, dass ich mich fernhalten soll, dann frage ich mich doch, *von wo* oder *wovon*? Ich meine, der Zweiertoni scheint nicht der Hellste zu sein, und vielleicht täusche ich mich auch, aber ... denk doch nur an die Coco!«

Der Wolf runzelt die Stirn: »Was ist denn mit der Coco?«

»Der Toni 2 hat doch auch gewusst, dass ich gestern bei der Coco übernachtet habe und wo sie wohnt.«

Wolfs Gesicht trägt den einfältigen Ausdruck einer Person, die nachdenkt und sich nicht bemüht, es zu verbergen, wohingegen es in meinem Kopf pling macht, was sicher auch nicht besser aussieht.

Mit einem Mal weiß ich, dass ich mit meiner Indizienkette recht haben könnte, wenn, ja wenn …

»Könnten wir mal eben nachsehen, ob an meinem Mini so was wie ein Peilsender montiert wurde?«, frage ich den Wolf, und keine Minute später liegen er und zwei weitere Switchler unter meinem etwas zu nah am Straßenrand geparkten Kleinwagen, als fände die TÜV-Inspektion neuerdings neben Alfons' Foodtruck statt. Hauptuntersuchung, Abgasuntersuchung, Plakette vom Zapf Alfons in Cheeseburger-Form, beehren Sie uns bald wieder.

Was soll ich sagen? Volltreffer!

Etwa zwei mal drei Zentimeter misst das ockerfarbene Kästchen (nicht gerade Tarnfarbe), das einer der Burschen, der unter dem hinteren rechten Radkasten nachgeschaut hat, zutage fördert.

Mi leckst am Arsch. Ja, gibt's des?

Der Wolf sagt, ganz konsterniert: »Du wirst doch wohl nicht recht gehabt haben?«, und macht ein Gesicht, das anscheinend heißen soll, er sei eigentlich Realist und kein Märchenonkel – aber heute ist er bereit, alles zu glauben.

So geht's mir auch.

Mit einem Schlag finde ich nicht nur meinen Verdacht bestätigt, dass der Toni 2 mich über mein Auto seit mindestens gestern getrackt hat. Ich kann mir jetzt auch vorstellen, dass sich meine ganze sonstige hypothetische Beweisführung, wegen der ich ja überhaupt nur wieder zurück nach Übertreibling gekommen bin, ebenfalls als stichhaltig erweisen könnte. In wenigen Minuten werden wir's erfahren, sobald wir weiterziehen.

Es ist nämlich *doch* meistens das Naheliegende, das am plausibelsten ist.

Wie oft neigt man dazu, sich zur Selbstbesänftigung vorzumachen, dass Intuition und Instinkt einen trügen, weil sie einfach nicht wahr sein *können*. Weil das, was es zu sein scheint, es doch wohl nicht sein kann. Zu sehr Klischee, zu sehr Vorurteil, bäh, pfui.

Aber soll ich dir was sagen? Je mehr Lebenserfahrung man sammelt, desto klarer erkennt man, dass das Banale, das Triviale allermeistens auch das Wahrscheinlichste ist.

Ein Mensch mit Raubtiergesicht? Der optische Eindruck kann täuschen? Charakterlich ist er vielleicht ein feiner Kerl?

Vergiss es.

Wer aussieht wie ein Haifisch, ist auch einer.

Der nette Leihopa von nebenan? Merkwürdiges Hobby, aber bestimmt ein kinderlieber, sozialer Herr vom alten Schlag?

Vergiss es.

Ich würde ihm kein Lebewesen anvertrauen. Genau wie dem Gemeindepfarrer oder dem Vorsitzenden vom Schrebergartenverein auch nicht.

Der durchschnittliche Rechtsanwalt? Der handelsübliche Politiker? Der ölige Immobilienmakler? Der schmierige Autohändler? Der fleißige Unternehmensberater? Sie handeln bestimmt in meinem Sinne?

Vergiss es.

Alles Flachzangen. Wieso sonst sollte man sich ein dubioses Berufsbild aussuchen, bei dem es um Augenwischerei und umgehendes In-Rechnung-Stellen geht, wenn es nicht dem eigenen Charakter entspricht?

Warum ich das alles aufzähle?

Ich will nur sagen: Das Offensichtliche ist meistens das Tatsächliche. Das liegt in der Natur des Menschen.

Alle Jungs sind mit Verpflegung versorgt, und ich bestelle mir als Letzte aus unserem Trupp beim Alfons Zapf persönlich ein Zucchini Satay Gratin mit Erdnuss Kokos Sauce. Weil sonst nix mehr da ist. Der Alfons sagt Zuttschienie zur Zucchini.

Weil ich vor Hunger und Angst schon fast hysterisch bin, krieg ich deshalb einen derartigen Lachanfall, dass mir fast die Fanta ausm Mund spritzt, meine Augen sich mit Wasser füllen und ich mich nach vorn krümmen muss.

Der Alfons, natürlich null Humor, schaut mich an, als hätt ich nicht mehr alle Latten am Zaun. Grad, dass er nicht den Kopf schüttelt, nachdem ich mich wieder gefangen habe. Aber das ist nicht der Grund, aus dem ich anschließend den Wolf bitten werde, den GPS-Tracker, der unter meinem Auto angebracht war, an dem Alfons seinem Opel, der hinter seinem Foodtruck steht, anzubringen. Und zwar unter dem hinteren Radkasten, an derselben Stelle wie bei mir.

Soll der Toni 2 doch einfach mal den Zapf ein bisschen auf seinen Fahrten verfolgen, statt mich. Rein zur Konfusion.

Dass die Vikki auch immer übertreiben muss und jetzt auch noch den armen Herrn Zapf mit reinzieht, meinst du? Jetzt darf ich dir mal was sagen: Da hast du vollkommen recht. Aber manchmal kann man sich einfach nicht daran hindern, mehr zu machen, als es vernünftig wäre. Und wer weiß, wofür's gut ist. Weil schaden wird's ja wohl auch wieder nicht. Schon gar nicht dem grün-metallicfarbenen Opel vom Zapf, der aussieht, als hätte man ihn nur unter der Bedingung zugelassen, dass er nie gewaschen wird.

»Ich würde gern zahlen, bitte, Herr Zapf, alles zusammen«, sage ich zum Chef des Hauses und habe die 287 Euro glücklicherweise in bar dabei. Mit meiner Visa-Karte würde ich ja ebenfalls nur wieder Spuren hinterlassen.

Gnade uns Gott, wenn das Bargeld erst mal abgeschafft ist.

Aber wirst sehen, ein paar ganz Schlaue werden es nach ihrer eigenen verqueren Logik als Bequemlichkeitsgewinn feiern.

»Stimmt so, danke«, drücke ich dem heute wirklich lammfrommen Zapf die dreihundert in die Hand und beiße endlich in mein Essen. Höchste Eisenbahn, ich rutsch gleich in einen dermaßenen Unterzucker, bloß Vorsicht.

Was Süßes wäre jetzt auch nicht schlecht. Aber aus Zeitgründen muss ich das erst mal unterdrücken. Dabei ist was Süßes als Abschluss einer Mahlzeit doch das A und O. Ich bin ja gelernte Schokoholikerin. Ich liebe meine Sucht, ich hasse meine Sucht.

Es ist Punkt achtzehn Uhr, als wir an diesem pulsierend heißen Sommerabend aufbrechen, zum keine drei Minuten entfernten Haus von der Jessica Hinreiner, geborene Besenwiesler, Schwester vom erfreulicherweise toten Toni Besenwiesler. Die Kirchturmglocken läuten uns den Weg.

Keine Polizei weit und breit. Scheint, als hätten die uns wirklich nicht auf dem Radar.

Sobald man nichts mehr zu verlieren hat, hört die Angst meistens auf, sagt man, oder? Genau diese Erhabenheit soll dann fast wie eine Superkraft wirken, die einen unverletzbar macht.

Das Blöde an meiner derzeitigen Situation ist nur, dass mir keine einzige Blödheit unterlaufen darf.

Ich setze den Blinker, um in Jessicas Straße einzubiegen. Die neunzehn Biker hinter mir tun dasselbe, wie aus rituellen Gründen, was kurios im Rückspiegel aussieht. Wie ein Blinkorchester ohne Ton.

Die wird schauen, die Jessica.

Ich auch.

Jetzt kommen die echten Herausforderungen.

14

Es geht ganz schnell. Ich klingle, die Jessica öffnet mir ihre Haustür keine acht Sekunden später. Zum Glück steht nicht ihr kleiner Sohn vor mir, wie gestern. Und zum Glück wurde auch der Streifenwagen, der vor ihrem Grundstück Wache gehalten hat, abgezogen, wohl nachdem bekannt wurde, dass der Toni tot ist und deshalb eher nicht mehr hier auftauchen dürfte.

Als sie mich sieht, presst die Jessica ein völlig überraschtes »Vikki?« hervor, das eher nach einem »Du schon wieder?« klingt. Ihre Euphorie ist spürbar gedämpft.

Sofort drängen sich zwei Switch Bladesler an ihr vorbei und entern den Flur wie ein Stoßtrupp, was die Jessica mit einem berechtigt entrüsteten »Hee!« kommentiert, ihnen erst hinterherschaut, um dann mich vorwurfsvoll anzustarren.

»Tut mir leid«, kommt es wie aus der Pistole geschossen aus meinem Mund. Mir ist das so unangenehm, und gleichzeitig bleibt mir nichts anderes übrig. Das Wichtigste an einer guten Strategie ist der Überraschungseffekt. Jetzt ziehen wir's durch, egal, was kommt.

»Wo ist die Kathi?«, frage ich die Jessica so distinguiert, wie ich kann. Ein Minimum an Form wahren.

»Wer?«, fragt sie, zum zweiten Mal in Folge überrumpelt.

Schon drohen mir die Beine wegzuknicken, weil ihre Reaktion so echt ist und ich vielleicht völlig im Unrecht bin.

Aber die Jessica ist nun mal der erste und logischste Ansatzpunkt. Mir bleibt keine Option. Ich darf mir fürs Scheitern jetzt nicht zu schade sein.

Obwohl ich der Jessica glaube, insistiere ich: »Ich bitte dich! Wo ist sie?«

»Wer denn?« Die ist völlig ahnungslos. Wenn das mal gut geht. Wobei ihr Unwissen meine Vermutung letztlich nur bestätigt.

Geübt im Erstürmen eines Hauses, drücken sich drei weitere Bladesler an mir und der Jessica vorbei durch den Türrahmen. Es gibt eine Menge Schulterrempler. Das ganze Haus ist umstellt, während innen fünf Männer ausschwärmen, als ginge es um eine der üblichen Tierrettungen. Alles funktioniert wie ein Uhrwerk. Schon auch beflügelnd, dem beizuwohnen.

Jessicas kleiner Sohn kommt verunsichert die Treppe heruntergeschlichen, was mir gleich doppelt leidtut. Wie gestern, als er mir die Tür geöffnet hat, hält er auch jetzt natürlich sein Handy in der Hand. Es wirkt nicht wie ein Spielzeug, sondern wie eine Diagnose.

»Das geht zu weit, Vikki«, plärrt mich seine Mutter an.

Ich stimme ihr zu. Stumm. Aber da siehst du mal, wie man so tickt. Die Jessica hat mich als verlängerter Arm ihres Bruders jahrelang mit verbaler Gewalt schriftlich drangsaliert, und ich empfinde mich bereits als rüpelinnenhaft ihr gegenüber, sobald ich mich hier einmal nach einer Entführten umsehe. Nach einer Entführten, von deren Entführung mir, ganz in Jessicas Manier, gewhatsappt wurde ... von Gottweiß-wem.

Mir ist das Theater hier peinlich, dabei ist die *Jessica* doch das Hintervorletzte! So bin ich. Eine dumme Gans. Aber damit ist jetzt Schluss, und deshalb ziehen wir nun andere Saiten auf.

»Darf ich reinkommen?«, lasse ich meine Frage wie ein Statement klingen. »Also: Wo ist die Kathi?«

»Wer ist denn diese Käthe?«, fordert die Jessica partout eine Antwort ein. Die will ich ihr gern geben.

»Kathi, nicht Käthe!« Wie kommt die denn auf Käthe? Ist das vielleicht so ein Tricksversprecher zum Unschuldsbeleg?

Oder sprech ich so undeutlich? Ich krieg gleich schon wieder einen Zweifel ...

»Gehen wir ins Wohnzimmer«, weise ich uns beide an, während ich höre, dass die fünf Switchler sich aufgeteilt haben, um den Keller, das Erdgeschoss und den ersten Stock zu kontrollieren. Sofort, als ich im Gang bin, fällt mir wieder dieser eigentümliche Stallgeruch auf, der aber diesmal eine Nuance säuerlicher ausfällt. Mehr noch bemerke ich oben in einem Eck der Decke eine Spinne, die sich dort eine Existenz aufbaut. Ein mittelgroßer Hund erscheint aus dem Nichts und freut sich halbtot. Der kleine Junge, dessen Namen ich vergessen oder nie gewusst habe, schmiegt sich eng an seine Mutter, und der Hund wird ermahnt, Ruhe zu geben, als wir im gar nicht mehr so dunklen Wohnzimmer Aufstellung nehmen. Jessicas Haut kommt mir auch grobporiger als gestern vor.

Kennst du das, wenn du zum zweiten Mal wo bist, und obwohl alles unverändert ist, schaut alles ganz anders aus, weil plötzlich die Details zutage treten?

Da hastet auch schon der Wolf rein, womit sogar unsere Personenkonstellation von gestern wiederhergestellt wäre. Identisch und doch unter völlig anderen Vorzeichen.

»Nichts«, informiert mich der Wolf. Nichts gefunden. Keine Kathi, nirgendwo.

Der Wolf, die Jessica, ihr Sohn, der Hund, ich – wir bleiben in der Mitte des Zimmers stehen. Fürs Sitzen hat keiner den Nerv. Jetzt taucht auch noch ein adipöser Typ auf, der den

Kampf um seinen Körper offensichtlich längst aufgegeben hat. Schwerer Pinguingang, jeder Schritt ein Wumms. Hundertneunzig Kilo netto? Ich erkenne in ihm – gerade so – den Mann von der Jessica. Mit der Person von früher, als die ich ihn das letzte Mal gesehen habe, hat er nicht mehr viel gemeinsam. Vom schneidigen Hallodri zum verfetteten Wurzelsepp. Ein kleiner Schock ist das schon, ich gebe mir größte Mühe, mir das nicht anmerken zu lassen.

Maßlose Fresserei ist wirklich eine faszinierende Seuche. Ich meine, es sterben mehr Menschen an den Folgen von Überernährung als an Nahrungsmangel. So, wie er daherkommt, würde ich es ihm direkt wünschen.

Kurzatmig prustet er: »Was ist denn hier los?«, und wirkt, als wäre er gerade von einem der hausdurchsuchenden Switch Bladesler im Schlafzimmer geweckt worden. Wird auch so sein. Hoffentlich hat er sich richtig erschreckt. Er erkennt mich, er verstummt, begreift etwas, aber nicht viel (das haben wir wohl gerade alle gemeinsam), und ich wende mich wieder an die Jessica.

»Wo is'n die Kleine?« Ich spiele auf ihre Tochter an, die das letzte Mal kurz aufgetaucht ist, als wir im Wohnzimmer saßen. Das Mädchen mit dem Zopf, das Haut auf Schokopudding nicht ausstehen kann. Nicht dass wir sie gerade übersehen und uns irgendein Versäumnis unterläuft. Immer schön eins nach dem anderen (Selbstermahnung!).

»Die Franzi? Die übernachtet heute bei ihrer Freundin, wieso?«

Nix *wieso!* Ich nicke erleichtert, sehr gut. Je weniger unnötig Miteinbezogene, desto besser.

»Jessica«, schalte ich umgehend wieder in unseren Modus Operandi und kläre sie unmissverständlich auf: »Wenn du was von der Entführung von der Kathi weißt, ist *jetzt* der Zeitpunkt, mir alles zu erzählen.«

Wie man am Land eben so ist, sagt sie störrisch, aber zugleich glaubwürdig: »Ich hab keine Ahnung, wovon du redest, oder wer des sein soll.« Und dabei werde ich es auch endgültig bewenden lassen. Davon, dass das der Wahrheit entspricht, gehen wir jetzt nämlich mal aus. Arbeitshypothese.

»Und wo ist dein Sohn, der Joel?«, frage ich und treffe genau den richtigen Ton. Der Joel ist ja eigentlich Tonis Sohn und somit nur Jessicas *Zieh*sohn. Biologisch ist die Jessi Joels Tante.

Misstrauisch und überrascht sagt sie: »Der ist nicht hier«, und entschließt sich sogleich, erneut einen auf widerborstig zu machen, indem sie »Was geht dich das überhaupt an?« nachtarockt.

»Eine Freundin von mir wurde entführt, und interessanterweise werde ich davon über deine, oder besser gesagt, *eure* verdammten WhatsApps mit den komischen Rufnummern auf dem Laufenden gehalten. Also komm mir nicht so!«

Jessicas Augen flirren im Raum umher, sie schaut zu ihrem Mann – der kapiert sowieso nichts, atmet aber wie ein Asthmatiker und schwitzt wie ein Schwein –, und wenn ich's nicht sowieso sofort gespürt hab, so weiß ich jetzt nicht nur, dass die Jessi längst nichts mehr mit der Sache zu tun hat, sondern vor allem, dass stattdessen der Schönling von Joel tief in der ganzen Chose mit drinsteckt.

»Verlasst sofort mein Haus!«, ordert die Jessica nach ihrer Überlegenspause und leitet damit einen umgehenden Kommunikationsstillstand ein. Das musst du dir mal vorstellen! Erst gestern noch, als wir alle dachten, der Toni wär aus dem Gefängnis ausgebrochen, warnt mich die Jessica vor den Folgen. Gerade die Jessica! Daraufhin besuche ich sie extra hier in Übertreibling, und sie erzählt dem Wolf und mir von ihrer jahrelangen Teilhabe an den Hassnachrichten und davon, wie lieb der Toni aber eigentlich sei, wie unschuldig am Tod seiner Frau und quak, quak, quak.

Und nur einen Tag später, in der Zwischenzeit ist eine Menge passiert, will sie, dass ich verschwinde! Ausgerechnet an diesem Punkt entscheidet sie sich, nicht mehr mit mir zu sprechen! Genau an der Stelle, an der ihr Schweigen sie restlos mies aussehen lässt.

»Wo ist der Joel?«, bohre ich noch mal motivierend nach. Nach wie vor lebensbejahend, muss ich dazusagen.

Jetzt wirst du fragen, warum ich mich so auf den Joel eingeschossen habe, der gestern doch nur ganz kurz ins Wohnzimmer gekommen ist und gegrüßt hat, als ich mit dem Wolf und der Jessica da auf der Sofakombination gesessen hab. Warum ich ihn wohl verdächtige, die Kathi entführt zu haben? (Stimmt, das tue ich, das tu ich.)

Zwei Punkte.

Zu allervorderst habe ich mir gedacht, dass das Handysignal von der Kathi in München-Laim ja vermutlich erst abgebrochen ist, *nachdem* sie ihren Entführer, diesen Dennis, begrüßt hat. Direkt auf der Straße wird er ihr das Handy schon nicht entrissen haben.

Also ist sie wahrscheinlich zunächst einmal in seinen Wagen gestiegen. Was bedeutet, dass er vom Gesicht her, auf so einen flüchtigen ersten Ins-Auto-schauen-Eindruck, mit dem Dennis, mit dem sie bis dato bloß gechattet hatte, einigermaßen übereingestimmt haben muss. Zumindest vom Alter, der Haarfarbe und vom Attraktivitätsniveau her … Und dieses Niveau war schon ziemlich hoch!

Kathis kleine Schwäche sind nämlich schöne Männer.

Ja, bist du deppert, mag die schöne Männer! Da wird der ganz schwindlig.

Natürlich ist das ein Manko von der Kathi. Aber mit sechzehn ist man ja grundsätzlich dermaßen bescheuert, dass man da wirklich noch glaubt, das schöne Äußere steht repräsentativ für das schöne Innere. Dabei hat doch gerade jeder schöne Mensch ganz unweigerlich charakterliche Defizite, dass es nur so raucht. Und da kann der schöne Mensch selbst letztlich gar nix dafür, weil er's ja gar nicht anders kennt, als dass ihm die Welt permanent entgegenkommt.

Den möcht ich sehen, der da nicht auch ein bisserl faul, bequem und selbstgefällig werden würde und natürlich keine wesensbildenden Maßnahmen entwickelt, wenn es dafür ja gar keine Notwendigkeit gibt, weil man doch wie eine Granate ausschaut und alles wie von selbst läuft.

Ich bin in jungen Jahren auch schon mehrmals auf diese Diskrepanz zwischen außen hui, innen pfui reingefallen. Toller Körper, tolle Kinnpartie, tolle Augen, Haare wie aus der Werbung ... aber dann: Enttäuschung Maximus. Weder Biss noch Schliff haben sie gehabt, die ganzen Adonisse. Nix Biss, nix Schliff, eher bissi schlaff.

Zu viel Glück ist einfach auch nicht erstrebenswert.

Na ja, bei der Optik jedenfalls kann ich mir schon sehr gut vorstellen, dass die Kathi beim Joel Besenwiesler alias Dennis P aus dem Internet schwach geworden ist. Der Joel ist zweifellos ein Prachtexemplar. Ich war doch selbst ganz verwundert, als der gestern reinkam.

Das ist das eine.

Das andere ist etwas, das mir aufgefallen ist, als wir heute Vormittag mit dem haudigen Enthüllungsautor Kessler gesprochen haben, in Wolfs Aniquitätenladen, weißt schon.

Aus gegebenem Anlass habe ich ihm ein paar der Nachrichten vom Toni aus den letzten zehn Jahren (zehn Jahre, tu dir das mal weg!) gezeigt. Ganz konkret hat der Kessler nach Beispielen für Tonis Messages gefragt, um sie eventuell in seinem Buch abdrucken zu können. Authentische Quellen und so. Hab ich ihm halt einige gezeigt. Und da ist ihm was aufgefallen, sodass mir anschließend auch gleich noch viel mehr aufgefallen ist. Der Kessler hat sich das alte Zeug angeschaut (also das garantiert noch von der Jessica formulierte) und dann das etwas neuere. Dabei ist ihm ins Auge gestochen, dass sich allein vom Schriftbild her ableiten ließe – wenn man wollte –, dass die Textnachrichten von zwei unterschiedlichen Personen stammen könnten.

Von zwei!

Du, es ist nicht so, dass ich das nicht auch schon selbst irgendwie intuitiv registriert hätte, aber, wie soll ich sagen, die Wucht des Inhalts hat mich quasi von einer analytischen Einordnung abgehalten. Das ist was, worauf man erst gestoßen werden muss, bevor sich das Offensichtliche unter dem Allesüberschattenden entfaltet.

Als ich mit diesem neuen Bewusstsein das alles dann mit Jessicas aktueller offizieller Warnung von gestern abgeglichen habe, war ich sofort derselben Meinung. Es gibt frappante Stilunterschiede zwischen dem Toni, der Jessi und noch jemandem (dem Joel?). Und definitiv: Seit ungefähr vier Jahren schreibt mir im Namen vom Toni nicht mehr die Jessica, sondern ein anderer Mensch. Und zwar ein deutlich jüngerer, aller Wahrscheinlichkeit nach.

Mir fiel's wie Schuppen von den Augen. Allein schon, dass früher *Du*, *Dich* und *Dir* immer großgeschrieben waren. Mittlerweile ist das immer klein. Vor allem aber auch Satzbau und Orthografie sind in den aktuelleren Messages »durchweg ein klein wenig defizitärer« als früher, hat auch der Kessler gemeint. »Nicht primitiver oder schlichter, sondern moderner, jünger.« Und das stimmt, da hat er recht.

Es ist eindeutig.

Wenn du Lust hast, kuck doch zur Veranschaulichung mal auf YouTube in die Kommentare unter Musikvideos aus den Siebzigern oder Achtzigern und Neunzigern. Was weiß ich, von ABBA, den Bee Gees, Donna Summer und Elton John, Depeche Mode oder sogar Nirvana. Die Zuschauer und Fans, die dort schreiben, sind vorwiegend Menschen ab Mitte, Ende dreißig aufwärts, und die verwenden Groß- und Kleinschreibung, Interpunktion, es erscheinen zusammenhängende Sätze.

I really love that song. It means so much to me.

Und dann schau in die Kommentarsektion unter aktuellen Videos von Ariana Grande, The Weeknd oder Billie Eilish. Das ist, als würden dort Fünfjährige mit Aufmerksamkeitsschwäche kommentieren. *Vergleichsweise* natürlich nur. Vergleicht man es mit schreibenden Schimpansen, fällt die Bewertung selbstverständlich deutlich besser aus.

I gt goosbummps evrytim i fcking here theyr sung 😎😍❤️👅❤️❤️☺️

Die Generation der Unterdreißigjährigen wurde ja von ihren Lehrern nicht mehr auf Fehler aufmerksam gemacht, weil man fürchtete, sonst ihre Seelen zu verletzen. Dafür haben die Millenials jetzt eben ein Schriftbild, als wären sie alle irgendwie ... sehr frei. Sogar Abiturient(en)*innen und sonstige Abitur-Machende (der, die, das – haben wir alle?) kennen den Unterschied zwischen *das* und *dass* nicht mehr oder zwischen *seid* und *seit*. Es interessiert sie aber auch nicht besonders. Die Betonung in deren Leben liegt eben eher auf Duck-Face-Tutorials und Zockmarathons. Syntax? Eher weniger.

Nicht schlimm, gar nicht, ich sag nur. Vermutlich befinden sich ihre korrekturgeschonten Seelen dafür jetzt auch in einem vitaleren Zustand, und sie sind mit ihrer Kritzelei nun eben total authentisch. Authentisch! Übrigens längst nicht mehr zu unterscheiden von autistisch.

Unter anderem dieser Sachverhalt schriftlicher Vereinfachung hat mich also in meiner Vermutung bekräftigt, dass der Joel eventuell der neue Mann hinter den Nachrichten sein könnte und damit die Fackel von seiner Tante Jessica übernommen hat. Siehe: Das Naheliegendste ist meist das Wahrscheinlichste!

(Ich bezweifle, dass mir die Jessica diese Frage gleich beantworten wollen wird. Oder beantworten *können* wird?)

Die Jessica hat gestern zudem erzählt, dass einer ihrer Söhne Fachmann sei im Verschlüsseln ihrer Botschaften. Wird schon auch der Joel sein. Oder?

(Auch das wird sie mir nun wohl eher nicht mehr bestätigen.)

Gut möglich, dass die Jessica *trotz* ihrer Kenntnis von Joels WhatsApp-Feldzug gegen mich nichts von seinen *anderweitigen* Plänen weiß, die Kathi zu entführen und zusammen mit seinem Vater die Rache an mir zu vollenden. Mit Tonis Ableben hat ja keiner der Beteiligten gerechnet.

Die Jessi mag ein paar Jährchen die Nachrichtensekretärin für den Toninski gespielt haben, aber eine Bombe hochgehen lassen und Kidnapping sind schon noch mal eine andere Kategorie.

Es kommt schließlich durchaus vor, dass in einer Familie der eine nicht weiß, was der andere so denkt, und überhaupt wimmelt es auf Erden nur so von ganz normal aussehenden Menschen mit haarsträubendem Innenleben. Vielleicht agiert der Joel also in der Tat völlig entkoppelt von der Jessica.

Wie auch immer: Das erst einmal zu meinem Joel-Verdacht.

Was die alles abstreitende Jessica betrifft, so gilt nach wie vor die Unschuldsvermutung ...

Wobei. Unschuldig, woran genau?

So oder so: Um meine Kathi sicher zurückzubekommen, reißen die Switch Bladesler den Besenwieslern den Arsch auf, als wären sie Tierquäler vom Prädikat eins mit Stern. Hat mir der Wolf vorgeschlagen.

Und da wollte ich nicht unhöflich sein und das Angebot ablehnen.

Jetzt aber zurück nach Übertreibling, zurück in Jessicas stinkiges Wohnzimmer mit den großen Fenstern, deren Schlieren mir gestern *auch* nicht aufgefallen sind. Ja, sag amal!

Gerade habe ich sie also »Wo ist der Joel?« gefragt und, schau an, da schaltet sich ihr Mann ein ... der Rafael, jetzt fällt mir sein Name wieder ein. Freilich, Rafael, klar. Er mumpfelt: »B BB BBB, Bpf, mmpf, BB BBBnm.« Mein Gott, ich versteh kein Wort. Grad vorhin ging's doch noch.

Damit er nicht blöd dasteht, nick ich ihm zu und sage, total motivierend: »Ja«, und hoffe sofort, dass ich nicht mitleidsvoll klinge, ich will ihn ja nicht erniedrigen. Dann erkenne ich an der Reaktion von ihm und der Jessica, dass meine Antwort keinerlei Folgerichtigkeit aufweist und dass jetzt *ich* blöd dastehe.

Komm, den Rafael hätte doch sonst auch keiner verstanden außer der Jessica! Seine Wangen sind inzwischen derart angeschwollen, dass er ein o-förmiges Fischmäulchen bekommen hat, durch das bloß weicher Konsonantenmatsch dringt.

Bitte sag nicht, die böse Vikki macht sich jetzt auch noch über Dicke lustig, und das ist doch das Letzte. *Jeder* hat ein Recht darauf, dass man sich über seine Eigenheiten lustig macht. Wer mir jetzt damit kommt, dass Adipositas aber eine Krankheit sei und dass man darüber keine Witzchen mache: A geh weida! Dem Rafael schmeckt's einfach zu gut.

Während der großen Hungersnot von Irland gab's auch keine Übergewichtigen.

Der Wolf beugt sich an mein Ohr und flüstert, als ob's nicht alle mitbekämen: »Er hat gesagt, er holt gleich die Polizei.«

Ach so.

»Die Polizei holen? Davon würde ich euch eher abraten«, tue ich den kurzsichtigen Blödsinn vom Rafael ab und hindere mich gerade noch daran, seine Bemerkung mit dem Handgelenk abzuwinken. Völlig wertungsfrei und mit letzten Kräften wende ich mich wieder zur Jessica: »Lass uns den Joel anrufen, ja? Nur zur Sicherheit, damit ich Bescheid weiß, ob ich mit meiner Vermutung richtigliege, oder ob ich ihn ausschließen kann aus dem Kreis der Verdächtigen. Es ist dringend, es ist wichtig, es ist …« Mir gehen die Worte aus, beinah hilflos schaue ich den Wolf an und dann wieder die Jessica. Mit spitzer Kopfstimme füge ich ein »Bitte« hinzu, was meine Angespanntheit verrät, vorwiegend mir selbst.

Draußen im Garten sehe ich zwei, nein, drei Switch Bladesler patroullieren. Der Rest ist im und vor dem Haus. Der Junge, der sich fest an Jessicas Hüfte schmiegt, lugt dauernd verängstigt raus zu den Männern, und der Hund ist vorhin aus dem Raum gelaufen, weil ihm das Rumgekruschel der fünf Bladesler in den angrenzenden Zimmern keine Ruhe gelassen hat.

Nur die Jessica, die zögert, mir zu antworten. Sie zögert – während meine Kathi wer weiß wo kauert und gar nicht weiß, wie ihr geschieht.

Und da spüre ich ihn nahen, den Blackout. Er braut sich zusammen. Ich schlittere auf Eskalationskurs, und da kann man nichts dran machen, das hab ich von meinem Vater. Aus einem plötzlichen Impuls heraus rollt eine unbändige Wut heran und baut sich auf, so, wie eine Schneelawine Meter für Meter immer voluminöser an Umfang und Geschwindigkeit wird und schließlich alles unter sich begräbt, was sich ihr in den Weg stellt. Eine Urgewalt ohne jegliche Kontrolle.

Hände in die Hüften gestemmt, fühle ich in mir genau diesen dermaßenen Wutausbruch aufbrodeln … und das wollen wir doch nicht, nein, das will ich nicht ... als einer unserer neunzehn Switchler (der Maurice) ins Wohnzimmer geeilt kommt und dem Wolf und mir zuraunt: »Leute, ich glaube, das solltet ihr euch ansehen.«

Schlagartig abgelenkt von dem besorgten Ton, den der Maurice an den Tag legt, reiße ich mich zusammen, frage den Wolf noch, wie viel Uhr es ist, weil der Entführer doch für sieben ein Update angekündigt hat. Und der Wolf und ich, und natürlich auch die Jessica und der Rafael und der kleine Junge und auch der Hund, uns nach – wir hasten durch den Flur zur Haustür, bleiben auf dem Podest unter der Eingangsüberdachung stehen, und mir klappt der Mund auf.

Dem Wolf schon auch, so ist es nicht.

Vor dem Grundstückszaun, zwischen den kreuz und quer im Sackgassenwendekreis geparkten Choppern und Harleys der Switch Blades, stehen vier dunkle S-Klasse-Mercedes-Limousinen, deren Schnauzen wie Geschosse bedrohlich auf uns zielen.

Acht schwarzhaarige Typen, in Trainingshosen und mit goldenen Halsketten über ihren schwarzen T-Shirts, stehen breitbeinig neben ihren Karossen. Die Szene wirkt wie aus einem Hip-Hop-Video. Hier regnet es Stereotypen. Sogar das Miami-Beach-Wetter passt perfekt.

Ein rotzewütender Achmet, zunächst noch verdeckt von seinem Rudel aus Intensivtätern, tritt nach vorn, deutet mit seinem Zeigefinger auf die Jessica und schreit aus voller Kehle: »Wo ist meine Tochter?«

Völlige Stille. Nur der bisher so seltsam fröhliche Hund schlottert plötzlich vor Angst. Ich würde am liebsten im Erdboden versinken. Es wäre wirklich für alle Anwesenden besser gewesen, wir hätten einander nie getroffen.

Ach, der Achmet!

Der hat mir gerade noch gefehlt.

15

Sind jetzt alle verrückt geworden?«, keift die Jessica, mehr so in sich hinein, obwohl etwa dreißig Männer vor ihr verteilt in der Sonne schwitzen.

»Wenn du weißt, wo meine Tochter ist, sagst du es mir besser *jetzt*, Frau!«, bellt der Achmet sie erneut an und baut sich vor dem Gartentor auf, die vier S-Klasse-Mercedesse im Rücken. Zwei seiner bärtigen Begleiter folgen ihm wachsam und beobachten, was das versammelte Komitee aus Switch Bladeslern in Jessicas Garten davon hält. Eine einzige gegenseitige Beäugerei.

Immer noch zwischen dem Wolf, der Jessica, ihrem Mann und dem kleinen Jungen auf dem Eingangspodest eingekeilt, entscheide ich, etwas zur Konversation beizutragen, allein schon, weil der Achmet nicht allzu verdutzt zu sein scheint, mich hier bei der Jessi vorzufinden. Hat er mich überhaupt wahrgenommen?

»Wurde deine Tochter auch entführt?«, bringe ich also etwas Beschleunigung rein, bin aber zugleich selbst wie vor den Kopf gestoßen, dass offenbar ein weiteres Kidnapping stattgefunden hat. Ausgerechnet im Dunstkreis des gefährlichsten Mannes Münchens, mit dem ich noch gestern beinah unter Trümmern begraben worden wäre.

»Wieso *auch* entführt? Hast du eine Tochter?«, schlussfolgert der Achmet aus meiner Frage, wobei ich mir nicht sicher bin, ob er überspielt, dass er mich tatsächlich jetzt erst registriert.

»Äh, nein.« Natürlich nicht. »Eine Freundin von mir ist seit gestern verschwunden. Sie ist sechzehn«, stelle ich klar.

Der Groschen fällt beim Achmet. Eigentlich mehrere. Bei mir schon auch. Irgendwie hängt alles mit allem zusammen.

»Die Gülay ist auch seit gestern weg«, erklärt er. »Erst haben wir gedacht, sie ist unterwegs, Party, junges Ding halt, Zeit vergessen, Akku leer, weißt scho. Habe mir schon einen Anschiss zurechtgelegt, wenn sie heimkommt ... Aber heute Vormittag bekomme ich so eine WhatsApp von einer komischen Nummer, genau wie gestern vor der Explosion ... und da steht drin, dass die Gülay gestohlen wurde.«

Nette Formulierung. Nach meinem letzten Kenntnisstand hat der Achmet mindestens drei Töchter. Von *einer* Frau. Ja, was glaubst denn du! Auch wenn sein Eheleben gerüchteweise bereits mehrere Personen umfasst.

Ich kenne die Gülay, Achmets Jüngste. Wie die Kathi dürfte sie mittlerweile auch um die sechzehn sein. Als die noch klein war, habe ich an mehreren ihrer Geburtstage teilgenommen, als Conférencieuse und Sängerin. Dazu musst du wissen, dass der großspurige Clanboss Achmet aus Laim vielleicht ein skrupelloser Ganove sein mag, aber wenn es um seine Kinder geht, da erfüllt der alle Kriterien eines verpäppelnden Knuddelpapas. Küsschen, Schmusi, »Licht meiner Augen« und so. (Letzten Endes würde ich natürlich meine Hand nicht dafür ins Feuer legen, dass ihm hinter verschlossenen Türen nicht doch auch mal die Hand ausrutscht.)

Für seine drei Mädels und vier Jungs hat der Achmet immer derart pompöse Geburtstagsfeiern ausgerichtet, wo ich sage, da hievt man die Erwartungen eines Kindes gegenüber dem Rest seines Lebens auf ein Plateau, auf dem der Psychologe schon ungeduldig wartet und im Kalender bereits ein paar Termine freischaufelt.

Für mich persönlich war Achmets Spendabilität natürlich super. Damals, mei, vor zwölf, vierzehn Jahren, halt zu der Zeit, als der Toni seine Frau zu Wurst verarbeitet hat (oder auch nicht), hat mich der Achmet regelmäßig zu buchen begonnen. Als Unterhaltungschefin für seine Privatveranstaltungen. Für die Geburtstage, die ganzen Hochzeiten in seiner Riesenfamilie und all so was. Damals steckte ich noch in den Anfängen meiner Künstlerinnenkarriere und besserte mein atemberaubendes Gehalt als Thekenkraft im Nachtleben ein bisschen mit diesen Event-Jobs auf.

Und genau daher kenn ich den Achmet eben näher – und seine Tochter Gülay auch.

Ob die wohl auch auf schöne Männer steht, so wie die Kathi?

Dann hatte der Dennis alias Joel natürlich leichtes Spiel mit den beiden Grazien ...

»Tut mir leid zu hören. Die arme Gülay!«, kommentiere ich Achmets Verlust durch Diebstahl.

»Ja ... Katastrophe«, säuselt er, und nicht zum ersten Mal frage ich mich, ob Leute wie er wirklich leiden oder es sich nur einbilden.

»Dann sitzen wir jetzt wohl im selben Boot!«, sage ich und kann's immer noch kaum glauben. Er und ich, gemeinsam verwoben in Explosionen und Vermisstenfälle. Dream-Team.

»Ich dachte zuerst, du bist hier, weil du der Jessica dein Beileid aussprechen willst oder so, nach dem Tod vom Toni«, seiert der Achmet rum.

»Bist du verrückt? Wie kommst du denn da drauf?«

»Keine Ahnung. Ihr aufm Land kennt euch doch alle, hab ich gedacht.«

Mir bleibt fast die Luft weg. Er kennt doch meine Situation. So eine Alle-über-einen-Kamm-Schererei ist ja fast wie der alte Witz, wo ein Bayer zu einem Inder sagt: »Ich kannte mal einen Inder, den Soundso, kennst du den auch?«

Ich wische Achmets Kleingeistigkeit beiseite, bevor ich daran wirr werde, und stelle für ihn noch mal fest: »Wie es aussieht, bin ich aus demselben Grund wie du hier.«

»Verstehe«, sagt er und hat mich jetzt ein bisschen sehr enttäuscht. Dann fügt er hinzu: »Du hast ja deine persönliche Armee mitgenommen, wie ich sehe. Hast du schon abgecheckt, was hier abgeht?«

»So halb«, gebe ich zur Antwort. »Wir sind gerade dabei.«

Ganz der Alte, kippt er übergangslos ins Prollige und meint: »Mit dem Haufen Waschlappen wird das aber eher nichts werden, fürchte ich!« Er macht eine Armbewegung, als würde er Blütenblätter über dem Meer aus Switch Bladeslern ausstreuen, und zeigt dann höhnisch auf den Wolf neben mir.

Der beginnt augenblicklich fast zu knurren, aber aufgrund der Überzahl seiner Männer lässt ihn eine gewisse Souveränität innehalten.

Der Achmet dreht sich zu seinen eigenen Waschlappen um und animiert sie zu einem einvernehmlichen Grinsen. Da wird gespurt, mein lieber Mann. Spott auf Knopfdruck.

»Jetzt bist *du* ja da«, versuche ich, meiner Ernüchterung durch Achmets ewig gleiche Scheißart ironisch Ausdruck zu verleihen. Checkt er eh nicht, ich kenn ihn doch.

»Darf ich reinkommen?«, fragt er plötzlich wieder ganz taktvoll, noch immer zwischen den Pfosten des Gartentors stehend, und adressiert dabei nach wie vor mich, als würde *ich* hier wohnen.

Lass mich nur kurz das eine zwischendrin erklären: Zu mir ist der Achmet, seit wir uns kennen, ausnahmslos Gentleman. Überhaupt ist das wie eine mathematische Gleichung in meinem Leben. Besonders Exzentriker, Haudraufs und

Quadratcholeriker wahren mir gegenüber in der Regel stets ein hohes Maß an Etikette, wohingegen Anfeindungen eher vom unscheinbaren Normalo oder Max Mustermann ausgehen. Quasi umgekehrt proportional. An Tagen, an denen ich meine knalligste Perücke und meine höchsten Schuhe trage, gilt diese Formel queerer Ausstrahlung nur umso mehr: Ein geringschätziger Kommentar ist von Oma Elfriede wahrscheinlicher als von Bonzo, dem Großdealer im violetten Maserati.

Heute bin ich zwar zurückhaltend gekleidet, aber der Achmet dennoch, wie immer: höfliche und leise Töne.

Eben ein Arsch, aber von gewissem Format.

Ob er *reinkommen darf*, will er von mir wissen.

Verunsichert schaue ich die Dame des Hauses an, die Jessica zu meiner Rechten, und da übernimmt ihr Mann, der runde Rafael, völlig unerwartet die Initiative und holpert im Rumpelgang über den gepflasterten Gartenweg nach vorne und krakeelt: »So weit kommt's noch. Ihr Kameraden zieht jetzt aber sofort ab hier. Alle! *Alle!* Und zwar dalli!«

Sieh an, ich kann ihn akustisch wieder verstehen. Mit dem Grad seiner Erregung steigt anscheinend auch die Deutlichkeit seiner Artikulation. Leider nicht seine Abstraktionsfähigkeit. Summa summarum hat der Rafael es nämlich gerade mit neunzehn Bandenrockern und acht Mitgliedern inklusive Oberhaupt eines nervösen türkischen Familienverbundes zu tun, die allesamt wegen Kindesentführung hinter seiner Frau und seinem Ziehsohn her sind. Plus mir, macht zusammen … also achtundzwanzig gegen drei. Bei solchen Konstellationen heißt es, Füße stillhalten. Ich dachte, das wäre Allgemeinwissen.

Dass er umgehend abziehen soll, lässt sich der Achmet vom Rafael natürlich eher nicht vorschreiben, durchbohrt ihn mit starrem Blick und ist sofort auf hundertachtzig, wenn nicht zweihundert. Das erkenn ich an seiner totalen Ruhe.

Und der Wolf kommt dadurch in die komische Situation, seinen Jungs zu bedeuten, dem Rafael eventuell zur Seite zu springen, damit der uns mit seinem wabbeligen Problemkörper nicht gleich bewusstlos am Boden liegt, wenn der Achmet da einmal dagegenschnipst.

Ein paar Switchler stellen sich also in Position, und sofort hasten deshalb wiederum drei weitere von Achmets Männern neben ihren Chef, was mich brüllen lässt: »Schluss jetzt!«

Gleich noch mal leiser: »Schluss jetzt. Echt. Was soll das? Wir haben andere Probleme.«

Augenblickliche Erstarrung aller Beteiligten.

Ich bin ganz überrascht von der Wirkung meiner Worte. Eine Rauferei zwischen der Fraktion S-Blades und dem Killerkommando Kyriakides können wir jetzt wirklich nicht gebrauchen.

Also! Unheil erst mal abgewendet. Das war knapp.

Ein Switchler hat vorsorglich Rafaels Arm gepackt, wie um ihn gleich schützend aus der Schusslinie zu ziehen. So, wie er den Arm aber umgreift, frage ich mich, ob er ihn nicht bloß auf seinen Fettanteil untersuchen will.

»Komm rein«, winke ich den Achmet zu mir und entmachte die Jessica und den Rafael damit endgültig als Gastgeber in ihren eigenen vier Wänden. Aber sie werden schon kapiert haben, was hier abgeht und wie das jetzt laufen wird.

»Du bist gestern ja ganz schön schnell weg gewesen, nach der Explosion«, sagt der Achmet zu mir, nachdem wir in das Wohnzimmer getreten sind, ohne es recht bemerkt zu haben. Während wir auf der Couch Platz nehmen, wirft der Wolf stichelnd ein: »Wir haben uns gedacht, wir hauen lieber ab, bevor die Bullen auftauchen – braucht kein Mensch.

Außerdem, mit der Kripo kannst *du* ja besonders gut, wie wir alle wissen.«

»Hab ich dich gefragt?«, bügelt der Achmet den Wolf ab.

»Oh, ganz ruhig, Meister, ganz ruhig«, pestet der Wolf und gießt durch seinen pastoralen Ton gleich noch mehr Öl ins Feuer.

»Vorsicht, Bruder«, feuert der Achmet zurück, oh, Wunder.

Flankiert von zwei Bladeslern, haben sich der Rafael und die Jessica unterdessen zu uns auf die verschiedenen Couchteile gesellt, Geiseln in ihrem eigenen Haus. Wir alle beobachten sie nebenbei und beschützen sie vor sich selbst, damit sie nicht auf dumme Ideen kommen, wie die Polizei rufen oder laut um Hilfe schreien. Da gäb's dann nämlich anschließend kein »Sind wir wieder gut!« mehr.

Den Jungen und den Hund haben sie beim Esstisch an der südlichen Fensterfront geparkt. Ein bunter Mix aus Switchlern und Achmets Boys lungert ebenfalls im Raum herum. Es ist voll, aber nicht eng, könnte man sagen.

Aerosole mio.

»Erzähl, wie kommt es, dass du bis nach Übertreibling reist?«, tue ich so richtig gschaftig und eifrig, um den Achmet von seinem giftigen Disput mit dem Wolf abzulenken. »Was lässt dich annehmen, dass die Jessica weiß, wo die Gülay ist?«

»Was denkst du? Du bist doch auch hier! Gestern haben wir beide noch geglaubt, dass der verfickte Toni uns in die Luft sprengen wollte. Was beinah gelungen wäre. Ich mein, die Marianne hat's erwischt, ja, Scheiße – kann man machen nix. Bloß, dann kommt raus, dass der Hurensohn Toni längst ins Jenseits befördert worden ist, verstehst du?«, drösel der Achmet seine Sicht der Erlebnisse für mich auf. »Irgendjemand aus dem Umfeld vom Toni muss es aber sein, mit der

Sprengung, weil: Ist das Logischste. Sonst hätten wir gestern nicht beide gleichzeitig dieselbe WhatsApp bekommen, weißt, was ich mein?«

»Seh ich genauso«, bestätige ich dem bauernschlauen Achmet und begrabe damit auch noch den letzten Rest an Verdacht, dass er es war, der den Toni womöglich im Knast hat töten lassen.

»Dass das Timing von den Böllern zufällig so zufällig übereinstimmt mit der Entführung von meiner Tochter, selber Tag, selbe Gegend ... das ist kein Zufall! Ich mein ...« Er schaut mich vielsagend an. »Auch wenn ich viele Leute kenne, die mir an den Arsch wollen: So eine Zufall, so eine Zufälle, gibt es nicht.«

Egal, wie grammatikalisch bedenklich sich seine Ausführungen mit jedem Satz verschlechtern, so beweist der Achmet doch einmal mehr, dass er letztlich einfach ziemlich intelligent ist, denn er hat dieselben Schlussfolgerungen gezogen wie ich ...

»Und jetzt, wo du mir sagst, dass bei dir auch jemand weg ist. Krass! Da macht auch die Nachricht auf Gülays Instagram Sinn«, murmelt er in einem plötzlichen Erkenntnisrutsch.

»Die *Jetzt sind wir schon zu zweit*-Nachricht?«

»Genau, hast du die auch gesehen?«

»Ja. Also ... das heißt, auf Kathis Instagram stand dasselbe. Und der erste Post lautete: *ich wurde entführt.*«

»Genau, bei Gülay auch«, sagt er, und wir lassen das erst mal im Raum stehen, etwas länger, als uns lieb ist.

»Weißt du, was die Polizei vorhin rausgefunden hat?«, führt Achmet das Gespräch fort. Ich schüttle den Kopf. Er hebt dramatisch den Arm, um es spannend zu machen.

»Die Bombe war gar keine richtige Bombe. Waren nur zwei Böller mit Fernzündung. So was, wie Rammstein auf der Bühne verwendet. 190 Euro im Internet. Nicht mehr. Kein Scheiß. Problem war nur, dass das Glasgebäude von der Marianne schon so alt und bröselig war, dass einer von den Böllern eine Stelle erwischt hat, wo Riss drin war, oder morsch, oder so, und dann ... Kettenreaktion, kracht der ganze Laden zsamm.«

»Gibt's ja nicht«, fällt mir nichts mehr ein.

Der Achmet meint: »Da wollte mich jemand nur erschrecken, verstehst. Schock verursachen. Nicht töten.«

»Wow. U-u-und«, stottere ich zuerst, weil ich noch ganz benommen bin von den News, »und du willst nicht die Polizei hinzuziehen? Ich meine, ich habe meine Gründe, das nicht zu tun. Aber du? Die sind doch schon ...«

»Oh, Vikki, du zarte Blume. Die Bullen glauben, irgendwelche Rivalen oder verärgerte Geschäftskollegen von mir hätten mir mit dem Schreckschussgeballere einen Denkzettel verpassen wollen. Die haben keine Ahnung. Ich habe denen nicht mal von der WhatsApp erzählt, also von der, die wir beide vor dem Knall erhalten haben. Ich lege das Schicksal meiner Tochter ganz sicher nicht in die Hände dieser Idioten. Was glaubst du, wie viele Erpressungen und Übergaben die Bullen schon vermasselt haben? Nein, danke. Wenn du möchtest, dass etwas gut gemacht wird, musst du es selbst machen«, beweist der Achmet ein weiteres Mal mehr, was er ist: ungebildet, aber klug.

»Und wie sieht deine Strategie aus?«, frage ich ohne großes Tamtam.

»Breit streuen! Breit streuen, ist meine Strategie. Ich habe ein paar von meinen Männern zu Tonis Eltern geschickt und zu seinem Bruder, um dort mal nach dem Rechten zu sehen. Weil, wer weiß? Und die wohnen ja alle in der Nähe, nicht weit weg ... Aber hier schau ich selbst vorbei, weil ich ja wusste, dass der Toni seinen Sohn bei seiner Schwester untergebracht hat. Ich hab den Bubi schon auf Instagram ausgecheckt. Schaut aus wie eine Tucke. Also wie die halt alle heute so ausschaun. Hab nix Konkretes gefunden, an Hinweis auf Entführung von der Gülay … is ja logisch. Aber ich hab so ein Gefühl, vom Feeling her«, nickt er mir zu, um zu betonen, dass jetzt Schluss ist mit Small-Talk-Runde.

»Ich nehme an, deine Ladys haben das Haus schon durchsucht, oder?« Der Achmet starrt mir listig in die Augen, und ich hoffe, der Wolf und seine Jungs halten sich weiter zurück, auch wenn sie gerade zu Ladys befördert wurden. Sonst kommen wir hier in Teufels Küche.

»Ist keiner im Haus außer uns. Auch keine Hinweise auf den ersten Blick«, beteuere ich.

»Und ihr habt *die beiden* schon ausgequetscht?«, zeigt der Achmet auf die Jessica und Mr. Wobble, wodurch denen gleich angst und bange wird.

»Ja«, sage ich verkürzt. Was heißt schon *ausgequetscht*, vor allem nach Achmets Standards? »Ich glaube, die wissen ni…«

»Wo ist er, dein Tschoohl?«, blafft er unvermittelt die Jessica an. (Tschoohl ist türkisch für Joel.)

Als ob er heute nicht schon genug Erniedrigungen kassiert hätte, mischt sich gleich wieder der Rafael ein, dem gar nicht klar zu sein scheint, dass er gerade aussieht wie ein Sitzsack, der auf einem Sessel liegt, weshalb er vielleicht besser seine Frau machen ließe.

»Wo der Joel ist, geht Sie überhaupt nichts an. Und wir haben auch ansonsten keine Ahnung, wovon Sie reden«, blubbert er, nun wieder vernuschelter, fast wie vorhin, und seine Lippen bewegen sich derart verschoben zu seinen Worten, dass er wie schlecht synchronisiert wirkt. »Ich sage es jetzt zum letzten Mal, wenn Sie nicht sofort verschwinden, holen wir die Poli…«

O mei, o mei.

Rafael Hinreiner: der Einfalt ein Zuhause.

»Also gut! Bitteschön! Ich rufe den Joel an«, unterbricht die Jessica ihren Mann und entmündigt ihn lieber gleich selbst. Das klingt doch mal nach einem Vorschlag! Nicht, dass ihr was anderes übrig bliebe.

Der Achmet ist etwas überrascht, dass es jetzt doch vorangeht, und ich habe den Eindruck, ihm wäre es fast lieber gewesen, er hätte noch ein bisschen Gewalt an irgendjemandem anwenden können, um seinen Willen durchzusetzen.

»Wann hast du ihn das letzte Mal gesehen?«, frage ich die Jessica, während sie nach ihrem Nokia gruschelt.

»Der kommt und geht, wann er will. Manchmal bleibt er tagelang außer Haus. Es sind Semesterferien, und ... heute Vormittag, glaub ich, hab ich ihn noch gesehen.«

»Hast du eine Ahnung, wo er gerade sein könnte?«

»Nein.« Ob wahr oder unwahr, da ist sie wieder, die legendäre Verschwiegenheit der Besenwieslers, jahrzehntelang erprobt.

»Könnte er grad bei einem Freund sein? Hat er eine Freundin?«, stelle ich zwei Fragen auf einmal, und die Jessica beantwortet letztere mit »*Eine?*«

»Ist er denn so beliebt bei den Mädels?«, frage ich der Jessica zum Gefallen, weil sie sofort wieder gar so stolz ist auf ihren Beau.

Der Wolf und der Achmet kriegen das Kotzen; schau!, da sind sie sich einig.

»Das kannst du laut sagen! Sogar beim Bachelor haben sie ihn gewollt«, fistelt die Jessica zur Bekräftigung.

Meine blöde Antwort: »Die Mädels an der ... *Uni* haben ihn gewollt? Als er seinen Bachelor gemacht hat, oder wie?«

»Naa! *Als* Bachelor haben sie ihn gewollt, bei RTL.«

»Ach so.«

»Aber dann war er denen doch noch etwas zu jung. Die Bachelors in der Sendung sind ja alle so um die dreißig.«

Vom IQ her? Frage ich nicht. Stattdessen sage ich: »Toll. Rufen wir ihn jetzt mal an?«

Als die Jessica ihr Smartphone anrufbereit in der Hand hält, beugen sich sowohl der Achmet als auch der Wolf zur Jessica vor und hindern sie am sofortigen Drücken der Nummer, weil die beiden erst noch Joels Speichernamen erscheinen sehen wollen, bevor sie auf Wählen drückt. Da sind sie sich auch einig.

Geht klar.

»Und mach keinen Unsinn! Keine versteckten Botschaften oder Hilferufe«, rügt der Wolf sie vorausgreifend.

Aber die Jessica ist nicht so blöd. Der Anruf geht raus. Auf Lautsprecher gestellt.

Natürlich läutet Joels Handy ins Nichts, und nach dem vielleicht zwanzigsten Klingeln legt die Jessi auf und wirft einen verzagten Blick in die Runde. Aber schon trudelt eine Nachricht ein, und die Jessica liest laut vor, dass der Joel schreibt, er würde sich später melden.

Ordentlicher Junge.

Wie zum Beweis hält sie das Display in unsere Richtung. Um sich keines Versäumnisses schuldig zu machen, reißt der Achmet es ihr aus der Hand, kuckt nach und wirft es ihr kurz darauf neben ihren Schenkel auf die weiche Sitzfläche. Scheint der Wahrheit zu entsprechen, was die Jessica uns vorgelesen hat. Aber das hat nichts zu sagen.

»Was schlägst du vor, dass wir machen sollen? Soll ich dem Bastard schreiben, dass er sich ...«

»Bloß nicht«, beschwichtige ich den Achmet. »Falls er der Täter ist – was wir übrigens noch nicht *hundertprozentig* wissen –, haben wir momentan nur den einen Vorteil, nämlich dass er wohl keine Ahnung hat, dass wir hier sind. Und das sollte erst mal auch so bleiben.«

Verdammt, und so ist es auch. Wir haben nichts in der Hand. Nur das Gefühl, dass irgendetwas nicht stimmt mit den Besenwieslers und Konsorten.

Ich könnte mich irren! *Wir* könnten uns irren.

Eine frische Bestürzungswelle steigt in mir auf, sodass ich Gänsehaut bekomme. Nichts, was ich nicht schon kenne.

»Reißen wir dem Penner den Arsch auf! Wir müssen weiterkommen«, blökt einer von Achmets Männern, dessen Kopf verstörend rot ist, und dessen Blick ich eher im Tierreich verorten würde. »Alter, ich schwör's dir! Schreib dem Wichser, dass wir ihn finden werden und ihn vierteilen, Alter!«

Achmet hält sich jedoch vorerst alle Optionen offen, indem er ihn anblitzt: »Halt's Maul. Wenn ich deine Meinung hören will, sag ich Bescheid.«

Uh. Sehr direkt. Hut ab. So was könnt ich nicht. Sogar der Wolf staunt. Von der Jessica und ihrem Gugelhupf-Mann und ihrem armen kleinen Sohn in der Ecke ganz zu schweigen.

An dem glutäugigen Knallkopf hingegen prallt der Rüffel seines Bosses komplett ab. Er ist derart dumm, dass er unverletzbar ist. Nickend dreht er sich zur Seite und widmet sich wieder seinem Handy. Sache erledigt, Beitrag geleistet.

Andererseits traue ich einem solchen Typen durchaus zu, dass er bei erstbester Gelegenheit mit einer Pumpgun irgendwo auftaucht und um sich ballert. Aber weißt du, was, manchmal traue ich mir das sogar selbst zu.

Draußen hört man Vögel singen. Uns ist klar, dass wir in einer Sackgasse angelangt sind.

Bemüht um Struktur, erwähne ich: »Um sieben wollte sich der Entführer melden. Das ist ja gleich.«

Alle schauen auf ihre Displays, unser Team bemerkt dabei, dass ihre Handys ausgeschaltet sind. Komplett. Also muss die Wanduhr herhalten. Ist gleich so weit.

»Das warten wir noch ab, okay?«, schlage ich vor, entschlossen, die paar Minuten zu nutzen. Auffordernd winke ich Maurice zu, dem hünenhaften Switchler, der neben dem Holzofen steht, und gehe mit ihm auf die Terrasse. Dort bitte ich ihn, sein Smartphone zu aktivieren, die SIM reinzustecken und den Rudi anzurufen, der immer noch irgendwo an der österreichischen Grenze mit meinem Handy rumhängt, schätze ich. Der Rudi wiederum soll mein Handy aktivieren und nachkucken, was es Neues gibt. Also abermals der Mobilfunkdreisprung Mauricehandy-Rudihandy-Vikkihandy.

Ganz im Vertrauen gesagt, mir geht mein iPhone schon sehr ab. Gerade jetzt müsste ich ja ständig auf dem aktuellsten Stand sein, falls mir der Toni 2 irgendwelche Nachrichten zur Kathi zukommen lassen möchte. Aber wenn die Polizei mitliest und mithört und mich vor allem ständig ortet, wäre das nachteiliger, als es jede Aktualität aufwiegen könnte.

Jetzt schauen wir mal, ob überhaupt eine neue Nachricht vorliegt.

Mit dem dritten Tuten geht der Rudi ran und lässt nach dem Abheben zunächst Stille in der Luft stehen, etwas länger als üblich. Dann erst sagt er: »Hallo? Maurice?«

Natürlich nennt er Maurices Namen, weil ich den Rudi von Maurices Handy aus anrufe. Ich hingegen sage nur, »Ich bin's«, weil ich irgendwie misstrauisch werde. Wieder entsteht eine unnatürliche Pause. Wer Ich-bin's ist, dürfte dem Rudi doch wohl klar sein! Aber: wieder holpriges Schweigen.

»Rudi, bist du allein? Kannst du sprechen?«, hake ich nach

und weiß, es ist eine überflüssige Frage vom Kaliber *Sind Sie Mitglied einer terroristischen Vereinigung?*

Rudi stopselt rum, klingt kaum nach sich selbst, als er sagt: »Jaja, bei mir passt alles. Was gibt's?«

Alles Weitere ist leicht zu erraten.

Testweise wiegle ich ab: »Ach, nichts, ich meld mich später noch mal.« Und tatsächlich – es raschelt, als würde sein Smartphone die Person wechseln. Ich höre eine andere, jüngere Stimme sagen: »Frau Victoria? Hier ist Pascal Herzberg. Sie erinnern sich? Ich bin der Kollege vom Herrn von Segnitz. Wir haben uns vorhin in Frau Röhms Wohnung getroffen. Wissen Sie noch? ... Wo sind Sie?«

Herzberg? Der Adjutant vom von Segnitz? Kripo! Ja klar.

Die Polizei hat den Rudi einkassiert.

Ich lege sofort auf. Mein Herz rast.

Ich glaube, ich habe einen Fehler gemacht. Einen Denkfehler.

»Entkernst du dein Handy gleich wieder«, bitte ich den Maurice und reiche es ihm.

In dem Moment gellt ein Schrei aus dem Wohnzimmer durch die Terrassentür zu uns nach draußen.

Es ist wirklich sehr lustig hier.

16

Aufgeschreckt vom Schrei und von dem Tumult, der sich im Haus entfacht, schauen der Maurice und ich uns an und gleich darauf in Richtung Fensterfassade. Mit meiner schnellsten Schrittkombination haste ich zurück, hüpfe über die Schwelle der Terrassentür nach drinnen und bekomme gerade noch mit, wie der Wolf dem neben ihm auf der Couch sitzenden Achmet mit voller Wucht die Faust ins Gesicht manövriert. Und gleich noch einmal. Woraufhin der Kopf vom Achmet samt Oberkörper nach vorn auf den Wohnzimmertisch knallt. Was wiederum umgehend ein Gerangel zwischen den sich ebenfalls im Raum befindlichen drei Jungs vom Achmet und den fünfen aus der Switch-Crew auslöst.

Der Maurice, mit dem ich gerade noch auf der Terrasse den Rudi angerufen habe, drängt sich von hinten an mir vorbei ins Zimmer und bringt sich gleich mal aktiv mit ein, indem er mit einem Schlagring beherzt auf den Hinterkopf eines Achmetboys klopft. Also etwas mehr als nur klopfen, muss ich gestehen. Stichwort Schädelbasis undsoweiter.

Woher er aus dem Nichts plötzlich diesen Schlagring gezaubert hat, wissen nur die Götter. Aber für alles gewappnet, der Maurice. Wie die anderen übrigens auch. Messer, Totschläger, Wurfsterne, der eine dies, der andere das. Aber vor allem fliegen geübte Fäuste gnadenlos durch die Luft, dass es nur so ein Albtraum ist.

Bis einer heult.

Ich werde Zeuge, wie die Männer beider Lager vollkommen jenseits jeglicher Hemmschwelle um die Deutungshoheit im Raum kämpfen, wissend, dass es hier am Ende nur die unangefochtene Oberhand oder eine blutige Niederlage geben kann. Körperliche Schäden miteingeschlossen, so viel ist sicher.

Was ist bloß passiert? Wie konnte es so plötzlich dazu kommen?

Sowohl der Wolf als auch die anderen stoßen, simultan zu ihrer derben Handarbeit, laute Kommandos aus, um die eigenen Leute draußen im Garten zu instruieren, ihrerseits tätig zu werden und jegliche Zurückhaltung fallen zu lassen.

Das wird im Garten schnell umgesetzt, und ich kann hören, wie es dort bereits ebenfalls rundzugehen beginnt. Alle gegen alle.

Drinnen bei uns schieben sich die Jessica und der Rafael indessen zwischen den verkeilten Körpern der Kämpfer hindurch zu ihrem Sohn, der neben dem Esstisch kauert und dem Treiben fasziniert zusieht, weil das in seiner videospielegeprägten Weltwahrnehmung einer Form von Realität vermutlich näher kommt als alles, was er bisher erlebt hat. Wo ist eigentlich der süße Hund?

Ich sage, »Jessica, nicht! Bitte!«, als sie nach ihrem Handy greifen und wählen will. Und das kannst du jetzt glauben oder nicht, aber als ich ihr meine gespreizte Handfläche entgegenhalte, wie eine Lehrerin, die einem Schüler den Spickzettel abnehmen möchte, aber zuerst mal auf seine freiwillige Herausgabe setzt, legt mir die Jessica ihren schweren Nokia-Knochen brav hinein. Keine zwei Sekunden, bevor sich draußen ein Schuss löst und uns allen klarmacht, dass wir eine neue Dimension von Katastrophe erreicht haben.

Feuerwaffen sind im Spiel.

Eijeijei. Bitte keine Toten!

Umgehend setzt eine Beschleunigung ein, auch weil noch zwei Switchler zu uns ins Zimmer stürmen, um den vier anwesenden Achmetboys – Achmet mit eingerechnet – endgültig den Garaus zu machen. Halb bewusstlos liegen die kurz darauf auf dem Boden verteilt oder über die Couch drapiert und werden in Windeseile mit Kabelbindern fixiert.

Woher jetzt die Kabelbinder kommen – ich weiß es nicht.

Hab ich schon erwähnt, dass die Switch Blades ab und an auch im Inkassogeschäft tätig sind? Flexibel wie noch mal was. Bei Bedarf kannst du die buchen. Wenn dir jemand Geld schuldet und es nicht zurückzahlen will, weil seine rumänische Tante angeblich ihrerseits erst nächste Woche wieder solvent ist oder weil eine dringende Nierentransplantation angeblich doch noch in letzter Sekunde verschoben wurde, oder oder, dann schauen die Bladesler gern für eine Provision von fünfundzwanzig Prozent bei dem säumigen Tropf vorbei. Und du hast keinen Trubel mit sinnlosem Mahnungen-Schreiben. Nur zur Info. Allgemeine Geschäftsbedingungen gern persönlich beim Wolf im Laden erfragen.

Jedenfalls könnte das der Grund sein, warum die Jungs waffentechnisch allzeit ausreichend ausgestattet sind. Falls mal ganz kurzfristig ein Job reinkommt.

Im Wohnzimmer der Hinreiner-Besenwieslers kommt unterdessen wieder langsam Ruhe rein, und man könnte sagen, die Situation wäre vorerst geklärt. Nämlich eins zu null für die Blades.

Überzahl hat gewonnen.

Das ist genau umgekehrt wie in einem James-Bond-Film, wo der James Bond, unbewaffnet und bereits leicht lädiert, in einem ihm völlig unbekannten U-Boot-Hafen aus dem Wasser auftaucht, ein Dutzend Matrosen einer usbekischen Eliteeinheit auf sich zutraben sieht, und es ist völlig klar: Die armen zwölf Schweine haben keine Chance.

Der Wolf stellt zwei seiner Jungs ab, im Wohnzimmer auf die gefesselten Achmetboys und den Achmet selbst sowie auf die drei Hinreiners aufzupassen, die Jessi, den Rafael und den namenlosen Jungen, und sprintet mit den restlichen Switchlern vors Haus.

Ich ihnen nach. Dort hat sich bereits ein weiterer Schuss gelöst, und ein Achmetboy und zwei Switchler liegen verletzt am Boden, während der Rest wie besinnungslos aufeinander einkeilt. Besorgt beobachte ich wechselweise die Szenerie im Vorgarten, wo der Großteil fightet, und die anderen Männer, die einander versuchen, zwischen den geparkten Motorrädern und den schwarzen Limousinen niederzuringen. Irgendwann sehen alle gleich aus.

Ein Gemäldemaler würde dieses Motiv ineinanderverschlungener Körper in der buttergelben niederbayerischen Abendsonne untertiteln mit:

Die große Schlacht von und zu Übertreibling
zwischen den Bayern und den Türken anno dazumal
oder: Inferno am (schönsten) Arsch der Welt

Es wird noch ein bisschen bis aufs Letzte gekämpft, aber alles geht einmal zu Ende, und nicht lange, und die Lage ist geklärt. Auch hier dasselbe Bild, die Überzahl geht siegreich hervor. Ich mache drei Kreuze.

Mit versteinerten Mienen kümmern sich alle Bladesler, sofort, nachdem auch die restlichen Achmetboys gefesselt sind, um ihre beiden angeschossenen Kollegen. Die Diagnosen lauten: einmal getroffen in den Oberschenkel, einmal ziemlich tief unter die linke Schulter. Bei Schusswaffeneinsatz hört auch bei den leidenschaftlichsten Motorradclan-Straßenkämpfern der Spaß auf, weswegen die überwältigten Jungs vom Achmet jetzt wohl nicht in den Genuss einer allzu respektvollen Behandlung kommen dürften. Pistolen sind ein No-Go.

Aber was ist heute schon noch ein No-Go.

Unsere beiden Verletzten werden in eine der tiefergelegten S-Klassen vom Achmet verfrachtet, und der Maurice fragt einen der Achmetboys, wo denn bitte der Autoschlüssel sei. Und, kannst dir ja vorstellen, osmanischer Mannesstolz, gibt der Delinquent eine trotzige Antwort vom Schlage »Fick dich, Nazisau!«, ja, und was soll ich sagen, hätt er sich ja denken können, dass gerade bei allen Anwesenden die Toleranzgrenze weit unter der Grasnarbe liegt, weshalb er, nachdem die überstrapazierte Nazikeule gerade inhaltlich auch nicht ganz korrekt angewendet wurde, einen Fußtritt ins Gesicht kassiert. Mist, das wird mir jetzt zu viel.

Ich weiß gar nicht mehr, wohin ich gerade *nicht* schauen soll.

Prophylaktisch lasse ich mich dazu hinreißen, »Bitte keine Schläge mehr!« zu rufen, obwohl ich natürlich auch keine mimosenhafte Oberlehrerin abgeben möchte.

»Ah geh, Vikki, wenn ma ned hinschaut, tut's weniger weh«, kriege ich von irgendjemandem zurückgeflankt, ich glaube, dem Luki, und gleich komm ich mir fast wie eine Spielverderberin vor. Und schon stöhnt erneut jemand jämmerlich. Na wunderbar.

Ich muss mich auch beinah wieder entschuldigen, dass überall so viel Gewalt aufkeimt, wo auch immer ich die letzten zwei Tage auch rumstrawanze. Tut mir wirklich leid, ich will jetzt aber auch niemandem was bewusst vorenthalten.

Der Wagenschlüssel zu Achmets Protzkiste taucht trotzdem auf, und ich erkläre dem Switchler namens Arnold noch fahrig den kürzesten Weg zum Übertreiblinger Krankenhaus, und schon geht's für unsere beiden Versehrten ab in die Notaufnahme, mit quietschenden Reifen.

Don't be gentle, it's a rental.

Wir Zurückbleibenden hier im und vor dem Garten von der Jessica nehmen noch die letzten Handgriffe zum ordentlichen Verschnüren der Achmetboys vor und entschließen uns aus gegebenem Anlass, auch deren Münder zu stopfen. In deren Sinne, wohlgemerkt. Es gibt einfach zu viel beleidigendes Gequatsche, und die Switchler können sich verständlicherweise nicht jedes Mal daran hindern, einen blöden Kommentar mit einer Kopfnuss zu quittieren. Und das muss nicht sein, wie ich jedes Mal aufs Neue anmahne!

Der Maurice kommt, zu diesem Behufe, auf die originelle Idee, jedem Achmetboy einen Schuh auszuziehen, ihm die Socke vom Fuß zu rollen, und in seinen Mund zu pfropfen. Der lose Schuh wird daraufhin achtlos in die Hecke geschmissen. Sündhaft teure Nike-Special-Editions.

Funktioniert ganz gut.

»Was ist passiert, wieso dieser Ausbruch?«, will ich vom Wolf wissen, als er über den Rasen auf mich zugewankt kommt.

Er schüttelt sich immer noch die geschundenen Hände aus wie ein rechtschaffen erschöpfter Handwerker, der einmal mehr sein reguläres Tagwerk vollbracht hat.

»Ich zeig's dir«, kündigt er mir an und winkt mich zurück ins Haus. Wir gehen rein und lassen unsere Mannschaft im Außenbereich zurück, um die Achmetboys nun absendebereit in die Limos zu hieven. Ordnung muss sein.

Außerdem müssen wir schnell weg hier, würde ich sagen. Der Aufruhr und nicht zuletzt die Schüsse dürften die Nachbarschaft endgültig bewogen haben, die Polizei zu rufen. Oder, genauso schlimm, womöglich noch selbst nach dem Rechten zu sehen.

Hinein in den warmen Menschengeruch des Wohnzimmers laufend, offenbart sich uns ein Bild der Verwüstung.

Ebenfalls bereits sorgfältig verschnürt, hockt der Achmet auf der Couch, noch ohne Socke im Mund, dafür aber mit blutiger Nase und aufgeplatzten Lippen, und mault: »Ihr seid tot. Ich schwör, ihr seid alle tot!« Dabei spuckt er zur Veranschaulichung herum und windet sich vor und zurück, als ob er die Kabelbinder an Hand- und Fußgelenken dadurch lockern könnte, anstatt dass sie ihm nur noch mehr in die Haut schneiden. Alles sehr ergreifend.

Achmets permanentes Betonen, dass mit ihm nicht gut Kirschen essen ist, zeugt davon, dass ihm so was wie Zukunftszweifel völlig abgeht. Vielleicht ist das das untrüglichste Merkmal einer echten Führungspersönlichkeit. Situation scheiße, ziemlich aussichtslos sogar, aber überzeugt: Wird schon wieder werden.

»Schau mal«, sagt der Wolf und bedeutet mir, mich zu setzen.

»Das ist Achmets Handy. Als du vorhin auf der Terrasse warst, hat er bei Instagram rumgecheckt, den Kanal von der Gülay und den von der Kathi angeklickt. Und weil ich neben ihm saß, konnt ich ihm dabei aufs Display schauen … und war quasi simultaninformiert, dass der Joel, oder der Toni 2, oder wer halt auch immer, bereits etwas früher als angekündigt *das hier* gepostet hat.«

In der einen Hand den Revolver, den er einem der Boys vom Achmet abgenommen hat, hält er mir mit der anderen das Smartphone vom Achmet hin, und ich sehe Gülays Instagram-Seite mit ihren bescheidenen neunhundertfünfzehn Followern.

In gräulichem Schwarz-Weiß zeigt das neueste Bild (vor zwölf Minuten gepostet) zwei Mädchen auf Holzstühlen sitzend vor einer mit einem knittrigen Bettlaken behangenen Wand. Um Himmels willen, ich erkenne die Gülay rechts, die Kathi links. Ihre Hände hinter den Rücken gefesselt, die

Köpfe leicht zur Seite gebeugt, wie betäubt und geistig abwesend. Über dem ganzen Bild liegt ein rauchiger Schleier, wie ein Nebel. Vielleicht nachbearbeitet. Eine helle Grau-Weiß-Ästhetik wie bei einem Modemagazin-Fotoshoot für ein Parfüm oder für Unterwäsche, schattenträchtig und kontrastreich ausgeleuchtet.

Alles wirkt kunstvoll inszeniert, und man könnte es auch für einen neuen Trend halten, den sich zwei Insta-Girlies ausgedacht haben, um ein bisschen Furore heraufzubeschwören. *Kuckt mal, wie hilflos wir sind, krass! Gekidnappt! Macht das alle nach und zeigt euch auch als Geiseln, Hashtag I was hijacked, oh my God.*

#IwasHijackedohmyGod

Schickt es an alle eure Freunde. Twerken war gestern, Hijacken ist so Now!

Also, so wirkt es zumindest. Nur, dass das hier bitterer Ernst ist.

Oder könnte es etwa selbst arrangiert sein? Irgendeine Wichtigmacherei der beiden? So weit bin ich schon, dass ich sogar das in Betracht ziehe. Gerade die Unwahrscheinlichkeit macht mir Sorge, denn alles ist möglich.

Dann aber sehe ich das wirklich Entsetzliche im Begleittext darunter stehen: an meinen lieben paps: bring uns die @vikkivictoria, tot oder lebendig! und ich bin frei! deine tochter @gülay_k_munich

Ich brauche einen Moment, bis ich es vollständig kapiere.

Der Entführer formuliert auf Gülays Insta-Account, in ihrem Namen, eine Forderung an den Achmet, dass der doch bitte *mich* dem Entführer tot oder lebendig ausliefern soll? Im Gegenzug wird die Gülay dann freigelassen?

Das ist ja völlig jenseits.

Der Joel-Toni-2 benutzt also Gülays Instagram als Medium, um seine Erpresserforderungen zu vermitteln, die rein von der optischen Aufmachung wiederum auch als Social-Network-Trend durchgehen könnten? Geht's noch?

»Es wird noch besser«, reagiert der Wolf auf meinen verdutzten Blick. Er tippt auf Achmets Handy herum, hält es dabei aber immer so, dass ich beste Sicht aufs Display habe. »Schau, und das ist Kathis Instagram-Account!«

Ich sehe das identische Bild wie auf Gülays Profil: wieder das grau-weiße Foto mit den beiden Mädchen, ihre Hände hinter den Rücken an ihre Stühle gefesselt, die Köpfe wie halb betäubt zur Seite gekippt. Dahinter die knittrige weiße Stoffwand.

Und in Kathis Text darunter befindet sich, leicht abgeändert, in Anlehnung an Gülays Message, eine Nachricht (mit bereits neunhundert Likes!) ... die diesmal *an mich* gerichtet ist: an meine liebe vikki: bring uns den @achmet.kk, tot oder lebendig! und ich bin frei! love, deine @kathi_sweet_allaround

Ich soll also dem Entführer wiederum den Achmet ausliefern! Als Leiche oder lebend verschnürt – wie er's ja jetzt zufällig bereits ist.

»Der Toni 2 will den Achmet und mich gegeneinander ausspielen. Wer ihm den jeweils anderen als Erster bringt, hat gewonnen«, murmle ich perplex dem Wolf entgegen.

»Genau. Perfide, könnte man sagen. Diabolisch. Als ich hier im Wohnzimmer dem Achmet beim Aufruf seines Instagram-Accounts zugeschaut hab, hat's erst etwas gebraucht, bis ich das Ganze überblickt hab. Aber als es mir dann klar geworden ist, hat der Achmet schon seinem Kollegen Tarek da«, der Wolf zeigt auf einen Achmetboy, der schnaufend mit dem Gesicht zum Boden liegt, während ein Switchler über ihm steht und ihm ein Bein ins Kreuz stemmt, damit Ruhe ist, »irgendwas auf Türkisch zugerufen, das wahrscheinlich so was wie *Attacke, auf sie mit Gebrüll* geheißen haben könnte. Und da hab ich kurzen Prozess gemacht und den Achmet k. o. geschlagen … damit ging das ganze Gemetzel los.«

»Mit anderen Worten, der Achmet hätte uns alle sofort kaltgemacht, als er begriffen hat, dass er dem Entführer bloß mich umgehend auszuliefern braucht, egal, in welchem Aggregatszustand, damit er seine Gülay zurückkriegt?«

»So schaut's aus.«

»Dann hast du mir ja grad das Leben gerettet!«

»Darauf kannst du wetten.«

»Da sag ich Danke!«

»Bitte.«

»Danke, wirklich!«

»Gern!«

Schau, und das ist immer wieder das Schöne. Für eine kindische Einlage ist der Wolf wirklich jederzeit zu haben, auch wenn lädierte Körper überall um einen herum verstreut liegen. Und dabei meine ich mein *Danke*, mehr als alles andere, ernst. Todernst, muss ich leider sagen.

Weil darum scheint's mittlerweile zu gehen. Um Leben und Tod. Der Arsch von Achmet hätte keine Sekunde gezögert, mir den Garaus zu machen. Keine Absprache, keine eventuelle gemeinsame Planung, keine Solidarisierung gegen den Neutoni, eventuell zusammen etwas auszuklügeln … nix!

Der hätte mich abknallen lassen und meine Leiche dem Toni 2 an jeden verabredeten Ort der Welt gelegt, seiner befreiten Gülay »Hallo, mein Schatz« ins Ohr geflötet und anschließend sicher keine Einschlafstörungen entwickelt, vor lauter Gewissensbissen. Der Hundling!

Stell dir vor, dass ich vorhin noch gemeint hab, der Wolf hätte oft eine lange Leitung. Dabei hat der nicht nur sofort kapiert, was der ganze infantile Instagram-Message-Kokolores-Kidnapping-Zinnober soll, sondern er hat auch gleich gehandelt und Achmets Gesicht zu Brei verarbeitet, um eine Gefahr abzuwenden, bevor sie sich überhaupt erst entfalten konnte.

»Hey, Vikki, sei nicht bös. Ich hab's nicht so gemeint, und ich hätt nie zugelassen, dass dir was angetan wird, ey!«, mischt sich der Achmet jetzt wieder von der Seite ein und versucht es auf der Winselschiene, wobei seiner Scheinheiligkeit eine gewisse Aufrichtigkeit anhaftet, muss ich sagen.

Ich tauche aus meinen Gedanken auf, weil ich muss mächtig viel verarbeiten, kannst dir ja vorstellen.

»Ach so, ja dann ... soll dich der Wolf wieder losmachen?«, frage ich den frommen Dampfplauderer Achmet ausgesucht mütterlich, und zum wahrscheinlich ersten Mal in seinem Leben entschlüsselt er so etwas wie Sarkasmus und beginnt umgehend wieder zu schreien: »Boah, bist du tot! Seid ihr *alle* tot, boah ey. Fuck, seid ihr schon am Verwesen, ich schwör! Wenn das hier vorbei ist ...«

Er ist wirklich eine Ausnahmeerscheinung, der Achmet Kyriakides. Trotz der mit diversen Kabelbindern vertäuten Arme und Beine wiegt er seinen Körper immer wilder hin und her, vor und zurück, wie eine unten herum abgerundete Matroschka-Puppe, die man zu stark angestupst hat. Je mehr er sich reinsteigert, desto wuchtiger knallt er in die Polster von Jessicas Spießercouch und wieder nach vorn. Dabei entkommt ihm plötzlich ein derartiger Riesenfurz, dumpf, tief, vollmundig, ein echter satter Schoaß, Marke röhrender Hirsch, Königsklasse, eine Druckwelle, die dem Achmet die Hämorrhoiden nach außen stülpen dürfte, dass für ein paar Momente alle im Raum, *alle*, verdutzt das Atmen einstellen, um die Kanonade erst mal überhaupt zu verarbeiten, so gut das eben geht. Sowohl die Switchler als auch die Achmetboys als auch unsere drei Gastgeber sowie der Wolf und ich: Sendepause.

Bevor wir alle miteinander in ein Lachgewitter ausbrechen, dessen Heftigkeit für sich genommen vorwiegend enthüllt, wie angespannt wir eigentlich sind.

Es platzt nur so aus uns heraus (nicht aber dem Achmet, dem platzte es ja schon anderswo heraus), und wir prusten und keuchen und verlieren uns im Gegacker, beinah so wie ich vorhin beim Foodtruck, wo ich doch auch schon so einen Anfall hatte. (Was nicht unbedingt ein gutes Zeichen ist, wirklich nicht. Noch so ein Ausbruch, und ich sollte mich einliefern lassen.)

Bloß Achmets Söldner müssen sich natürlich etwas zurückhalten, und sie zügeln sich schnell, weil – es könnte ja sein, dass ihr Chef den Murks hier überlebt. Und dann ist es sicher besser, man hat seinerzeit einer Reaktion weitestgehend entsagt.

Zur Verteidigung vom Achmet muss ich aber wirklich sagen, er schimpft und beleidigt uns munter weiter, weil er glaubt, wenn er so tut, als wäre nichts gewesen, dann ist auch nichts gewesen. Und da hat er nicht ganz unrecht.

Mit der Selbstsuggestion ist das doch bei dir auch so. Wenn du einen guten Tag hast und durch die Stadt flanierst, bildest du dir ein, dass dich die Leute auffallend positiv wahrnehmen. Wohingegen, wenn du an einem schwachen Tag gern unsichtbar wärst, dann beschwichtigst du dich, dass heute nicht zählt.

Immer so, wie man's gerade braucht.

Auf jeden Fall: Die Schimpfwörter und die Flüche vom Achmet prasseln unverändert nur so auf uns ein, mit jener grenzenlosen Direktheit, in deren Genuss normalerweise nur seine Mitarbeiter kommen. Diesem Mann ist offensichtlich nichts peinlich. Beneidenswert.

Mit einem gezielten Hieb schlägt der Wolf ihn bewusstlos.

Weil, wir müssen jetzt wirklich los. Das stimmt schon.

17

20:14 Uhr. Ich komme mir vor, als stünde ich in der unteren Hälfte einer Sanduhr, und es rieselt nur so auf mich herab. Als ob mir irgendwie die Zeit ausginge.

Wir sind unterwegs nach Mitgiftegg, den nördlich angrenzenden Nachbarort von Übertreibling. Keine weite Strecke.

Mit den drei S-Klasse-Kutschen vom Achmet, die wir uns mal eben ausgeliehen haben, sieht unser Fahrzeugkorso jetzt folgendermaßen aus: vorneweg die Limousine mit dem Heckspoiler, gesteuert von einem Switchler. Auf dem Beifahrersitz ein ziemlich lädierter, verschnürter Achmet. (Geht schon wieder, oder?) Und auf der Rückbank, quer liegend und übereinandergestapelt, vier Jungs aus seinem Trupp. Geknebelt und gefesselt. Mehr haben hinten nicht reingepasst.

Auch weil Achmets Boys alle in Schwarz gekleidet sind, wie er selbst, schwarze Trainingshosen, schwarze T-Shirts, schaut's auf dem Rücksitz aus wie in einem hoffnungslos überladenen Leichentransporter, bei dem es dem oberen Teil der Insassen die Gesichter gegen die Seitenfensterscheiben presst.

Hoffentlich halten die Achsen das Gewicht. Wenn nicht – es ist ja nicht unser Auto.

Den zweiten Benz lenkt ebenfalls ein Switch Bladesler, neben ihm thront der dicke Rafael, und hinten sitzen die Jessica rechts und ihr kleiner Sohn links. Keine Fesseln, weil, die tun nichts. Denen schwant längst, dass in ihren eigenen Reihen was im Busch ist. Sämtliche elektronischen Geräte haben wir ihnen selbstverständlich abgenommen. Zu ihrer Entlastung. Versuchungen zu widerstehen, ist beileibe keine unerhebliche Belastung.

Auf den Rücksitzen der dritten Luxuskarosse liegen die restlichen drei Achmetboys übereinanderdrapiert. Relativ komfortabel im Vergleich zum ersten Wagen. Glück gehabt. Der Luki lenkt.

Mit dem vierten Wagen aus Achmets Mercedes-Fuhrpark wurden ja vorhin unsere zwei angeschossenen Switchler ins Krankenhaus transportiert, der ist also anderweitig unterwegs.

Den Wolf miteingerechnet, sind jetzt elf Biker übrig geblieben, die auf ihren Maschinen den Korso flankieren.

Ich, mit meinem Mini hintendran, runde das Gesamtbild unserer Flotte ab.

Bevor wir vorhin das Haus von der Jessica verlassen haben, bin ich noch hoch in Joels Zimmer gegangen und hab mich umgesehen. Ohne Jessicas Erlaubnis zwar, aber es gelten nun mal die aktuellen Notstandsgesetze der Übertreiblinger Verfassung und hier explizit die Paragrafen betreffend Freiheitsberaubung, Entführung und Erpressung.

In Kontrast zum biederen Achtzigerjahre-Chic von Jessicas Stallgeruch-Haushalt mutete Joels Jugendzimmer-Einrichtung im ersten Stock beinah futuristisch an. Grafitfarbener Teppich auf dunklem Eichenboden, helle Eichenmöbel, eine Kleiderstange auf Rollen mit Klamotten dicht an dicht, ja Wahnsinn, wie viele Jacken der hat, gestapelte Videospielkonsolen vor einem älteren Fernsehbildschirm, eine Gitarre mit Verstärker, im Hängeregal ein Haufen Kleinigkeiten, *je nutzloser es ist, desto dringender braucht man es*, neben dem Schreibtisch ein Minibasketballkorb-Abfalleimer und über einer Pressspan-Kommode ein geschwungenes Wandtattoo. Ich dachte, das wäre ausschließlich was für Mädchen. Aber nein.

In schwarzen Lettern stand da:
Die Familie ist die Heimat des Herzens
Was ist das nur? Dieser Trend, permanent zu betonen, dass das Wichtigste im Leben die Familie ist? Das ging zeitgleich mit dem Trend los, einander bei jeder Gelegenheit zu umarmen wie nach einer gelungenen Seenotrettung.

In Joels Zimmer konnte ich nichts ausfindig machen, was uns weitergeholfen hätte. Ich erfuhr nur noch, von der plötzlich in der Tür auftauchenden Jessica, dass der Joel in einer Band spielt, dass er ursprünglich Tennisprofi werden wollte, aber dann, leider: »Das Knie!« – sag mal, ist es immer und bei jedem das Knie? – , und dass er Informatik und Psychologie studiere. Jessicas stolzem Tonfall nach ist es ziemlich sicher, dass er eines Tages Generalsekretär der Vereinten Nationen wird.

Ihre Einblicke ließen mich dem klugen und begabten Senkrechtstarter Joel Besenwiesler den Verbleib von der Kathi und der Gülay also leider auch nicht genauer zuordnen, aber ich dachte bereits über etwas ganz anderes nach.

Wir verließen Jessicas Haus und hinterließen ihr erneut kein benutztes Geschirr, da sie uns gestern wie heute nicht hatte bewirten müssen. Pflegeleichte Gäste, die wir waren. (Abgesehen von dem verwüsteten Wohnzimmer und dem umgepflügten Garten.) Dafür schoben wir die überzähligen Motorräder in die linke Ecke ihrer Dreifachgarage und stellten zwei Switch Bladesler ab, sich in ihrem Haus zu verstecken, falls der Joel unerwartet nach Hause kommen sollte.

20:19 Uhr. Das Ortsschild von Mitgiftegg zieht an unserem Korso vorbei.

Eigentlich zieht ja unser Korso am Ortsschild von Mitgiftegg vorbei.

Das gelbe Ortsschild ist so ein zweigeteiltes. Oben steht Mitgiftegg, und unterm Mittelstrich steht Übertreibling, aber rot durchgestrichen.

Von meinem Mini aus sage ich über die Konferenzschaltung des Handys zu allen miteinander, die vor mir fahren: »Die zweite rechts abbiegen.« Der vorderste Mercedes unseres Konvois setzt den Blinker, biegt ab, wir anderen drei Autos und zehn Bikes folgen. Ich selbst nehme die mir bestens bekannte Kurve so hastig, dass mir die Handtasche in den Fußraum segelt.

Ich instruiere gleich noch einmal: »Jetzt links, die große Zufahrt, da halten wir an«, und da wären wir.

Gasthof Rosengarten.

»Lasst's uns hinterm Lokal, neben dem Geräteschuppen parken, dann sieht uns keiner.« Na ja, es geht so. Zumindest fällt unser Fuhrpark nicht sofort jedem auf.

Wir steigen alle aus, beziehungsweise ab, und stecken unsere Handys weg, die acht Stück, die wir dem Achmet und seinen Boys abgenommen haben.

Jetzt sind wir wenigstens wieder telefonisch vernetzt. Mit den Smartphones dieser Gauner dürften wir zudem ziemlich sicher sein. Den Achmet und seine sieben Blindgänger hört nämlich garantiert keiner ab. Zum einen sucht die Polizei gerade wohl eher nicht nach ihnen, weil sie in Zusammenhang mit dem Toni, oder dem Toni 2, ermittlungstechnisch bislang überhaupt nicht in Erscheinung treten, und zum anderen musst du wissen, dass zwar unbescholtene Privatpersonen schnell mal ohne langwierige Genehmigungsvorgänge von der Kripo angezapft werden (ich, zum Beispiel), weil da keine allzu große juristische Gegenwehr zu erwarten ist, wenn's denn vielleicht mal rauskommt. Wenn du es aber mit dem organisierten Verbrechen und deren Anwälten mit Zwölfhundert-Euro-Stundenhonorar zu tun hast, dann gibt's für die Kriminaler kein »Gefahr in Verzug«-Wischiwaschi als Argument, wenn sie dabei erwischt werden, wie sie deren Geschäfterlgespräche anzapfen. Den Ärger sparen die sich beim Staat. Lieber lassen die eine Waffenlieferung sausen und nehmen sich stattdessen eine vierstellige Steuerhinterziehung vom Urologen Dr. med. Hapflinger vor.

Also: Unsere neuen Handys sind definitiv safe. Tut gut, wieder verbunden zu sein.

Die auf den Rückbänken der S-Klassen verschnürt liegenden Achmetboys lassen wir in den Autos. Sollen drei Switchler aufpassen, dass kein Gast hier hinten parkt und dabei die ganze Bagage zusammengepfercht in den Wägen bemerkt.

Sie können ihn freundlich umleiten, bevor er glaubt, seiner Bürgerpflicht nachkommen zu müssen, und dem Dorfwachtmeister Bescheid gibt. Meldefreudigkeit und Denunziation sind ja gerade wieder in.

Die Jessica, der Rafael und ihr Bub werden aus ihrer Limousine eskortiert, der Achmet aus der seinen, und unser ganzer seltsamer Pulk, der noch den Wolf und eine gute Handvoll Bladesler umfasst, schreitet ums Gebäude zum Vordereingang, wo uns die Wirtin bereits entgegenkommt, weil sie, ich kenn sie doch, uns längst durchs Fenster hat kommen sehen.

Sie tritt vor die Tür, stemmt ihre Hände in die Hüften und meint staunend: »Ja, wen hast denn du da ois dabei?«, und ich würde sagen, dieser Frau brauchst du nix vormachen. Die ist mit *psychologisch beschlagen*, *patent*, *geraderaus* und *zupackend* perfekt beschrieben. Eine Frau der Tat. Genau, was wir jetzt brauchen.

Ich entgegne: »Lange Gschicht. Griaß di, Mama«, und beuge mich zu ihr runter, um ihr ein Bussi zu geben. Warum sie so klein ist und ich so groß geworden bin, ist uns allen ein Rätsel. Der Papa ist auch nicht gerade ein Riese.

Wir haben erst vorgestern telefoniert, die Mama und ich, aber angesichts dessen, was inzwischen alles passiert ist, erscheint mir vorgestern fast wie aus einem anderen Leben.

Was nicht nur so dahingesagt ist, weil ich weiß ein bisserl Bescheid. Ein paar Neuleben hab ich nämlich bereits angesammelt, das kannst mir glauben.

»Jetzt hab ich fast keine Zeit, dir sofort alles zu erzählen, Mama. Es ist nicht schön!«, mach ich völlig ungewollt auf mimimi, ist mir irgendwie rausgerutscht, aber ich rudere sofort zurück, auch weil ich ihr schlagartig besorgtes Gesicht sehe. Sofort kampfesbereit, lösungssuchend, was steht an, was mach ma, wo soll ich helfen? Die Mama!

»Na, na, keine Sorge, wir kriegen des scho hin. Ich bräucht nur eben einen großen Raum. Ist der Saal frei, oder sollen wir runter in die Kegelbahn?«

»Der Saal ist frei, geht's nur nei«, bekräftigt die Mama und winkt uns an sich vorbei durch die Eingangstür. Keine weiteren Fragen. Ganz ehrlich, wie meine Mutter auf den Anblick von der bedröppelten Jessica und dem schwitzigen Rafael reagiert und umgekehrt, krieg ich gar nicht so mit. Die kennen sich ja alle, wie man sich in Übertreibling und Umgebung halt so kennt. Noch dazu, weil ich ja mit der Jessi und dem Toni auf die Schule gegangen bin.

Wie allerdings der Achmet das Lokal betritt, ist ein Bild für die Götter. Holzig und seinen Widerwillen nur schwerlich unterdrückend, marschiert er trotzig vor einem Switchler her. Hab ich's schon erwähnt? Wir haben den Achmetboys ja nicht nur die Handys abgenommen, sondern auch ihre Knarren. Und eine davon ist auf Achmets Rücken gerichtet, was er auch ganz dezidiert weiß – weil wir ihn diesbetreffs genauestens informiert haben.

Wie eine Lenkrakete laufe ich der bunten Mannschaft voran, durch den Restaurantbereich, in dem ganz schön Betrieb herrscht, dafür, dass die meisten bei diesem Bombenwetter draußen im Biergarten sitzen, der zur anderen Seite rausgeht.

Der Gasthof Rosengarten ist ein typischer Landgasthof, stilvoll-rustikal, gut bürgerliche Küche, und läuft wirklich super. Vor allem, weil die Mama eine Musterwirtin ist. Da gibt's keine Arbeitsstundenzählerei. Da wird g'macht, bis alles g'macht ist, und aus. Und daheim wischt sie dann nachts auch noch schnell durch, wenn's sein muss.

Burn-out, Quality time, Sabbatical – geh weida.

Yoga, Detox, Entschleunigung, Ayurveda – da kriegt die Mama höchstens einen Lachflash.

Der große Saal schließt an den Restaurantbereich an und steht für Feste oder geschlossene Veranstaltungen zur Verfügung. Deshalb ist er auch durch eine schwere Schiebewand von der Gaststube abgetrennt. Perfekt für unser Vorhaben.

Ich ordere bei der Mama Getränke für alle, alles, nur keinen Alkohol, wirklich, das können wir gerade nicht brauchen, dass vielleicht noch unsere Jungs einen Bierdurst oder eine Bärwurzlust entwickeln und dann … Karamba, Karacho. Also ganz abwegig wär's nicht.

Deshalb: Cola, Fanta, Spezi, Apfelschorle, Wasser mit und ohne Karamba und Karacho und Kohlensäure.

Ein Wolf, sieben Lederkuttenträger, ein gesichtsgeschwollener Achmet Kyriakides, eine Jessica Hinreiner, geborene Besenwiesler, und ein Rafael Hinreiner samt Bub verteilen sich im weißen Saal. Das Wirtshauskind Vikki Victoria (jaja, ich) instruiert jeden, wo er sich bitte hinzusetzen oder hinzustellen hat.

Doch bevor wir richtig anfangen, muss ich noch dafür sorgen, dass der arme kleine Sohn von der Jessi und dem Rafael das Folgende nicht mitbekommt. Deshalb bitte ich den Maurice, mit dem Jungen, dessen Namen ich immer noch nicht erfragt habe und den ich auch nicht erfahren will, weil ich jede emotionale Annäherung gerade nicht brauchen kann, weil er mir so leidtut und ich seine Mutter so dermaßen verachte, dass ich diesen Widerspruch kaum aushalte ... wo war ich? Ach ja, ich bitte also den Maurice, unseren Zweimetermann, mit dem Kleinen rauszugehen, wo er sich zu essen bestellen soll, was er mag. »Vielleicht was Süßes? Es gibt tollen Kaiserschmarrn. Bienenstich selbst gemacht? Donauwellen?«, zähle ich auf, und der Kleine schaut mich an, lenkt meinen Blick mit seinem auf seine Schuhe, ah, verstehe, ich mache drei Schritte auf ihn zu, knie mich vor ihn hin und binde ihm den linken Schnürsenkel zu.

»So!« Ich erhebe mich wieder. »Und jetzt was Süßes?«, frage ich auf ein Neues, was er sogleich mit einem fidelen »Würstl!« quittiert. Also Würstl.

Es beruhigt mich, dass eine gewisse Unbekümmertheit von dem Kleinen ausgeht, auch wenn ich nicht ganz sicher bin, wirklich ernsthaft!, ob er nicht einen winzigen Dachschaden hat.

Er ist halt einen Ticken eigenartig.

Ein echter Besenwiesler.

Kann ja nichts dafür.

Aber wer kann schon für *irgendwas* irgendwas. Da darf man gar nicht anfangen, nachzudenken, sonst sind anschließend die Gefängnisse im Nu leer. Weil dann sind ja alle unschuldig.

»Jessica, Rafael«, dirigiere ich die beiden, sich auf die zwei Stühle zu setzen, die ich mir gepackt und mittig vor die stirnseitige Wand gerückt habe. Der Saal ist ein großer rechteckiger Raum mit fünf hohen Fenstern, die mit dicken, dichten weißen Vorhängen verhangen sind. Gegenüber den Fenstern ist der Gesamtvorrat an Tischen und Stühlen aufeinandergestapelt. Der mittige Bereich des Raumes ist daher leer, und man hat volle Sicht auf das Fischgrätenparkett, das das Einzige ist, was zu ersetzen ich der Mama schon seit Ewigkeiten vorhalte, weil es so altzöpfig wirkt.

Wir Stehenden starren alle auf die vor der Saalwand sitzende Jessica und den Kugelkörper vom Rafael rechts daneben. Keiner weiß so recht, was das hier soll. Bis auf mich.

Ich muss jetzt die Verhörspezialistin geben, mir darf kein weiterer Denkfehler unterlaufen, kein Rummurksen. Ich habe mich entschieden, die Polizei außen vor zu lassen und den Achmet komplett auszuschalten, also bin nun ich allein für den Fortgang der Dinge verantwortlich. Es gibt kein Zurück.

Was habe ich mir dabei bloß gedacht?

Meine Worte abwägend, spreche ich die Jessica überdeutlich an: »Du hast das mit der Entführung von meiner Freundin, der Kathi, und Achmets Tochter, der … Dings …«, herrje ist mir das peinlich, »der *Gülay* ja vorhin ausführlich live mitbekommen, richtig? Die Nachrichten, die Forderungen des Erpressers auf den Instagram-Accounts der Mädels, wie der Achmet und ich gegeneinander aufgehetzt werden, damit die Mädels wieder freikommen.« Die Jessica kneift die Augen zusammen, der Rafael glotzt nur. Ich werte das als Ja.

»So! Jessica!«, fackele ich nicht mehr lange. »Jetzt ganz offiziell, und ich frage dich das nur noch einmal, und ich verspreche dir, es wird das letzte Mal sein: Bist du an der ganzen Geschichte irgendwie beteiligt?«

»Nein«, antwortet die Jessica so zügig, dass es sich mit meinem letzten Wort beinah überschneidet.

Okay. Nächste Frage: »Hat dein Ziehsohn, der Joel, vor ein

paar Jahren, oder wann auch immer, das Schreiben von Tonis Drohnachrichten, also an mich, von dir übernommen? Hast du den Job an ihn schon seit Längerem abgegeben?«

Nachdem die Jessica ihre Reaktion hinauszögert, unterläuft mir ein ungewollter Seitenblick zum Wolf, der die Angeklagte gebannt belauert, während er gleichzeitig den gefesselt vor ihm stehenden Achmet managt. Das baut mich wieder etwas auf.

»Je-ssi-ca?«, dehne ich ihren Namen. Sie begreift schon.

»Mmh, ja gut«, leitet sie ihre Antwort ein, ein wenig so wie früher die Fußballer in Interviews. »Das kann schon sein.«

Das kann schon sein? Ist das Diplomatie für Anfänger?

»Jetzt mach mal 'nen Punkt«, herrsche ich sie an, aber dezent. Kennst mich ja. »Schau dich mal um, Jessica. Für eure Verschleierungstaktik ist hier längst nicht mehr der Ort oder die Zei…«

»Ja, hab ich«, quetscht die Jessi raus. »Vor ein paar Jahren war der Joel alt genug, dass ihn sein Papa ins Vertrauen genommen hat und die beiden den ganzen Kram gemeinsam gemacht haben, unter anderem auch die Schreiberei an dich … Ich war dann raus. Und ich war froh darüber.«

Na also. Ich bin erleichtert, aber ich werde sie trotzdem nicht loben. Ich spiele ja gerade Polizistin und nicht Lehrerin.

Weiter. »Aufgrund der aktuellen Entwicklung, Cafébombe und Mädchenentführungen: Hältst du es für denkbar, dass der Toni und der Joel gemeinsam den Plan gefasst haben, sich nach Tonis Ausbruch am Achmet und mir zu rächen? Und zwar mehr oder weniger so, wie es gerade abläuft? Inklusive dieser Instagram-Entführungsnummer? Weißt du *davon* was? Kann es ferner sein, dass der Joel jetzt notgedrungen im Alleingang das vollendet, was er mit seinem verstorbenen Vater ursprünglich zusammen durchziehen wollte?«

Ich spüre Achmets Blick an mir haften. Jetzt wird's auch für ihn interessant. Ich schaue zu ihm. Er mimt den Unnahbaren, wobei ihm einer der Deckenstrahler unvorteilhaft direkt auf seine angehende Tonsurglatze leuchtet und uns dadurch einen Blick auf das nahende Trauerspiel erlaubt. Stichwort Implantate.

»Also zumindest weiß ich nichts von einem Plan, den der Toni mit dem Joel ausgeklügelt hätte. Das kannst du mir glauben«, bietet die Jessica mir an. Und weißt du, was, es spielt gar keine Rolle mehr, ob die Jessi die Wahrheit sagt oder nicht, weil es am Ablauf des Abends nichts mehr ändert.

Sie wird sichtlich nervöser angesichts der sich zuspitzenden Fragen und des vielköpfigen Tribunals, das vor ihr steht, immerhin ein paar wilde Motorradburschen, ein medienbekannter Bandenboss in Kabelbinder-Handschellen und eine alte Bekannte, der sie jahrelang heftig zugesetzt hat und für die es jeden Grund gäbe, allen Anstand fahren zu lassen. Aber den Rafael müsstest du mal sehen. Der bibbert schon deutlich länger und stärker als seine Frau neben ihm.

Schon interessant, je langweiliger der Mensch, desto mehr hängt er am Leben.

Ich erschrecke, weil ein Schabgeräusch hinter meinem Rücken ertönt. Ah. Meine Mama kommt rein und bringt uns die Getränke.

»So, bitteschön. I stell's moi da ab, dann kann sich jeder bedienen. Wollt's ihr euch ned setzen? Dann mach i di Stühle runter«, schlägt sie uns vor, die wir aufgereiht dastehen.

»Na, des mach ma schon selber, Mama, is doch klar«, tue ich ihr Angebot ab, wobei sie jetzt, trotz Gschaftigkeit, doch noch die am anderen Ende des Saals exponiert drapierte Jessi und ihren daneben sitzliegenden Dickie Rafael bemerkt, und angesichts dieses kunstvollen Arrangements erstaunt die

Augenbrauen hebt. »Ui, was machts'n ihr da? Verhör? Pranger? Warn's recht bös?«, erkundigt sie sich belustigt interessiert, aber auch diskret genug, um ganz Vollprofi, sofort anzufügen: »Dann will i ned länger stör'n. Wenn's was braucht's, einfach melden, gell?« Und schon rauscht sie emsig wieder ab. Meine pragmatische Mutter, für die auch meine künstlerische Tätigkeit niemals Grund zur magischen Überhöhung bot. Mehr noch hat sie mich mit ihrer Nüchternheit mehr als einmal auf den Boden der Tatsachen zurückgeholt, wenn ich beispielsweise mal unter Lampenfieber gelitten oder über allzu anstrengende Bühnenproben geklagt hab. So eine lapidar eingestreute Zwischenbemerkung wie: »Ob die Arbeiter in den Kohleminen mit ihren Staublungen auch so gelitten haben, wie du grad wegen deinem Auftritt leidest? Bestimmt, oder?«, wirkt Wunder. Umgehende Landung garantiert.

»Danke, Mama«, rufe ich ihr für die Getränke hinterher, bevor sie die Schiebewand von außen wieder schließt und wir zurückbleibenden Tragödienhauptdarsteller wieder unter uns sind.

Ich bringe der Jessica ein Glas Wasser und dem Rafael eine Cola. Beides, ohne mich nach ihrem jeweiligen Wunsch erkundigt zu haben.

»Zusammenfassend gefragt, Jessica, Rafael, du auch: Glaubt ihr, euer Joel steckt hinter dem ganzen Spektakel, das hier gerade abläuft?«, will ich von den Hinreiners wissen, die an ihren kühlen Gläsern wie an brühheißen Tees nippen, und es ist eigentlich ziemlich provokativ, wie die Jessi genauso desinteressiert wie ignorant als Antwort einfach nur mit den Schultern zuckt. Mir-doch-egal-möglich-ist-alles-du-kannst-mich-mal-mäßig. Der Joel scheint ihr Ein und Alles zu sein, da macht sie sofort wieder dicht.

Aber gut.

»Wollt ihr uns helfen, die beiden entführten Mädchen wieder freizubekommen?« Das wird meine letzte Erkundigung sein, dann fangen wir an.

»Damit wirst du nicht durchkommen, Vikki. Mit dieser Entführung hier, von uns. Dringst in unser Haus ein, Nötigung, Freiheitsberaubung. Die Polizei ist euch bestimmt schon ganz nah auf den Fersen, und dann werden wir dich verklagen ... wir verklagen dich auf *alles*. Warte nur, *das* hier ...«, schwallt die Jessica plötzlich los. Eben doch ein Herz aus Gülle.

Sie begreift die Gesamtzusammenhänge nicht, die Größenordnung, ihr Dilemma, es dringt nicht zu ihr vor. Stattdessen argumentiert sie aus einer reinen Ichzentriertheit heraus, dem wirklich kleinstmöglichen Horizont. Dabei aber jederzeit die juristischen Kampfbegriffe bei der Hand haben, Nötigung, Freiheitsberaubung, verstehste. Und vielleicht noch irgendwas schwafeln vom *befreundeten Anwalt*, der ein *gepfeffertes Schreiben* aufsetzen wird, *und dann, mein lieber Scholli, geht's aber los!* ... Kennst 'as ja, die Kleinheimer. Jeder ist schuldig, außer ihnen. Aber dem eigenen Nachbarn jede Woche den Gelben Sack an den Zaun hängen, damit der eigene Zaun optisch nicht verschandelt wird. Oh, mei.

Leute, die nie aus ihrem Ort gekommen sind, sind überzeugt, einfach immer zu wissen, wo's langgeht. Gegen realistische Einschätzungen sind sie erstaunlich resistent. Kommt noch hinzu: Was Tonis Schwester da plappert, kann sie sich doch für sich denken, von mir aus, aber es laut auszusprechen und hier und jetzt keine Demut zu heucheln oder wenigstens zu schweigen, zeigt, wie eingenommen manche Menschen von sich sind.

»Jesss-iii-caaa! Red doch keinen Scheiß!«, watsche ich sie ab, weil es doch gar nicht mehr anders geht. Wirklich wahr, diese Familie: durchweg ballaballa. »Jetzt sind wir hier, und du bist erst mal am Arsch. Keine Prognosen für die Zukunft, bitte. Sind alles nur Hypothesen. Wollt ihr uns helfen? Noch einmal, für eine Antwortenthaltung oder Rage ist gerade nicht der richtige Zeitpunkt, meiner Meinung nach. Vorschlag zur Güte! Ich schildere euch die Alternative, falls ihr eine Teilnahme ablehnt. Wir schneiden dem netten Mann da«, ich zeige auf den Achmet, »seine Fesseln durch, geben ihm ein Messer und lassen euch drei Süßen ein paar Minuten allein, damit ihr euch über den Verbleib seiner Tochter und unserer Kathi unterhalten könnt. So ganz im Allgemeinen. Und über den Joel im Speziellen. Wie wäre das? Wollen wir das so machen? ... Wolf?«, schaue ich auffordernd zum Wolf, als solle er den Achmet gleich mal befreien. Um Tempo reinzubringen.

Der Wolf grinst und die Switch Bladesler ebenfalls.

Die Jessica nicht.

Der Rafael hat die Augen geschlossen. Vielleicht lässt er's unten rum gerade laufen, vor Angst.

Darf ich Jessicas zerknirschte Miene und Rafaels drohendes Pipi-Kacka-in-Hosi als Zustimmung deuten?

Ja, oder?

Weil genau das ist doch das Schöne, wenn man ohne lästige Bürokratie und Vorschriften ermittlerisch tätig wird. Deshalb tu ich mir das hier doch gerade überhaupt nur an. Ich mein, lass doch mal im öffentlichen Dienst eine Gewaltandrohung gegenüber einem Helfershelfer einer Entführung vom Stapel, weil du um das Wohl des Opfers besorgt bist und um dessen rechtzeitige Rettung ringst.

Reicht ja schon, wenn du einem dahergelaufenen Entführer eine schmierst, weil er dir nicht verraten will, in welchem versoachten Rattenloch er sein hilfloses Opfer gerade vor sich hin vegetieren lässt. Wegen so einer leichten Backpfeife bist dann nämlich ganz schnell *du* im Knast, bevor der Täter auch nur einen windigen Gerichtstermin zugestellt bekommt. Und das Opfer kann sowieso schauen, wo's bleibt.

Da gibt's legendäre Beispiele. Opfer tot, Täter klagt auf Schmerzensgeld.

Damit brauchst mir gar nicht kommen. So was machen wir hier und heute nicht.

Von mir aus können das der Herr Kommissar von Segnitz und sein Pascal Herzberg gern so handhaben. Bitteschön. Versteh ich natürlich schon auch, so ist es nicht. Nur, ausgerechnet die Kathi und die Gülay lass ich mir nicht unter den Fingern wegsterben oder sonst was.

Vielleicht auch noch auf Instagram dokumentiert? Mit hunderttausend Likes als Trend des Vormittags?

»Legen wir los?«, frage ich den Wolf und eigentlich die anderen sieben Switch Bladesler auch. Zwei ziehen aus ihren Jackentaschen schon mal die Packerl mit den Kabelbindern hervor, wobei der Blick auf die in ihre Hosenbünde gesteckten Knarren von den Achmetboys freigelegt wird. Der Wolf zückt sein eingeklapptes Springpmesser (dt. für Switchblade). Und ich hole aus der Ecke das Stativ, das irgendeine Hochzeitsgesellschaft hier vor Jahren mal vergessen und nie mehr abgeholt hat, und stelle es ungefähr in die Mitte des Saals.

Jetzt ohne Blödsinn, ich glaub, der Rafael hat sich gerade in die Hosen geschissen.

18

Noch ein bisschen weiter«, instruiere ich den Bobby, einen Switch Bladesler mit ins Haar geschobener Sonnenbrille und einem zopfigen Bart, der aussieht, als bestünde er aus Extensions. Er fummelt an Jessicas Kopf herum, die noch immer auf ihrem Stuhl hockt, genau wie ihr Mann, beide mittlerweile mit hinter den Stuhllehnen gefesselten Händen. Wie in einer Mafiafilm-Szene. Der Bobby schiebt ihre Schläfe gemäß meiner Anweisung etwas mehr zur Seite, mit spitzen Fingern, als wäre er schon ein Leben lang schwuler Visagist.

Er ist beides nicht. Aber man kann sich da auch täuschen. Wäre nicht das erste Mal.

»Ja, so, wunderbar. Nicht bewegen, Jessica, bitte so bleiben«, rufe ich ihr von der Mitte des Saals aus zu. »Und Rafael, du auch, Beine etwas auseinander ... Perfekt! Bobby, bitte aus dem Bild.«

Es ist angerichtet. In schneller Reihenfolge knipse ich auf Jessicas Handy ein paar Fotos von ihr und ihrem Mann und checke gleich darauf, wie sie geworden sind.

Sowohl die mit, als auch ohne Stativ geschossenen: sehr schön. Ich vergleiche die Bilder A-B-mäßig mit dem Foto auf der Instagram-Seite von der Kathi, wo die Kathi gemeinsam mit der Gülay, ebenfalls an zwei Stühle gefesselt, in Grau-Weiß-Optik wie bewusstlos dasitzt. Die Köpfe kraftlos schräg herabhängend, zwei sedierte Gekidnappte, überzogen von einem Filter wie aus Cellophanfolie.

Du merkst, genau dieses Motiv versuche ich nachzustellen. Der Vorgang hat beinah was Künstlerisches. Umso mehr, als meine beiden Fotomodels nicht mehr jung und frisch sind wie die Girlies auf der Vorlage, sondern das Gegenteil.

Erst haben sich die Jessica und der Rafael noch geziert, aber nicht lang. Die Aussicht, dass ich sie sonst mit dem Achmet allein lasse, damit der seinen beliebten, oscarprämierten® *Kurzschlusshandlungen mit Wutattacke*™ freien Lauf lassen kann, hat letztlich sogar die stolze Jessica© überzeugt.

Bevor wir fortfahren mit Fotografieren, lasse ich den Bobby noch Rafaels Körper leicht umdrapieren, weil der wegen seiner Plauze ständig zur Seite kippt. Ich ändere meinen Aufnahmewinkel um ein My, schieße ein paar weitere Bilder (ein paar? Dreißig! Gelungenes Fotografieren heißt auf Masse produzieren), und dann hätten wir's eigentlich für diese Einstellung.

Jetzt kommt die nächste.

Wie ein Regisseur rufe ich: »Danke, das wär's«, in die Runde, und genau, als sich so was wie ein erleichtertes Durchatmen bei den Hinreiners abzeichnet, erkläre ich: »Achmet, dürfte ich dich jetzt bitten, für unser nächstes Bild so zu tun, als würdest du damit drohen, der Jessica von hinten mit einem Messer die Kehle durchzuschneiden?«

Er starrt mich fassungslos an. Sämtliche anderen Personen im Saal schon auch, so ist es nicht. Bitte sag jetzt nicht: Also das geht doch nun wirklich zu weit, weil, die Vikki kann ja gern die Polizeiarbeit übernehmen, wenn sie sich für so schlau hält, aber solch eine Psychofolter samt Rollenspiel, also ich weiß nicht, das geht doch in die falsche Richtung.

Aber darf ich dazu bitte auch was sagen?

Dass die Damen und Herren von der Polizei mit der Jessica

und dem Rafael nicht so umgehen würden wie wir gerade, und dass die Damen und Herren von der Polizei auch ganz generell mit ihren Erfahrungswerten und ihren offiziellen Direktiven in einer vergleichbaren Situation relativ anders verfahren täten, und dass die werten Herrschaften mit ihren Taktiken auch nicht unbedingt weniger effektiv wären als ich hier – mag sein.

Aus deren Sicht.

Wenn du dir aber bitte noch mal die Mühe machst und kurz zurückschaust, was die Jessica und ihre lustige Bande, bestehend aus dem Toni und dem Joel, mir über das vergangene Jahrzehnt hinweg an aufreibendem Entertainment geboten haben, dann, ja dann, wirken meine Methoden im Vergleich dazu doch geradezu prosaisch. Findest du nicht?

Es ist halt alles immer eine Frage der Perspektive.

»Jetzt pass Obacht«, lasse ich eine launige Bemerkung vom Stapel, die mir so rausrutscht. Ärgert mich. Doch der Achmet ist derart zerstreut, der merkt das gar nicht. Bei seinem Sprachmix aus Bayerisch, Türkisch und Street-Talk, vermischt mit seinen fünf Jahren Volksschule, ist formal eh alles einerlei. Einen schlechten Wortwitz nimmt der schlimmstenfalls als rhetorische Vielfalt wahr.

»Wir würden dir jetzt die Fesseln abnehmen«, spreche ich zu ihm wie zu einem Raubtier, das man in den Schlaf wiegen möchte. »Dann geben wir dir Wolfs Messer, du stellst dich hinter die Jessica, hältst es ihr vor die Kehle, als ob du sie gleich durchschneiden möchtest, und schaust dabei diabolisch in die Kamera, also in die Handylinse. Wäre das für dich denkbar? Wollen wir das so machen?«

Warum ich noch gar so höflich zum Achmet bin? Jetzt, wo ich ihn von seinen Leuten isoliert, ihn gefesselt vor mir stehen und ihn komplett entmachtet habe? Und wo er mich doch gerade noch dem Entführer ausliefern wollte, ohne mit der Wimper zu zucken, um seine Gülay zurückzubekommen?

Ja, glaubst du, ich möchte es mir mit dem Achmet für alle Zeit verderben? Vorhin habe ich ihm gegenüber schon mehrfach beteuert, dass wir ihn bald wieder laufen lassen und dass ihm rein gar nichts passieren wird. Geiseln wie Wattebäuschchen behandeln! Ganz wichtig, ganz generell. Ich hab mich immer gefragt, wenn ich mal wieder von irgendeiner gewalttätigen Entführung in den Nachrichten gehört hab, warum das nicht alle Kidnapper so machen. Zusätzlicher Stress durch schäbiges Verhalten setzt doch jeden Beteiligten nur unnötigem Stress aus. Und vor allem, weil man muss auch bedenken: Es gibt immer ein Danach.

Meinst du vielleicht, nachdem ich die Kathi und die Gülay befreit habe, und jeder von uns wieder ins normale Leben zurückkehrt, dass ich ins Zeugenschutzprogramm will, weil der Achmet mich für vogelfrei erklärt?

Nein, danke. Danke, nein.

Weitsicht ist die einzige Maßeinheit für Vernunft.

Die Aktion hier ist eh schon auf Kante genäht. Aber ich könnte mir vorstellen, dass ein böser Mensch wie der Achmet auch ein gewisses Maß an Verständnis für mein Verhalten aufbringt. Und – jetzt pass auf – womöglich sogar eine Art von Respekt. Also darauf spekulier ich. Hoff ich vielmehr. Weil, du weißt ja, wer zu befehlen weiß, der weiß auch zu gehorchen. Wie gesagt. Und ein gewisser Menschenschlag hat nur Respekt vor Menschen, die ihnen auch mal die Stirn bieten.

Da musst du dich dann nach einer solchen Aktion gar nicht groß entschuldigen, weil die sagen: *Passt schon, versteh ich, hätt ich auch nicht anders gemacht.*

Stimmige Sache.

So weit sind wir aber noch lange nicht.

Genau deshalb sage ich jetzt, im allerzuvorkommendsten Tonfall, zum Achmet Kyriakides: »Es wäre schön, wenn du nicht auf die Idee kämest, dir mit dem Messer den Weg freizufuchteln, um zu fliehen oder gar die Jessica als Geisel zu nehmen und uns zu drohen, ihr tatsächlich die Kehle durchzuschneiden, wenn wir dich nicht vorbeilassen. Wie gesagt, davon würde ich abraten. Wir sind zu neunt, und wir nehmen das Ganze hier zusätzlich noch auf Video auf«, ich zeige auf den Bobby, der auch ein Achmetboy-Handy in der Hand hält, »und wenn du einen Mord begehst oder einen von uns verletzt, hätten wir's aufgezeichnet in HD. Und ich muss gestehen, was die beiden da betrifft«, ich schaue vor zur Stirnseite des Saals, »eine tote Jessica oder ein verblutender Rafael, na ja ... mir liegen die jetzt nicht *so* sehr am Herzen, aber es *müsste* halt nicht sein.... Und noch mal: Falls du dir mit deinem Messerchen einen Weg nach draußen bahnen wolltest, weil du glaubst, vielleicht schaffst du es doch hier raus, dann ...« Ich zeige auf zwei Switchler mit ihren Pistolen in der Hand, und dieser Fingerzeig ist selbst erklärend.

»Aber mach dir keine Sorgen, wir knallen dich nicht ab, ich schieß dir nur in die Kniescheiben, da hast du nämlich ein Leben lang was davon«, witzelt einer der Switchler vorlaut, und die anderen lachen herzhaft, was mir gar nicht recht ist.

Ein weiterer ruft: »Leute, Vorsicht! Der Achmet könnte sich mit dem Messer ja auch selbst umbringen.« Wieder einhelliges Lachen. Das ist hier natürlich das Höchste für die. Ein wehrloser Achmet, der Erzfeind, klar.

»Oh, Selbstmord, ja, stimmt. Ist der Achmet der Typ dazu? Kaum! Außerdem ist Selbstmord fei ganz schön schwierig – ganz zu schweigen vom Morgen danach«, reagiert wiederum der erste Switchler-Scherzbold darauf. Jetzt wird's wirklich zu zünftig. Diese Erniedrigerei fällt einfach immer auf einen zurück, früher oder später. Da steh ich gar nicht drauf. Aber ich kann meine eigenen Männer auch nicht vor dem Achmet rügen. Deshalb rede ich einfach schnell weiter.

»Okay, Achmet? Hast du verstanden, was ich meine?«

Er nickt. Also nicke ich dem Wolf zu, dass der dem Achmet die engen Kabelbinder, die seine Handgelenke umschlingen, durchschneidet und ihm sein Messer gibt.

Der Achmet, bei dem das Rückenetikett seines T-Shirts aus dem Halsausschnitt rausschaut, was zum Gesamteindruck auch eher ungünstig beiträgt, watschelt vor zur Jessi und dem Rafa, nimmt hinter ihnen Aufstellung wie ein begossener Pudel, der seine angestammte Würde nicht vollends zu verlieren versucht, rümpft die lädierte Nase und würgt durch seine geschwollenen Lippen hervor: »Bäh, hier stinkt's«, und wir alle starren den in seinem Stuhl hängenden Rafael an, der aussieht, als wäre er in der letzten Stunde zweimal gestorben. Hat der sich *tatsächlich* in die Hosen gemacht!

Der Achmet setzt die Klinge an Jessicas Kehle, schaut sie von der Seite hasserfüllt an, als ob er es auch so meint, und setzt plötzlich ein Lächeln auf, durch das er nicht bloß wie jemand wirkt, der nur aus dem Fernsehen weiß, wie man lächelt, sondern wie jemand, der aus einer Familie von Horrorclowns stammt.

Letztlich prima.

Ich verstehe das schon, dass die vom Staat den Achmet trotz seiner ellenlangen Liste an Straftaten noch nie ins Kittchen gesteckt haben. Wer würde denn da bitte die Verantwortung für dessen Mithäftlinge übernehmen?

Ich knipse ein Foto nach dem anderen, wobei mir plötzlich einfällt, dass die Jessica früher gern Tarotkarten gelegt hat, und dabei weiß ich noch nicht mal, woher ich das weiß.

Fertig! Diese zweite Fotostrecke hätten wir also auch im

Kasten. Es ist erstaunlich, was man leisten kann, wenn man in Schrecken versetzt wird.

Ich so: »Danke, Achmet!« Gerade, dass ich nicht *Cut* rufe.

Der Bobby und der Wolf legen den Achmet wieder in Kabelbinder-Ketten (völlig problemlos tut er uns den Gefallen und lässt es geschehen), sie schneiden die beiden Hinreiners frei, woraufhin die Jessica wortlos aufsteht und ihre Hände ausschüttelt, der Rafael aber von seinem Sitz nicht hochkommt. *Dicke sind ja sooo gemütlich.*

Dädädä, macht sich die Vikki jetzt schon wieder über Dicke lustig? Ja, schau ihn doch an! Stinkt nach Erschissenem, ist belastbar wie ein Strohhalm in der Schrottpresse und beweglich wie ein festgegurteter Komapatient. Aber nachts am Kühlschrank rumturnen zum Herzkranzgefäßeaufpolserungshammihammi, verstehst – kein Problem! Da kann man doch bitteschön schon mal sagen: lasche Lusche. Also wenn mich da jemand absichtlich missverstehen will, dann pfiat di Gott, scheene Bayerin.

»Rafael, geht's dir gut?«, frage ich bei ihm nach. Zufrieden?

Er schaut nicht mal hoch, sabbert vor sich hin. Die Jessica, die, wenn sie nicht schon die letzten Jahre über jeglichen Respekt vor ihrem Mann verloren hat, ihn bestimmt ab heute Abend noch mal mit ganz neuen Augen sieht, reicht ihm beide Hände, um ihn hochzustemmen.

Macht ihr mal.

Schon die ganze Zeit über vibriert und tutet Achmets Handy in meiner Handtasche. Während der Fotosession hab ich es ignoriert, aber bereits auf der Herfahrt ist mir aufgefallen, wie viel da eintrudelt. Enorm. Hunderte Messages von seinen Hunderten von Leuten aus seinen diversen Branchen. Als Bandenchef ist ganz schön was los. Immer sofort reagieren müssen, delegieren, ständig illegal oder halb legal, das könnt ich nicht. Ich könnt nicht ruhig schlafen. Das mit der kriminellen Energie, mit Betonung auf Energie, stimmt schon.

Der Achmet hat 'ne Menge davon.

Ich ziehe also sein iPhone raus. (Passwort: 1111. Was hast du denn gedacht? 1234?) Bevor ich mit den eben auf Jessicas Handy geschossenen Fotos meinen Plan umsetze, sollten wir noch Achmets andere zwei Teams kontaktieren. Die gondeln ja die ganze Zeit schon ebenfalls in Übertreibling rum und haben bereits mehrfach angefragt, was sie denn jetzt machen sollen, weil sie bei Tonis Bruder und bei Tonis Eltern nichts gefunden haben, was auf Gülays Entführung hinweist. Nicht, dass Achmets Boys noch auf dumme Gedanken kommen.

Ich öffne seine WhatsApp und bemerke, dass die vorletzte neue Nachricht, eine, die vor zwei Minuten das Handy hat bimmeln lassen, wieder von einer nicht gespeicherten Nummer stammt und einen Link enthält, unter dem steht: *kleine hilfe. such hier. und dann halt dich bereit.*

Oh, Shit! Wieder so eine nebulöse Botschaft. Diesmal wenigstens nicht auf Instagram.

Der lange blaue Link über dem Text – soll ich draufdrücken? Was soll schon passieren! Viren? Trojaner? Ist ja Achmets Handy. Wenn's das zerreißt, wen schert's? Wird's schon nicht.

Ich drücke, und sofort geht der Internetbrowser auf, und eine Landkarte erscheint, in deren Mitte: ein blauer Pfeil, der eine Position anzeigt. Mit Daumen und Zeigefinger zoome ich mich heran und vergrößere den Kartenausschnitt, bis aus Bayern eine bestimmte nordöstliche Region wird, die zum Landkreis Übertreibling und schließlich zu Übertreibling selbst wird, bis einzelne Straßennamen und Gebäudebezeichnungen erkennbar werden. Der blaue Pfeil bleibt stets in der Mitte des Displays, um die herum sich die immer größer werdenden geografischen Details anordnen. Schließlich habe ich die maximale Vergrößerung erreicht und fixiere mit zusammengekniffenen Augen und vorgerecktem Kopf den Zielpunkt, auf den der blaue Pfeil zeigt: Bahnhofstraße 73, direkt am Ortsausgang Übertreibling Richtung München. Also am entgegengesetzten Ortsausgang als dem, den wir auf dem Weg hierher ins Lokal meiner Mutter in Mitgiftegg passiert haben.

Merkwürdig.

Der Entführer (also der Joel, meine ich) schickt dem Achmet einen Navigationslink, der ihn zum westlichen Ortseingang von Übertreibling leiten soll? Um dort nach *was* zu suchen?

Ich entschließe mich, für einen Moment den Rückzug anzutreten.

Ich muss überlegen. Steht da irgendwas zwischen den Zeilen? Übernehme ich mich gerade? Hätt ich doch die Polizei …? Ich wurstel mich da so durch … Gedankenverloren gehe ich zu einem der Fenster, schiebe den Vorhang zurück und reiße es auf, weil der ganze Saal zunehmend nach Rafaels vollgemachter Hose riecht. Dann knipse ich noch eine zweite Lichtleiste im Raum an, weil draußen die Sonne inzwischen den Winkel gewechselt hat. Daraufhin sage ich zum Wolf, ja, lass uns gleich abhauen, aber einen kleinen Moment, bitte, ich gehe eben noch schnell auf die Toilette.

Während ich zum Damenklo eile (und da muss ich dich übrigens gleich vorwarnen, falls du mal bei uns vorbeischauen magst, aber zu den knapp hundertfünfzig Menschen in Deutschland gehörst, die bei ihrer Geschlechtsangabe *divers* angekreuzt haben: Hier im Gasthof Rosengarten gibt es keine dritte Toilette fürs dritte Geschlecht. Tut mir leid. Also besser bereits zu Hause austreten. Die Mama baut in absehbarer Zeit nämlich auch nicht an.), während ich mir erst die Hände wasche und dann in die Kabine gehe, mir anschließend noch mal die Hände wasche und dabei in den Spiegel schaue, da fällt mir mit einem Mal ein, warum der Entführer dem Achmet den Navigationslink geschickt hat. Und zu wem er ihn führen soll. Und warum der Pfeil gerade ausgerechnet auf das Ortsschild von Übertreibling zeigt.

Weil dort der Foodtruck vom Alfons Zapf steht!

Da, wo wir vorhin noch unser Abendessen zu uns genommen haben!

Ich stürme aus der Toilette zurück in den Saal, sammle den Maurice und den kleinen Jungen auf dem Weg dorthin noch mit auf und rufe allen Versammelten zu: »Wir müssen weg hier, schnell!«

Mittlerweile eingespielt wie eine gut geölte Maschine, greifen sich ein paar Switch Bladesler unsere dreieinhalb Gefangenen (Achmili, Jessila, Rafibär, Bubili) und marschieren im Entenmarsch durch die Gaststube. Ich rufe meiner Mama zu: »Bitte entschuldige, dass wir nicht aufgeräumt haben. Du, darf ich mir dein Auto ausleihen? Ich erzähl dir morgen alles, ja? Ich brauch jetzt nur ganz dringend dein Auto ...«, und gefall mir selbst nicht, wie ich gerade so hektisch rumwusel und daherred.

»Is ja gut, koa Problem. Habt's es grad wichtig, gä?« Sie verschwindet im Büro hinterm Zugang zur Treppe, und keine zehn Sekunden später kommt sie wieder raus, den Schlüssel baumelnd an ihrem ausgestreckten Zeigefinger, von dem ich ihn vorsichtig abziehe.

»Steht bei der Einfahrt nebam Brunnen.«

»Hab's scho gseng«, antworte ich wieder mal in dem Knallbayerisch, das ich automatisch spreche, wenn ich in meiner angestammten Umgebung bin, drücke meiner Mutter ein Abschiedsbussi auf die Wange, während sie so tut, als ob sie so täte, als wäre sie gekränkt.

»Gruß an'n Papa. Und an die Minka. Sorry, sorry, sorry!«, verzapf ich, schon im Rauslaufen, und bekomme noch ein letztes Wort mit auf den Weg, das natürlich die Mama haben muss: »Und fahrt's ma fei vorsichtig, so, wia's ihr drauf seids!«

Hinterm Lokal, neben dem Schuppen, wo wir mit unserem Tross aus den drei Limousinen, den elf Bikes und meinem Mini parken, frage ich den Achmet, der alle paar Schritte auf den Boden spuckt: »Der Mercedes, in dem du auf dem Herweg gesessen hast: Ist das auch dein privater?« Ich zeige auf den Benz, hinter dessen Windschutzscheibe ein witzig gemeintes *Eiliger Bluttransport*-Schild liegt und auf dessen Rückbank immer noch die vier Achmetboys übereinandergestapelt liegen.

»Ja, wieso?«

Ich ignoriere seine Gegenfrage und sage zum Wolf, während ich ihm bedeute, sich mit mir außer Hörweite von den anderen zu begeben: »Ich glaube, ich hätte noch einen neuen Ansatz, wie wir den Entführer ausfindig machen können. Dazu müssten wir aber erst unter Achmets Wagen nachschauen, ob dort auch ein Peilsender angebracht ist, so, wie's bei meinem Mini der Fall war.«

»Verstehe. Und wie kommst du darauf, dass da ein Sender sein könnte?«, will der Wolf wissen, nachdem er den Bobby und den Maurice gebeten hat, mal nachzuschauen, und die auch schon eifrig unter der Karosserie liegen und suchen.

»Der Entführer hat dem Achmet eine WhatsApp mit Navidaten geschickt, zusammen mit der Nachricht, er solle genau dort, wohin die GPS-Daten ihn führen, suchen – also wohl nach mir. Ich habe draufgeklickt, und was glaubst du, wo sich das Ziel befindet?«

»Keine Ahnung, sag!«

»Beim Foodtruck vom Alfons Zapf!«

»Wer is des?«

»Der Foodtruck! Die Imbissbude, bei der wir vorhin gegessen haben ...«

»Ach du Scheiße. Da, wo wir den Peilsender von deinem Wagen entfernt haben und dem Besitzer von dem Foodtreck unter seine olle Kiste gepappt haben?« (Tr*u*ck, nicht Tr*e*ck, ich korrigiere den Wolf natürlich nicht.)

»Genau. Im Umkehrschluss heißt das, dass der Entführer, wenn er mit den Navidaten genauso zweigleisig fährt wie mit seinen Instagram-Nachrichten ... dann heißt das, dass ich wahrscheinlich auch gerade so einen Link mit Navidaten auf *mein* Handy geschickt bekommen hab. Aber der Link führt dann vermutlich zu Achmets Auto.«

»Was wir aber gerade leider nicht nachprüfen können, weil du dir ja eingebildet hast, dein Handy dem Rudi auf Weltreise mitgeben zu müssen, und weil genau dieses Handy samt dem Rudi inzwischen von der Kripo einkassiert wur...«

»Stimmt. Aber wenn wir jetzt unter Achmets Wagen einen Peilsender finden, ist das so gut wie ein hundertprozentiger Beweis für meine These einer Doppelbeschattung«, würge ich ihn ab.

»Wie schaut's aus, Jungs«, wendet sich der Wolf ganz aufgeregt an den Bobby und den Maurice, von denen jeweils nur die Beine zu sehen sind, weil die Reste ihrer Körper rücklings unter dem Mercedes liegen.

»Schaut schlecht aus«, schallt es gedämpft von unten zu uns herauf.

Mist. Ich schaue so aufrichtig wie möglich nichtfrustriert zum Wolf.

»Ah, Moment, was is des?«, kommt es aus Bobbys Richtung, es knackt ein paarmal, er nackelt an etwas herum und kriecht wie jemand, der Schritte in einem luftleeren Raum übt, unter dem Wagen hervor. »Da schaut's, da hamma den Schlingel.«

Augenblicklich werde ich aktionistisch, weil mir klar wird, dass die Polizei bald hier auftauchen dürfte, da sie mein Handy ganz sicher toujours auswerten und darüber entsprechend Joels Nachricht mit dem Navigationslink erhalten haben, womit ihnen die GPS-Daten von Achmets Auto vorliegen. Die sind bestimmt bereits losgefahren. Mit Blaulicht.

In meiner ganzen Unruhe trifft mich die Vorstellung wie ein Schuss, dass der Kathi gerade womöglich ganz schlimm zugesetzt wird, aber ich verdränge diesen Mahnruf an meine immense Verantwortung durch die aufkeimende Hoffnung, womöglich eine Lösung gefunden zu haben, und verfüge mit klarer Stimme, ganz Diktatorin aus Notwendigkeit: »Achmet, du steigst in deinen Wagen, diesmal wieder hinters Steuer. Jessica, du steigst in *den* Benz da.« Ich zeige auf das Auto, in dem die restlichen drei Achmetboys auf der Rückbank sorgfältig verschnürt lagern. »Und Rafael, du fährst bitte den dritten Wagen.« Mit einer Kopfbewegung lasse ich den Rafael wissen, wohin er zu gehen hat.

»Oh, nee, komm, Vikki, nicht *der* Typ! Leg ihm wenigstens was unter. Ich krieg die Scheiße doch nicht mehr aus dem Leder raus, wenn der sich da reinsetzt«, wimmert der Achmet von seinem Fahrersitz aus und zeigt auf den Rafael. Der hat Prioritäten, in seiner Lage. Da siehste mal.

»Das ist derzeit unser geringstes Problem, Achmet. Ich bitte dich! ... Aber, na schön«, billige ich ihm zu, weil's mir doch auch immer so graust, und dackle zum Rafael, den wirklich eine Dunstwolke umhüllt, dass es mir fast hochkommt. Ich greife sein Kurzarmhemd von hinten am Kragen, reiße es ihm über den Rücken mit einem Ruck vom Körper, die Knöpfe splittern derart leichtgängig ab, als wären sie präpariert, und lege das Hemd einmal gefaltet auf den Fahrersitz des Wagens, der für den Rafael bestimmt ist. Bitte *da* draufsetzen. Damit ist doch schon ein bisschen was geholfen.

Also weniger dem Autositz, der Kot wird bestimmt trotzdem ein wenig durchsickern, als vielmehr der Optik von Rafaels wabbeligem Oberkörper. Weil, ich sag dir was – du kannst dir als Mann einiges an Geschmacklosigkeiten leisten, aber fünf Dinge auf keinen Fall: Mittelscheitel, offene Schuhe, Strickjacken, schwäbischer Dialekt und … *Kurzarm*hemden.

Kurzarmhemden sind das Indiskutabelste überhaupt. Noch dazu in Kariert.

Wieso mir aber die rabiate Hemdrunterreißerei überraschenderweise so leicht von der Hand gegangen ist?

Das war mal Teil eines meiner Bühnenprogramme. Mehr sag ich nicht.

Außer vielleicht: Der Typ, dem ich damals Nacht für Nacht das Hemd vom Körper gerissen habe, sah deutlich anders aus als der Rafael. Naaa, naaa, mehr sag ich jetzt wirklich nicht.

»Jessica, du fährst voran, und zwar zurück zu dir nach Haus. Und mach keinen Unsinn. Die Jungs auf ihren Bikes eskortieren euch, ja?« Die Jessica, die seit der Fotosession derartig stoisch und schweigsam geworden ist, nickt nur, und ich bewundere sie beinah, wie gefasst sie alles nimmt. Ihr kleiner Sohn, der auf dem Beifahrersitz Platz genommen hat, verhält sich ähnlich. Er starrt mich wahnsinnig neutral an und bläst sich ständig das Haar aus dem Gesicht. Als käme der Rest der Welt nicht mehr an ihn heran. Ist das die aktuelle Zukunft?

»Rafael, Achmet: Ihr fahrt der Jessica nach!« Und werdet dort in Bälde vermutlich von der Polizei begrüßt werden. Weil die annehmen, dass sie über den Navigations-Link einer heißen Spur folgen, die irgendwie mit dem *Entführungs-*

fall Kathi Röhm und mir zusammenhängt. Aber Genaueres wissen sie nicht. Die haben sicher noch nicht mal Wind davon bekommen, dass der Achmet und seine Gülay ebenfalls in die Entführung involviert sind. Überkreuz mit der Kathi und mir, sozusagen.

Da wird er schauen, der Achmet, wenn bei der Jessica zu Haus plötzlich die Polizei auftaucht und ihn mit seinen gefesselten Boys in den Limousinen vorfindet. Und zwar inklusive seiner beiden anderen Teams, die gerade noch verstreut in der Gegend rumhängen.

»Jessica, sagst du mir bitte noch mal schnell deine genaue Adresse?« Sie tut es, und ein paar Sekunden später habe ich genau diese Adresse an Achmets andere beiden Teams in Übertreibling geschickt, mit der Anweisung, unverzüglich bei der Jessi daheim aufzutauchen.

Das wird ein Fest. Gut und gern zwanzig Achmetproleten, alle gekleidet in ihre Lieblingsfarbe (Dunkel) und mit Koranbärten, treffen auf die erste Vorhut der Polizei, deren ortsansässige Beamte, und keiner weiß, was mit dem anderen anfangen.

Der Wolf schneidet dem Achmet die Kabelbinder auf, der Achmet startet seinen Protzwagen, lässt ihn aufjaulen, weil er wohl gewohnheitsmäßig gar nicht anders kann, und einmal mehr frage ich mich, ob das obsessive Vorführen des eigenen Reichtums ein Zeichen von Armut ist oder etwas ganz anderes.

Zum Bobby, der schon auf seiner Harley sitzt und dem Achmet vorausfahren wird, sage ich: »Hier ist der Peilsender von Achmets Wagen. Sobald ihr bei der Jessica ankommt, zieh die SIM-Karte raus und deaktiviere das Ding komplett. Und dann holt unsere beiden Jungs aus dem Haus und verschwindet, so schnell es geht, vom Grundstück und aus Übertreibling … Tausend Dank schon mal bis hierher,

Bobby, dass ihr mir geholfen habt. Bitte bleibt auf Sendung, wahrscheinlich brauchen wir euch nachher noch. Ich meld mich so oder so in etwa einer Stunde über die Handys vom Achmet.«

»Mach ma.«

Nur noch wir beide sind übrig, der Wolf und ich, auf dem Parkplatz des Gasthofs meiner Mutter, und schauen den Bladeslern und den drei Limousinen nach, die alle personalisierte Kfz-Kennzeichen haben, die mit M-AK beginnen. München, Bindestrich Achmet Kyriakides. Der Mann, mit dem ich ganz zufällig zu einer Doppelspitze im Entführungsfall *Kathi und Gülay versus Joel* geworden bin.

Aber was heißt da zufällig?

Weiter geht's. Ich nehm schon mal meine Perücke ab.

Auf Anweisung meiner Kopfschmerzen.

Meinetwegen.

19

Als ich im Auto meiner Mutter vor dem Foodtruck vom Alfons Zapf zum Stehen komme, rast an uns eine Polizeiwagenflotte vorbei, aus der Gegenrichtung. Tatütata, Blaulicht, grad wichtig haben sie's. Muss die Verstärkung aus dem Nachbarort sein.

Der Wolf neben mir und ich, wir ziehen instinktiv die Köpfe ein. Aber natürlich interessiert sich keiner für uns. Die Polizeiler dürften direkt zu Jessicas Grundstück wollen, dem Signal vom Peilsender an Achmets Mercedes folgend.

Direkt am Ortsschild Übertreibling parke ich auf dem knirschenden Kies des Seitenstreifens, und wir stellen fest, dass wir gar nicht aussteigen müssen, weil der Foodtruck bereits geschlossen hat. Mei, es ist ja schon halb zehn. Die Adleraugen vom Wolf erkennen auf dem Öffnungszeitenschild an der geschlossenen Verkaufsklappe, dass werktags bis zweiundzwanzig Uhr geöffnet ist. Vermutlich ist der Alfons also gerade erst nach Hause aufgebrochen, wo immer das auch sein mag.

Schaun wir mal.

Ich greife nach Achmets Handy. Die Landkarte des Browsers ist noch geöffnet, und in der Tat zeigt uns der sich bewegende Pfeil, wohin der Alfons Zapf seinen GPS-verwanzten alten Opel gerade lenkt.

Ihm nach, würde ich sagen.

»Nimm du«, bitte ich den Wolf und reiche ihm das Handy. Auf den Beifahrersitz degradiert, so ganz ohne seine Harley-Davidson-Chinakopie, wirkt der Wolf beinahe verletzlich, wie der Achilles an seiner Ferse. Ich will nicht sagen, dass er ohne Bike ein anderer Mensch ist, aber eigentlich schon ein wenig.

Aus keinem bestimmten Grund sehe ich im Hintergrund von Alfons' Truck, hundert Meter dahinter vielleicht, eine einsame Kuh stehen. Ganz allein. Fällt mir erst jetzt auf. Sie steht einfach da, im Gras, ganz kategorisch, mit ihrer überschüssigen Lethargie. Sie macht sich aus nichts was. Nichts aus der unerträglichen Wirklichkeit. War sie vorhin auch schon da? Ich habe den Eindruck, dass sie herschaut. Von ihrer Wiese aus, durch die Windschutzscheibe, mir direkt in die Augen. Sie lässt sich nichts vormachen. Sie starrt mich an und weiß alles. Was willst du darauf sagen? Schön ist sie. Keine Ahnung, wieso ich das finde, aber sie könnte Stella heißen.

Und ich könnte mich zusammenreißen.

Etwas zu forsch wende ich den SUV von der Mama, der Kies spritzt nur so, und ich heize wieder ortseinwärts, Wolfs Anweisungen folgend. Eben dahin, wohin der Ortungspfeil auf Achmets Smartphone uns leitet.

Halt! Stopp! Wie bitte? SUV, Ess-Juu-Wieh? Hab ich da richtig gehört, fragst du jetzt? Meine Mama fährt einen SUV?

Ja, sicher. Die braucht doch einen Stauraum, auch für die Großeinkäufe. *Scheint ja ganz schön zu laufen, der Gasthof Rosengarten*, kannst du dir jetzt nicht verkneifen? Ja, von wegen! Pfeifendeckel! Mit so einem großen Restaurant kommst du immer gerade so über die Runden, das darfst du glauben, weil: gigantische Fixkosten, Rücklagen schaffen, Bescheißerei durch die eigenen Angestellten ... Wenn du vernünftig bist, machst du eher auf Hartz IV. Hast weniger Scherereien. Ist aber halt nicht jedermanns Sache.

Den Touareg hat die Mama außerdem bei einem Preisausschreiben gewonnen. Nein, falsch, bei einem Radiorätsel. Da hat sie bei Bayern 1 oder 2 oder 3 angerufen, wahrscheinlich eher 3, und »zum ersten Mal in ihrem Leben was gewonnen«, wie sie dem Moderator ins Ohr gejubelt hat. Und dann gleich so was. Die Gewinner-Lösungsantwort lautete: *Kate Middleton.*

Davor fuhr sie ihr Leben lang einen kleinen Ford. (Also die Mama. Nicht die Kate Middleton.)

Und ich bin dir fei beleidigt, wenn du mir jetzt noch mit »Und was ist mit *Dieselmotor* und *Klimakiller-SUV?*« kommst. Die paar Liter, die die Kiste von der Mama mehr verbraucht als ein fescher Zweitürer, machen's Kraut auch nicht fett. Und bis die kompletten Entwicklungssünden der ganzen Elektromotorenkultur klimabilanztechnisch wieder ausgeglichen sind, so um den Dreh rum, wenn die Greta Thunfisch hundert Jahre alt ist, bis dahin wär's ökologisch effektiver gewesen, es beim bisherigen bleifreien Produktekatalog zu belassen, glaub mas.

Aber es muss halt immer an was Neuem gewerkelt werden.

So unauffällig wie möglich lenke ich den Wolf und mich durch die Übertreiblinger Nebenstraßen, am Gymnasium vorbei, durch die S-Bahn-Unterführung durch und bei der Änderungsschneiderei Schmitzberger ab nach links zu den Fachwerkhäusern. Der Navigationspfeil steht inzwischen still. Wir scheinen dem Ziel nahe. Endstation ist für uns am Steigenbichler Weg, direkt vor einem Garagentor. Und das gehört dem Alfons Zapf, nehm ich an. Im dazugehörigen Haus muss er wohnen. Drinnen brennt Licht.

Tatsächlich, das Messingschild vorn am Briefkasten schreit: ZAPF. Komplett großgeschrieben. Alles-Großschreiber sind ein besonderer Menschenschlag. Genau wie Liftknopf-Mehrfachdrücker, Hände-in-den-Hosentaschen-beim-Bewerbungsgespräch-Haber und Mit-den-Fingern-nach-der-Bedienung-Schnippser.

Dass er seinen Opel aber auch gleich in die Garage stellen musste, der Alfons. Den Schrotthaufen muss man doch wirklich nicht mehr vor Wind und Wetter abschirmen ... Könnte heute vielleicht wenigstens irgendwas mal rundlaufen?

Wie kommen wir jetzt an den Wagen ran?

Ehrlich gesagt, schon ein bisschen erschöpft und schlagartig verzweifelt, frage ich den Wolf und das Universum mit rein lösungsorientiertem Seufzen in der Stimme: »Was machen wir denn jetzt?«

Man muss sich das mal so vorstellen: Wir stehen mit Achmets Handy-Navisignal quasi direkt vor dem dazugehörigen Sender, aber leider durch ein dünnes Garagentor getrennt. Der Sender pappt ja bloß deshalb am Uraltopel vom völlig unbeteiligten Foodtruck-Alfons, weil mich vorhin der Albernheitsteufel geritten hat. Manchmal könnt ich mich ...

Das war heute schon mein zweiter Denkfehler.

Der erste war, dem Rudi mein Handy zu geben und ihn Richtung Garmisch zu schicken, um eine falsche Fährte zu legen. Dabei hätte ich es doch auch bloß entkernen können, und gut wär's gewesen.

Ich sag ja immer, das eigene Naturell spielt einem selbst die exaltiertesten Streiche.

Sich selbst vergeben – ach, so gut wie unmöglich.

Und während ich mich noch ärgere, ist der Wolf bereits ausgestiegen und schlendert die Einfahrt hoch bis zum Tor, Hände in den Taschen seiner Lederjacke, und macht nicht den Fehler, so typisch auffällig unauffällig umherzuschauen, ob ihn jemand sieht. Nix! Ganz schamlos geht er durch die Auffahrt vom Zapf, vorbei an einem Rhododendron-Busch, kniet sich vor dem Blechtor hin, und schwupps, schwenkt er es auf.

Weder habe ich in der Zwischenzeit den Motor ausgeschaltet noch die Scheinwerfer, als der Wolf wieder zu mir in den Wagen steigt, keine drei Minuten seit dem Beginn seines Feldzugs. Er hält den Peilsender in der Hand und zeigt ihn mir stumm, für triumphierende Regungen inzwischen zu groggy. Endlich hat mal was geklappt. Irre, der Wolf.

Ich hab ja schon erwähnt, dass er ein wirklich vielschichtiger Mensch ist. Aber eine Sache, die sehr, sehr interessant sein könnte, weil sie auch so verschroben ist, glaube ich, habe ich noch nicht erwähnt.

Ist der Wolf auch für jeden Blödsinn und Wahnsinn und Unsinn zu haben, so ist er auch einer der ganz wenigen Menschen, die ich kenne, der – trotz Humor im Überfluss – nicht lachen kann. Aber eben nicht, weil er keinen Spaß in sich hat. Er kann Leute zum Lachen bringen und kapiert jeden noch so kruden Scherz an und für sich. Aber lauthals rausprusten oder ein Honigkuchenpferdgesicht machen, das hab ich ihn noch nie gesehen.

Jetzt aber bitte nicht verwechseln mit so humorlosen Nullnummern, die nicht lachen können, weil sie überhaupt keine musische Seite in sich haben, wie der Robert de Niro zum Beispiel oder der Richard David Precht. Wenn die nämlich irgendwann mal notgedrungen zu lachen versuchen, sieht ihr Gesicht aus, als hätten sie einen Schlaganfall. Das ist was anderes, das ist eine Imitation. Denen fehlt innerlich halt eine Instanz. Also, nicht verwechseln mit dem Wolf, der einfach nur keine Mimik dafür hat.

Im Schleichmodus rollen wir mit dem SUV von dannen. Jetzt bloß nicht noch entdeckt werden. Weder vom Alfons Zapf (oder auch ALFONS ZAPF), noch eventuell von der

Polizei, gleich auf der Hauptstraße. Wir hatten gerade mehr Glück als Verstand.

Es muss weitergehen – für die Kathi.

»Sollen wir den Peilsender ausschalten, damit der Joel nicht mehr nachverfolgen kann, wohin wir fahren?«, fragt mich der Wolf. Hm. Mal überlegen. Wäre schön, wenn ich hierbei keinen Denkfehler mache.

»Momentan haben wir weder Nutzen noch Nachteil, ob er sendet oder nicht. Ob der Joel weiterhin ausspäht, wo wir gerade rumgondeln, ist auch schon egal. Entscheidend ist jetzt nur, ob wir über dieses Kistchen rückverfolgen können, wo *er* sich befindet. Also der Joel!«, fasse ich zusammen und bin derart verunsichert, dass ich dauernd glaube, was zu übersehen oder falsch zu konnekten. Angefressenes Selbstvertrauen ist die Hölle.

»Guter Ansatz. Das sollten wir auschecken«, greift der Wolf meine Analyse gleich voller Tatendrang auf. »Ich weiß jemanden, der sich mit so was auskennt … Jetzt hab ich halt blöderweise seine Telefonnummer nicht da …«

»Kommst du irgendwie anders dran? Dein Handy einzuschalten, wäre blöd. Unsere Unsichtbarkeit jetzt wieder zu crashen, wär echt schade …«

»Wart mal, der Karl hat eine Homepage … also seine Privatdetektei hat eine. Pass auf, ich geh über Achmets Handy ins Netz.«

Es klappt. Ein paar Augenaufschläge später hören wir über das laut gestellte Handy eine raue Stimme sagen: »Löschwinter?«

»Karl, servus, der Wolf hier.«

»Ja, der Wolf, servus – sag amoi, rufst du jetzt über Festnetz an? Ich seh hier nämlich, dass du über die Büroumleitung auf mein Handy kommst! Samma jetz scho so weit?«

»Haha. Naaa, ich hab dei Handynummer grad nur ned verfügbar. Du, Karl, pass auf, wir haben's a bisserl eilig. Ich sitz hier im Auto mit einer engen Freundin, der Vikki, die mithört...«

»Hallo, Karl«, rufe ich in die Luft.

»Hallo, Vikki«, ruft er zurück.

»Genau«, sagt der Wolf, *genau*, wie man das so sagt, ob's passt oder nicht. »Wir sind gerade in Übertreibling, und es geht drunter und drüber, deshalb, ganz kurz, du, Frage! Wenn ich einen Peilsender an meinem Auto finde, kann ich dann rückverfolgen, wer mir den Scheißdreck ans Blech geschraubt hat? Oder besser: Kann ich ausfindig machen, wo der Hundling sich befindet, wenn er meine Bewegungsdaten gerade in Echtzeit mitverfolgt?«

»Des is ned so einfach zu beantworten, Woife. Erstens Mal gibt's da viele unterschiedliche Systeme, und zweit... ah, oder sagen wir's erst amoi so: Weißt du, ob der Tracker Daten nur aufzeichnet oder ob er die Bewegungsdaten live raussendet?«

»Der sendet ununterbrochen. Ich halt den Sender gerade in der Hand und sehe simultan auf meinem Handy, wohin er sich bewegt.«

»Was? Bist *du* dann der, dem der Tracker g'hört, oder was?«

»Nein, aber ich habe von dem, dem der Tracker g'hört, einen Link zur Mitverfolgung geschickt bekommen«, spricht der Wolf in Ich-Form, um nichts zu verkomplizieren.

»Häh?«, ist der Karl sich noch immer nicht im Klaren, wieso der Wolf den Sender in der Hand hält und gleichzeitig auch dessen Signal auf einem Handy folgen kann.

»Ist jetzt egal. Ist alles etwas kompliziert, und du würdest es nicht glauben... Also, noch mal: Ja, der Tracker sendet die Bewegungsdaten live raus«, resümiert der Wolf.

»Sehr gut, das hilft uns schon weiter... Hat der Kasten irgendeinen Kabeleingang? USB oder Miniklinke, irgend so was?«, will der Karl wissen.

»Hat er nicht.«

»Hm. Na gut … Dann gäbe es eventuell die Möglichkeit, die SIM zu entfernen und in ein Gerät mit Auslesemöglichkeit zu stecken, falls die SIM nicht passwortgeschützt ist. Von dort aus ließe sich eine Rückwärtssortierung eventuell bewerkstelligen. So ein GPS-Modul sendet ja seine aktuellen Ortungsdaten ständig zum jeweils nächsten Funkmasten und der dann weiter an den Empfänger. Eventuell könnten wir also über ein Retrack-Tool nachvollziehen, über welche Router und Internet-Knotenpunkte hinweg der Adressat zu finden ist. Mit einem Packet Tracer … durchaus auch die UDP-Befehle … weil die sogenannte Tracerroute wiederum … Ziel-IP-Adresse … Firewall knacken … hin zum Transit-Port …«, fachsimpelt der Karl Löschwinter beruhigend kompetent vor sich hin.

Leider nehme ich schon bald nur noch vereinzelte Begriffe wahr, aber ich fasse mal zusammen, dass dieser hilfsbereite Privatdetektiv bereit ist, uns sofort zu unterstützen, obwohl er gerade an der Observierung einer höchst untreuen Ehefrau dran ist, deren Gatte ihn beauftragt hat, ihr heute Nacht nachzuspüren. Uraltklischee, man glaubt es nicht. Aber für seinen Kumpel Wolf, der sich offensichtlich in einer Notlage befindet, macht der Karl jetzt gerne sofort Schluss mit Rumhocken und Fernglas in fremde Fenster Halten, und trifft uns gerne – ja, wo? Und wann genau?

»Wann schafft ihr es, in München zu sein?«, fragt er.

»Macht es Sinn, nach München zu fahren? Wir wissen ja gar nicht, ob der Joel die Mädels vielleicht irgendwo ganz anders gefangen hält«, flüstere ich dem Wolf zu, obwohl der Karl natürlich ganz deutlich mithört, aber so weiß jeder, wer angesprochen ist.

»Soll ich zu euch rauskommen?«, mischt sich trotzdem der Karl ein, und ich muss wieder kurz nachdenken, weil: Heute keine Denkfehler mehr, *bitte*!

In der Zwischenzeit haben wir Übertreibling in Mamas Touareg längst hinter uns gelassen, und ich balanciere in meinen Überlegungen die Switch Bladesler, die Achmetboys, die Polizei, den Joel und den Karl Löschwinter umher – wen ich wann wie wo und so weiter. Koordinatorische Kopfarbeit.

Die Kathi im Alleingang retten! Ich verstehe nicht, was da in mich gefahren ist, was mich da geritten hat.

Als würde ich seit gestern durchgehend rufen: Her mit dem Ärger, aber schnellstens!

Dass ich mich entschieden habe, die Polizei auszubooten und parallel zu ermitteln, weil ich plötzlich in den Kreis der Verdächtigen aufgenommen wurde, erscheint mir zunehmend wie ein surrealer Traum. Ein Schwebezustand, dem eine ziemlich harte Landung folgen kann.

»Karl, wollen wir uns um eins am Karlsplatz treffen? Am Brunnen? In zweieinhalb Stunden, das könnten wir schaffen. Oder ist dir das zu spät?«, mische ich mich wieder in das Telefonat zwischen dem Wolf und dem Karl ein.

Aber genauso machen wir's, und so verbleiben wir.

Zweihundert km/h auf dem Tacho eines Touareg fühlen sich wie etwa hundertzwanzig in meinem Mini an. Und das noch dazu in einer Achtziger-Zone! Mamas SUV ist eine echte Rakete und gleichzeitig ein rollendes Wohnzimmer. Nur wenige Kilometer, nachdem wir auf die Autobahn gebogen sind, kündigt ein Schild bereits die Ausfahrt Verhausen an, wodurch mir der heutige Tag ruckartig vorkommt wie eine ausgeartete *Pulp Fiction*-Version des vorangegangenen.

Und er ist noch nicht zu Ende.

Bei Verhausen fahr ich also raus. Ein Abstecher bei der

Coco dauert keine Viertelstunde, ich kann mich erkundigen, wie es ihrer Hand und ihr selbst geht, und dabei meine Schuldgefühle noch etwas aufstocken. Und einen kurzen Boxenstopp brauchen der Wolf und ich sowieso.

Superhelden benötigen keine Pausen, müssen nie und essen nix.

Wir schon.

Die Straße, in der die Coco wohnt, ist nur auf einer Seite bebaut. Auf der gegenüberliegenden Seite gibt es unordentliche Grasflächen, auf denen zusammengerechte Sträucherrestehaufen seit Jahren ihr knorriges Dasein fristen. Auf einem Wiesenabschnitt dazwischen haben es sich die Coco und ein paar ihrer Nachbarn an einem Biergartentisch samt zwei Bänken gemütlich gemacht. Vorhin hat man gegrillt, jetzt trinkt man nur noch was und lässt den Abend ausklingen. Kerzen, Gläser, Geschirr, Essensreste auf dem Tisch – ein typischer geselliger Hochsommerabend, an dem mir, obwohl noch weit über zwanzig Grad herrschen, langsam kalt auf der Haut wird, übernächtigt und ausgelaugt, wie ich bin.

Als der Wolf und ich aussteigen, johlt eine sichtlich heitere Coco mit ihrer rauchig-heiseren Schauspielerinnenstimme: »Vikki, mein Schatz, welch göttliche Überraschung! Wie unsagbar schön, dass du mich besuchen kommst. Bitte lass dich drücken ... Uuh, ganz im Ernst, ohne Perücke gefällst du mir fast noch besser!«

Es folgt eine showreife Umarmung für die versammelte Mannschaft, wobei die Coco ihre bandagierte Hand zur Seite streckt, als wäre sie ein Galgen. Fünf von Cocos Bekannten sitzen am Tisch, ganz normale Leute mittleren Alters, und ich hasse es wirklich sehr, wo dazuzustoßen und so eine Generalbegrüßung vom Stapel lassen zu müssen. Dieses verkorkst lächelnde *Hallo, zusammen*. Aaah, Hilfe.

Wenn man noch dazu immer ein bisschen davon ausgehen muss, dass die Leute einen kennen oder *er*kennen, macht einen das überdies verletzlich. Man versucht zu deuten, ob man gerade als öffentliche Person identifiziert wird, ist schlagartig befangen und kaschiert das natürlich gleich mal, indem man versucht, dem eigenen Image zu entsprechen, ohne zu wissen, was das eigentlich sein soll.

Ich sage also artig Hallo und frage mich, warum man sich an manches einfach nie gewöhnt. Aber auch das geht vorbei, und der Wolf und ich quetschen uns ans Ende je einer der Bänke, ganz gmiatlich an den Rand. Sodass man hoffen muss, dass nicht alle anderen abrupt aufstehen und man selbst sitzend auf den Boden knallt, weil das Gegengewicht fehlt.

Ich hocke neben der Coco und erkundige mich, wie es im Krankenhaus war, ob sie gut versorgt wurde und ob die Hand noch arg wehtut. Anstatt darauf zu antworten, ist die Coco, in ihrem blumenbestickten Wallekleid und mit der in ihre Federhärchen gesteckten Jackie-Onassis-Sonnenbrille, eher in der Stimmung, noch einmal haarklein den Einbruch von gestern Abend zu schildern, und zwar so, dass es jeder der Anwesenden mitbekommt. (Ich erkenne an ihren Gesichtern, dass sie es heute Abend wahrlich nicht zum ersten Mal hören.)

Kurz und gut, es ist wie immer mit der Coco, wenn sich mehrere Leute gleichzeitig in ihrer Nähe befinden: *Coco galore! The one and only!* So und nicht anders.

Aber den möchte ich sehen, der sich anders verhalten würde, wenn er nicht auch in der Überzeugung erwachsen geworden wäre, etwas Besonderes zu sein. Ehe du dich's versiehst, bist du das Ergebnis deiner eigenen Ursache. Da kommt keiner mehr raus.

Laut der Coco ist ihre alte Presseagentin, die Anni Fitzdum, ganz außer sich vor Begeisterung über den Vorfall und hat schon die Schlagzeilen von morgen lanciert: *Überfall mit Körperverletzung! Filmstar Coco Neumayer in eigener Wohnung von brutalem Gangster überrascht! Hand durchbohrt!*

Die Anni wird publicitymäßig Vollgas geben und der Coco eine Reihe neuer Talkshow-Auftritte besorgen, knackige Yellow-Press-Features, einen Buchdeal (Autobiografie. Arbeitstitel, nur eine erste Idee: *Das war's noch lange nicht, my Darling!*), und »wer weiß, was noch Schönes«, berichtet die Coco euphorisch. Eine neue Hauptrolle? Einfach alles Mögliche. Die Gelegenheit ausschlachten, die Celebrity-Kuh melken, jetzt dranbleiben.

Dass Cocos geliebte Agentin Anni Fitzdum frühdement schon vor Jahren an Krebs gestorben ist, erwähne ich der Runde gegenüber natürlich nicht.

Zu viel Transparenz verwirrt nur. Emotionen sind Fakten.

Ich jedenfalls und der Wolf, und alle anderen allerdings auch, huldigen der Coco und ihrem leichten Hang zum Theatralischen durch ehrfurchtsvolles Zuhören, wobei ich an einer liegen gebliebenen Breze kaue und der Wolf sich einen Spezi aufgemacht hat. Er lässt mir auch einen Schluck. Breze und Spezi, feini fein. Eine letzte Stärkung vor der Rückreise.

Keine zehn Minuten nach unserer Ankunft kommt endlich das Switch-Blades-Bataillon unserer Jungs angeknattert, fast alle neunzehn Mann. Genau gesagt: siebzehn, da die zwei von den Achmetboys angeschossenen Unglücksraben noch im Krankenhaus liegen, es aber ohne bleibende Schäden überleben werden. Trotzdem: welch hoher Preis!

Mei, das wird wieder so eine heikle Aufgabe werden für den Knut Borchert, den Anwalt der Switch Blades. Aber wenn einer sich was aus den Rippen leiern kann, um die meldepflichtigen Schussverletzungen juristisch zu erklären, dann er. Da wird am Ende eher die Oma vom Chefarzt verhaftet, als dass die beiden verletzten Switchler sich irgendwelche lästigen Nachfragen gefallen lassen müssen.

Aber eins nach dem anderen. Jetzt befinden wir uns erst mal gegenüber von Cocos Haus. Der Wolf hat nach dem Telefonat mit seinem Privatdetektiv-Kumpel gleich alle Jungs zusammengetrommelt und hierher beordert. Zur Manöverkritik. Es ist beruhigend, wieder komplett zu sein.

Auffallend sauber in Reih und Glied aufgestellt, parken die Maschinen entlang des Straßenrands, während die gestressten Rockerbuam sich die Helme vom Kopf ziehen und ihre Gliedmaßen ausschütteln. Ohne übertriebene Schüchternheit gafft die Coco jeden der Lederjacken-Männer an, der an ihr vorbeigeht, um sich aus einem der herumstehenden Träger eine Flasche Bier zu stibitzen oder erfolglos nach etwas zum Knabbern zu suchen.

Ich merke jetzt, da sich die Gästeschar vervielfacht hat, dass ich schlagartig ein bisschen gschamig werde und meine Echthaarperücke (Preis: unbezahlbar) doch ganz gern aufhätte. Als Schutzschild, sozusagen. Doch sie liegt ja auf dem Autorücksitz.

Der Bobby und der Maurice berichten dem Wolf und mir, dass sie vom Gasthof Rosengarten aus die drei Limousinen mit der Jessica, dem Rafael, ihrem kleinen Sohn und dem Achmet samt seinen sieben verschnürten Geistesbrüdern zu Jessicas Haus eskortiert haben und nach Ankunft und Entladen der Meute sofort abgehauen sind. Sie haben sich in Grüppchen aufgeteilt, um einem eventuellen Aufeinandertreffen mit anfahrenden Polizeikohorten zu entgehen.

Hat geklappt. Den Peilsender, der an Achmets Auto angebracht war, haben sie mir mitgebracht und bereits ausgeschaltet, sodass die Polizei (die den Peilsender ja über mein Handy verfolgen kann) ab sofort kein Signal mehr empfängt.

Mission erfüllt.

Ich reiche den deaktivierten Peilsender an den Wolf weiter, weil der eine Jackentasche zum Reinstecken hat.

Was jetzt wohl gerade vor Jessicas Haus los ist?

Ein Menschenauflauf sondergleichen vermutlich. Schon bald nach dem Abflug der Switchler dürfte die Polizei dort aufgeschlagen sein. Und die hat sich bestimmt gefreut über den zufällig ebenfalls anwesenden Clanchef mit seinen lädierten Angestellten.

Da würde ich gern Mäuschen spielen …

Ich darf gar nicht dran denken, was dem Achmet jetzt durch den Kopf geht. Ob seine Angst um die Gülay größer ist, oder sein Hass auf mich. Vielleicht begreift er aber auch, dass wir beide eigentlich eine indirekte gemeinsame Front gegen den Entführer bilden.

Was weiß denn ich, wie so ein impulsiver Rabauke wie der Achmet tickt. So was nachzuvollziehen zu versuchen, ist reine Zeitverschwendung.

Ich bin auf mich gestellt. Ende. Und das ist gar nicht so schlimm. Ich hab ja den Wolf und seine Jungs.

Ganz zu schweigen von der lästigen Motte, die dauernd um mich rumschwirrt.

20

Wollen wir losfahren?«, frage ich den Wolf, während sich auf der Wiese gegenüber von Cocos Haus eine beinah volksfestartige Stimmung einstellt, wie die Switchler so gemütlich um die Bierbänke und den verglimmten Grill stehen und ratschen. Zwei Straßenlaternen spenden gelblich mattes Licht, die tropisch feuchtwarme Luft steht still, und nur das leise Rauschen der Autobahn untermalt das Zirpen und die sonstigen Geräusche der Millionen von Insekten im Gras.

Die Coco ist in Anbandellaune und unterhält sich angeregt mit drei der Jungs gleichzeitig, während ihre braven Nachbarn, mit denen sie den Abend begonnen hat, sich gerade nach Hause verzogen haben. Cocos Dauerlächeln strapaziert das Hyaluron in ihren Wangen, und es tut beim Hinsehen weh, aber es ist schön, festzustellen, wie zäh eine Frau ihres Schlages ist, wenn man bedenkt, dass sie mit ihren über siebzig Jahren einen nächtlichen Überfall inklusive Körperverletzung so mühelos wegsteckt.

Vielleicht liegt es ja daran, dass sie nach der Maxime lebt: Je größer das Malheur, desto besser die Geschichte, die man zu erzählen hat. Vielleicht liegt es aber auch daran, dass sie eine Mutter hatte, die sie eher durch ein *Stell dich nicht so an* prägte als durch ein *Vergiss nicht, deinen Fahrradhelm aufzusetzen.*

Wie dem auch sei, die Coco ist in Topform.

Nur, damit keine Missverständnisse aufkommen und sich

jemand noch wundert, weil man sie doch inzwischen ein bisschen einschätzen kann: Klar ist die Coco, schon seit wir hier angekommen sind, hackedicht.

»Stimmt, wir müssen los«, seufzt mir der Wolf kraftlos entgegen und seufzt gleich noch mal beim Aufstehen. Dass alle jedwede Handys bitte erst wieder anstellen sollen, wenn sie in München sind, lassen wir die Crew noch wissen, was spätestens um eins der Fall sein sollte.

Aufs Stichwort kucke ich noch über Achmets Handy-Internet auf Kathis und Gülays Instagram-Accounts und stelle fest, dass es zwar keine neuen Nachrichten vom Entführer gibt, dass aber der Post auf Kathis Insta-Seite, der mit dem Gefesselten-Foto von ihr und der Gülay bereits über neunhunderttausend Likes kassiert hat.

Jessas.

Das Foto sagt doch für Außenstehende überhaupt nichts aus.

Die Leute da draußen verteilen für ihr Lebtag einfach blanko unzählige Smileys, Frownys und Likes, und ansonsten machen die nicht viel anderes. Das Netz ist wirklich die tückischste Entwicklung aller bisherigen menschlichen Errungenschaften.

Aber ich schwöre dir, wenn man auch nur einen Tag wieder im Jahr 1995 verbringen würde, das wäre auch nicht so mega, wie man glaubt.

Immer das, was man gerade nicht hat.

Es sind keine fünfhundert Meter, die der Wolf und ich bereits gefahren sind, nachdem wir uns mit großer Umarmung von der Coco verabschiedet haben, als uns ein ziviler 5er BMW, gefolgt von drei Streifenwägen, entgegenkommt und passiert. Im Rückspiegel sehe ich, wie alle vier Autos hektisch anhalten, wenden und sich aufmachen, uns nachzufahren. Der Wolf dreht sich in seinem Beifahrersitz um, nackensteif, wie es für ihn typisch ist, so mit dem ganzen Oberkörper, und murmelt: »Was soll das denn jetzt?«

Ich schaue auf die Digitaluhr im Cockpit von Mamas SUV, 23:02 Uhr, und kurz vor der Autobahnauffahrt, der zu folgen uns in gut eineinhalb Stunden nach Hause bringen würde, schalten die Herren und Damen hinter uns ihre Blaulichter an, wobei gleichzeitig dieses spiegelverkehrt aufleuchtende rote Buchstabenband vier Worte durchwechselt: POLIZEI STOPP POLICE STOP. Dazu ein kindischer Anhaltesignalton, ähnlich einer Trillerpfeife auf einer Techno-Party, begleitet von einem pulsierenden roten Blitz, ebenfalls wie auf der Love Parade. Da ist mächtig was los auf so einem Polizeiautodach. Gerade jetzt, in der Dunkelheit, wirkt es besonders imposant.

Haben sie uns doch noch gekriegt, denke ich mir, während ich rechts ranfahre und mein Fahrerfenster runterlasse. Wie eine Welle schwappt die schwüle Abendluft in den klimatisierten Innenraum.

Im Außenspiegel sehe ich eine Silhouette sich mir nähern.

Ich drehe nicht durch, keine Sorge, aber es fehlt nicht viel.

Doch da geschieht etwas Überraschendes. An meinem Fenster erscheint der Pascal Herzberg, Jeans, Poloshirt, schelmischer Augenaufschlag, und ich bin erst mal sprachlos.

»Guten Abend, Frau Victoria, guten Abend ...«, sagt dieser Herr Herzberg und lässt Wolfs Namen aus, weil er ihn nicht kennt oder auf der Zunge hat.

Ich bringe ein Lächeln zustande und sage zu dem Kollegen vom Kommissar von Segnitz: »Guten Abend, Herr Herzberg.« Und weil ich manchmal so damisch bin, wenn ich meine Anspannung hab, füge ich noch ein »Wie geht es Ihnen?« hinzu. Derart blöd! Aber auch *derart* blöd!

»Sehr gut, danke. Ich hoffe, Ihnen auch. Hier, bitte, das wollte ich Ihnen gern persönlich zurückgeben.«

Er hält mir ein Handy entgegen, von dem ich mir sicher bin, dass es *mein* Handy ist.

»Oh, danke, das ist aber lieb.«

»Ja, so sind wir ... von der Kripo ... ganz anders als unser Image«, grinst der Herr Herzberg über seine symmetrischen Gesichtszüge hinweg.

»Aha«, stammle ich, weil ich eine ungerichtete Furcht habe, dass er uns gleich Handschellen anlegt. Ehrlich, ich wüsste nicht wieso, aber es herrscht ein dermaßenes Kuddelmuddel, dass ich es für möglich halte, die Hauptverdächtige im Entführungsfall Kathi Röhm und Gülay Kyriakides zu sein. Sowie mittlerweile auch in allen anderen ausstehenden Kriminalfällen weltweit.

»Wollen Sie gar nicht wissen, woher ich Ihr Handy habe?« Er schaut mich mit seinen tief liegenden grüngrauen Augen an. Du sag mal, täuscht mich jetzt alles, oder höre ich da einen koketten Tonfall in der cremigen Stimme vom Pascal Herzberg, mit seinen gemeißelten Wangenknochen und allem?

»Woher haben Sie mein Handy denn?«, seiere ich etwas arg mädchenhaft herum. Entschuldigung, wir sind ja nicht in den züchtigen Fünfzigern, und ich bin nicht die Doris Day. Also wirklich nicht.

»Vom Rudolf Löhlein.«

Vom Rudi? Der Rudi heißt *Löhlein* mit Nachnamen? Ja, gibt's des. Die deppertsten Namen, immer her damit, ich sag's ja.

Aber das sind Nichtigkeiten.

»Ich verstehe. Von dem! Aha«, mache ich auf verblüfft, gerade dass ich meine Unterlippe nicht umstülpe. »Und, äh, wo genau haben Sie es vom Rudolf Löhlein bekommen, mein Handy? Also *wo* war der Herr Löhlein da gerade unterwegs, wie Sie sagen?« Sehr subtil, Vikki, wirklich spitze. Was ist los mit mir?

»Wir haben ihn an der österreichischen Grenze abgefangen, bei Mittenwald.«

»Ach so, na dann. Dann sag ich Danke, und ...« Allmächtiger. Die haben den Rudi allen Ernstes verfolgt und per Zielfahndung rausgeholt. Die hätten tatsächlich *mich* einkassiert, wäre ich mit meinem Handy unterwegs gewesen, weil ich – also ganz offensichtlich – bis zu Joels letzten beiden Nachrichten *tatsächlich* als Verdächtige galt ...

»Herr Löhlein wurde von uns nach München zurückeskortiert, wo ich mich kurz mit ihm unterhalten durfte.«

Schau mal einer an, der korrekte Herr Herzberg ist auch ein knallharter Komiker.

»Ich verstehe«, sage ich schon zum zweiten Mal. Könnte die Floskel des Tages werden. Ich versuche, die Dinge einzuordnen. »Na dann«, tue ich, als wäre ich in Eile, ganz so, als würde das was beschleunigen.

»Einen kleinen Moment noch, Frau Victoria, bitte. Wollen Sie vielleicht kurz nachschauen, was es Neues auf Ihrem Handy gibt?«

Ich spare mir eine Antwort, gebe meinen Code ein und sehe, dass der Joel das Pendant zu der Nachricht an den Achmet natürlich auch mir geschickt hat. Nämlich den Navigationslink zu Achmets Auto – ganz so, wie er dem Achmet ja den Navigationslink zu *meinem* Auto geschickt hat. Damit wir beide Jagd aufeinander machen können. Genauso, wie ich angenommen hatte.

Ich nicke dem Herrn Herzberg zu, im Sinne von: Ich habe die Neuigkeiten zur Kenntnis genommen, reagiere jetzt aber nicht nach Ihrem Gusto darauf, weil es mich nicht mehr juckt.

»Können Sie sich das erklären? Dass der Entführer Sie gegen den Herrn Kyriakides aufhetzt, wo sowohl Herrn Kyriakides Tochter wie Ihre Freundin, Fräulein Kathi Röhm, entführt wurden. Was ist denn da zwischen Ihnen, dem Herrn Kyriakides und dem Entführer, Frau Victoria?«

»Das, wenn ich wüsste, Herr Herzberg. Das, wenn ich wüsste.« Mein Blick soll ausdrücken: von Tuten und Blasen keine Ahnung. Feinste Verstellungskunst.

»M-h-m«, nickt und spricht er sehr nachdenklich. »Wir«, der Herr Herzberg zeigt mit seinen wirklich feingliedrigen Fingern auf die drei Streifenwagen und auf seinen BMW hinter uns, »wir kommen gerade vom Haus der Familie Hinreiner. Jessica und Rafael Hinreiner. Das sind übrigens zufällig die Schwester und der Schwager von Toni Besenwiesler, den Sie ja auch noch kennen dürften.« Er schaut mich mit großen Augen an. Ich nicke, als haute mich diese Erörterung zumindest ein wenig um. Sagen tu ich nichts dazu.

»Sehr interessant. Aber was hat das mit mir zu tun?«, taste ich mich heran und zugleich auch so weit als möglich weg.

»Das kann ich noch nicht ganz eindeutig beantworten, wenn ich ehrlich bin, Frau Victoria. Was wir aber vor dem Haus der Hinreiners vorgefunden haben, abgesehen von den Hinreiners selbst ... das werden Sie nicht glauben.«

Oh, doch, denke ich mir. »Was denn?«

»Da standen elf große Mercedes-Limousinen. Auf den Rückbänken von zweien lagen insgesamt sieben Männer mit Kabelbindern gefesselt, die zu Achmet Kyriakides' Gefolgschaft gehören und die gerade von rund fünfzehn weiteren Männern des Clans befreit wurden.«

Haha. Ich muss innerlich aus diebischer Freude schmunzeln. Hoffentlich sieht man's nicht. Also sind die anderen Boys aus Achmets Team, nämlich die Nobelpreisträger, die simultan bei Tonis Eltern und seinem Bruder vorstellig geworden sind, ebenfalls bei Jessicas Haus eingetroffen – erfreulicherweise, *bevor* die Polizei dort ankam. Ein Get-together der besonderen Art.

»Können Sie mir darüber vielleicht etwas berichten? Wissen Sie Näheres?«, fragt mich der Herzberg, dessen angenehmes Parfüm zu mir hereinweht. Geruch ist einfach alles. Vorsichtig schaue ich in der Gegend rum, Goldene-Himbeere-mäßig, Kategorie: schlechteste Ahnungslosigkeitssimulation des Jahres. Nur nicht vorschnell loslabern.

»Was haben die Betroffenen vor Ort Ihnen denn erzählt?«, frage ich die verdächstigst mögliche Frage, aber ich habe den Eindruck, der Herzberg will mich so oder so nicht hoppsnehmen. Nur so ein Gefühl.

»Das ist ja das Komische. Keiner will mit uns reden. Weder die Hinreiners noch der Kyriakides. Und das, obwohl seine Tochter entführt wurde ...«

Ich bin beeindruckt. Die halten alle ihre Klappe. Ich glaube, ich kann auf den Achmet zählen. Der hat augenscheinlich kapiert, warum ich vorhin die inszenierten Fotos mit der Jessica und ihm gemacht habe. Da wird kein schaler Nachgeschmack zwischen uns bleiben. Es sieht ganz danach aus, als verbinde uns die Neigung zu Alleingängen, den Achmet und mich. Eigentlich unglaublich, dass ich so was sage.

Den Eiertanz noch ein wenig verlängernd, fragt der Herzberg: »Wissen Sie, warum wir zu den Hinreiners ausgerückt sind?«

Zu billig für eine Fangfrage, betrachte ich den Pascal mit stummem Interesse, sage dann: »Da fragen Sie mich was, Herr Herzberg«, und schaue ihn dabei etwas *zu* treudoof an, was jetzt aber daran liegt, dass mir in agrat diesem Augenblick schon wieder einfällt, dass ich meine Perücke nicht aufhabe, was mich sofort noch befangener macht. Aber er hat mich ja vorhin, beim Verhör in Kathis und Sabines Wohnung, bereits in voller Pracht erlebt. Und der Ersteindruck ist doch der entscheidende. Oder?

»... aber könnte es mit der letzten Nachricht von dem Entführer zu tun haben, die ich gerade auf meinem Handy gesehen habe? Mit diesem Landkartendings?«, antworte ich im unverfänglichen Konjunktiv.

»Das ist vollkommen korrekt geschlussfolgert«, lobt er mich ganz unangestrengt, »wir sind dem Landkartendings gefolgt.«

Wir nicken uns an.

»Ich könnte mir vorstellen, dass sie daraufhin eins und eins zusammengezählt haben und zu dem Schluss gekommen sind, dass ich vermutlich *nicht* in Kathis Entführung verstrickt bin ...«

»So würde ich das nicht sagen ...«, unterbricht mich der Herzberg fast belustigt. Also korrigiere ich mich und sage: »Also, ich meine, dass ich zumindest nicht die Ent*führerin* bin! Richtig?«

»Äh, i-i-i-ja, ge-nau. So in etwa.« Wirklich, er kommt sehr nett rüber, sorgt aber auch dafür, dass ich weiß, wie nett er ist.

»Und jetzt brauchen Sie mein Handy nicht mehr?«

»N-n-nein.«

»Weil Sie darauf sowieso Zugang über Ihre Abhörwerkzeuge haben!«

»Das darf ich Ihnen leider nicht sagen«, hält er dicht. Ich glaube wirklich, ich soll ihn mögen.

»Und dem Rudi geht es gut?«

»Dem Herrn Löhlein? Jaja, das war nur eine Formalität, keine Sorge. Der ist längst wieder daheim. Dem geht's hervorragend. Er hat sich ja nicht strafbar gemacht.«

»Nur mein Handy spazieren gefahren.«

»Genau. Warum auch immer.«

»Haha«, ich muss wirklich aufrichtig lachen. Ich beiße mir auf die Zunge, um eine Albernheitsepisode zu vermeiden. Weit fehlt's nicht. Kennst mich ja inzwischen.

Der Pascal Herzberg, der keinen einzigen Ring an irgendeinem Finger trägt, stimmt in mein Lachen ein. Etwas übertrieben, unser Duett, das weiß ich auch, keine Sorge, aber mei. So einem Dialog beizuwohnen, ist ja für Außenstehende immer unangenehm. Jetzt muss ich aber noch mal ganz blöd fragen – auch, weil ich selbst immer eine Riesenangst hab, da was falsch zu interpretieren und mir selbst auf den Leim zu gehen: *Flirten* der Herr Kommissar Herzberg und ich gerade wirklich miteinander?

Weißt du, was ein gutes Barometer ist, um das festzustellen?

Pass auf: Ich schaue unvermittelt zum Wolf auf dem Sitz neben mir, und – ja! Dem kommt's fast hoch. Der ist ganz grün im Gesicht. Der kann gar nicht glauben, was sich da vor seinen Augen abspielt. Ein Geschäkere zwischen dem Kollegen vom Herrn von Segnitz und der Vikki Unschuldslamm. Mitten in einem Kidnapping-Drama. Und keiner weiß, was ist Kalkül, was ist Eigendynamik. Am allerwenigsten ich.

Letztlich will ich nur weg hier und die Kathi vor Ablauf der Frist finden.

Mit dackeläugiger Unsicherheit frage ich den Herrn Herzberg: »Nur aus Interesse: Wo ist denn Ihr Kollege, der Herr von Segnitz? Der leitet doch die Ermittlungen.«

»Nett, dass Sie fragen, aber der ist seit sechs im Urlaub. Der fliegt morgen auf die Malediven. Ich habe bereits die Leitung übernommen.«

Und per Paukenschlag wird mir wieder klar, wie richtig meine Entscheidung war, auf eine Coop mit der Polizei zu verzichten. Vergiss die Typen. Nullachtfuffzehn-Dienst-nach-Vorschrift.

Der Inhalt dieses Gesprächs ist ziemlich sicher keine irgendwie geartete Taktik, was ich bis eben für durchaus möglich hielt, sondern Schludrigkeit.

»Ich verstehe. Brauchen Sie mich denn noch?« Wir haben wieder durchgehenden Augenkontakt, der Pascal und ich.

»Frau Victoria, eine Frage noch. Von dem GPS-Signal, das Ihnen der Entführer auf Ihr Handy geschickt hat, also vermutlich ein Signal, das von Herrn Kyriakides' Auto ausging, wurden wir, wie gesagt, zum Grundstück der Hinreiners geleitet. Kurz bevor wir aber dort ankamen, erstarb das Signal auf einmal. Dennoch trafen wir Herrn Kyriakides samt seiner Flotte aus elf Autos vor Ort an. Aber an keinem der Wägen fanden wir einen GPS-Tracker – auch keinen defekten oder ausgeschalteten.« Logisch. Weil die Switchler den Tracker ausgeschaltet, mitgenommen und vorhin dem Wolf übergeben haben, der ihn gerade in seiner Jackentasche mit sich trägt.

»Ist das nicht merkwürdig? Können Sie uns vielleicht diesbetreffs weiterhelfen mit Informationen? Sie waren heute ja offensichtlich auch schon länger in Übertreibling, länger als ich jedenfalls. Stimmt das?«, bleibt er dran.

Genial. Die haben wirklich keine Ahnung. Keine Handysignale, keine Verfolgung durch die Polizei. So einfach ist das? Und es gibt Leute da draußen, die denken ernsthaft darüber nach, sich Chips *implantieren* zu lassen.

»Das ist richtig. Ich kann Ihnen aber leider nicht behilflich sein. Nicht die geringste Ahnung, was zwischen den Hinreiners und dem Achmet Kyriakides da so vor sich geht ... tut mir leid. Ich war heute nur bei meiner Mutter, und jetzt, ja, das wissen Sie ja, jetzt hab ich noch eben der Frau Neumayer, der Coco Neumayer, einen Besuch abgestattet.«

»Jajajajajaja, verstehe.«

Kleine Pause.

»Das Wichtigste haben Sie mir aber noch nicht verraten«, setze ich an. Spieß umdrehen, ablenken. »Gibt es neue Erkenntnisse zur Entführung?«

»Wir tappen noch im Dunkeln. Die Spuren über Instagram und den Text-Messenger laufen ins Leere. Ich kenne mich technisch nicht ganz so aus, aber man hat mir gesagt, die digitale Tarnung des Täters sei sehr gut konstruiert. Wir haben Herrn Kyriakides und die Hinreiners jetzt mal zum Verhör aufs Revier gebracht, wohin ich auch selbst gleich fahren werde.« (Der Achmet ist ausgeschaltet, yippieh, und kommt uns heute Nacht somit nicht mehr in die Quere.) »Ich wollte Ihnen nur Ihr Handy noch persönlich zurückgeben ... falls Sie es brauchen«, versichert mir der Herzberg erneut.

Aufgrund der Sachlage und der Chemie zwischen uns wird mir in dieser Nacht, gegen Viertel nach elf, klar, dass ich *ganz sicher* nicht mit einer Verhaftung rechnen muss, weshalb ich sage: »Na dann, danke für mein Handy! Ich möchte nicht unhöflich sein, aber ich bin wirklich sehr müde. Es war ein anstrengender Tag. Eine kleine Frage hätte ich jetzt aber beinah vergessen.«

»Bitte«, so der Pascal Herzberg.

»Wie haben Sie mich hier gefunden? Ausgerechnet bei Frau Neumayer?«

»So ganz direkt *Sie persönlich* haben wir nicht gefunden. Wir folgten dem Handysignal eines Herrn Maurice Rosstäuscher.«

Rosstäuscher? Unser Zweimetermann Maurice heißt Rosstäuscher mit Nachnamen? Heiliger Bimbam. Ich tu mein Bestes, nicht den Kopf zu schütteln.

»Sie haben heute Nachmittag auf Herrn Rosstäuschers Handy den Rudolf Löhlein angerufen, damit der Ihr Handy ein zweites Mal aktiviert«, sagt der Herzberg. »Und da bin doch *ich* rangegangen. Erinnern Sie sich?«

Ja klar. Und ich habe sofort aufgelegt, nachdem der Herr Herzberg sich mit Namen gemeldet hat. Im Anschluss an dieses Kurzgespräch hat der Maurice anscheinend vergessen, sein Handy wieder zu entkernen, weil er und ich nahtlos in die Schlägerei mit dem Achmet, in Jessicas Wohnzimmer, verwickelt wurden. Dass der Maurice gerade ein paar Hundert Meter hinter uns auf einem Rasenstück mit der Coco und den anderen Switchlern Pause macht (mit aktiviertem Handy), erklärt, warum der Kommissar Herzberg jetzt vor mir steht. Die Polizei hat einfach Maurices Handy verfolgt.

Ich hätte mich rückversichern müssen, dass der Maurice sein Handy komplett ausschaltet. Somit Denkfehler Nummer drei des heutigen Tages. Ein Versäumnis ist auch ein Denkfehler. Das läuft aufs selbe hinaus.

Ein Wasserfall aus Denkfehlern. Ja, gibt's das?

Liebes Tagebuch, die dümmste Gans im Land bin ich.

Ich höre den Pascal Herzberg sagen: »Frau Victoria, was immer Sie eventuell planen ... Ich bin ganz ehrlich: Mir fehlt die Handhabe, Sie festzuhalten oder Sonstiges. Die Bewegungsdaten von Maurice Rosstäuscher kann ich im Zweifel auch nicht gegen Sie verwenden. Nur so viel: Von einem Alleingang rate ich dringend ab. Wenn Sie etwas wissen, sagen Sie es uns. Keine Selbstjustiz. Falls Sie das vorhaben ... Bitte nicht. Ja?«, sagt er und klingt wirklich sorgenvoll. Er sieht mich mit einem Blick an, als handelte ich total unverantwortlich, und er scheint sich dessen derart sicher, dass ich mich auf einmal selbst frage, ob er womöglich recht hat.

Kurz erwäge ich, seinen Mahnungen nachzugeben. Kurz, und dann eben doch nicht.

»Find'st du den gut?«, fragt der Wolf wie nebenbei und fuchtelt am Autoradio rum, damit seine beiläufige Erkundigung nicht zu eifersüchtelnd daherkommt. Wir sind längst auf der

Autobahn, die so leer ist, als wäre Zombie-Apokalypse, aber eben ohne Fahrzeugwracks und Rauchschwaden in der Ferne. Ich halte den Lenker mit der rechten Hand, die linke im Schoß.

Hundertneunzig auf dem Tacho.

Nur noch hundertzwanzig Kilometer bis nach München.

»Wieso? Wie findest du ihn denn?«, spiele ich den Ball zurück.

»Toll«, macht der Wolf auf doppelbödig, indem er *toll* klingen lässt, als wäre es die Ironisierung von Ironie. Was ganz lustig ist, weil er und ich gerade überhaupt nichts Intimes am Laufen haben, das uns einander gegenüber verpflichten würde, und weil es auch nicht so ist, als hätte mich der Wolf nicht schon mal mit einer Kubanerin namens Ivet betrogen, die er auf der Toilette vom Pimpernel gebumst hat, was wirklich in vielerlei Hinsicht bäh und auch nicht ganz unbedeutend ist.

Von daher amüsiert mich sein Getue schon ein wenig. Und siehe an, Pfeifen ist auch ein Zeichen innerer Unausgeglichenheit. Genau das, nämlich lebhaft zu pfeifen, fängt der Wolf jetzt auf dem Beifahrersitz an, nachdem er einen passenden Song im Autoradio gefunden hat.

»Weißt du, was ich nicht begreife?«, sage ich zu ihm und schaue unverändert geradeaus auf die Fahrbahn. »Warum ist der Bruno Mars da nicht selbst draufgekommen? Ein paar undefinierte Sirenentöne ohne Melodie und Metrik sind genau das, was dem Song gefehlt hat.«

Ja, meinst du, der Wolf würde deswegen vielleicht mit seinem Scheißgepfeife aufhören?

21

Da wären wir. München Innenstadt, Karlsplatz Stachus, nachts um eins. Der Brunnen im halbkreisförmigen Rondell ist bereits abgeschaltet, keine sprudelnden Fontänen mehr, die zahlreichen Laternen rund um den Platz illuminieren die ganze Fläche wie ein Lampengeschäft. Bis auf vereinzelte Grüppchen von Jugendlichen, die träge durchs Bild schleichen, oder einige Menschlein, die vor dem geschlossenen McDonald's oder dem Gloria-Palast-Kino stehen und auf irgendwas warten, das wohl eher mit inneren Dissonanzen zu tun hat als mit bald eintreffenden Verabredungen, herrscht gespenstische Ruhe.

Schon auf der Fahrt hierher war die ganze Stadt wie ausgestorben. Neue Normalität, alte Normalität, keine Ahnung.

Wir sind bereits seit zehn Minuten hier. Der Wolf und ich. Stehen rum, wie zum Abschuss freigegeben, mitten aufm Platz. Ich konzentriere mich so sehr darauf, wach zu bleiben, dass ich unverzüglich einschlafen könnte.

Und plötzlich, paff, Rauchwolke, Fanfare. Also natürlich nur symbolisch gesprochen. Ob das zauberkünstlergleiche Erscheinen aus dem Nichts zur Jobbeschreibung eines Privatdetektivs gehört, kann ich nur vermuten. Als jedenfalls der Karl Löschwinter hinter der Rufsäule des Taxistandplatzes aufploppt und »Hey Ho!« ruft, erschreckt sich auch der Wolf.

»Wo kommst denn du her?«, begrüßt der Wolf den Karl, aber das wird wohl sein Berufsgeheimnis bleiben.

Der Karl, Mitte/Ende dreißig, hat ein kleines Feuermal auf seiner wahnsinnig glatten Stirn, lässt zur Einleitung einen lahmen Spruch vom Stapel und ist damit gleich mal völlig anders, als ich ihn mir vom Telefonat her vorgestellt habe.

Auch keine Seltenheit.

Während der Wolf uns einander vorstellt, sieht der Karl mich sonderbar an und kredenzt mir einen mehrdeutigen Kommentar zu meinem Aussehen, der wohl eine gekonnt gönnerhafte Anspielung auf meine Andersgeartetheit darstellen soll. Unter anderem irgendwas von wegen »Du bist aber groß«, was ich wahrlich nicht zum ersten Mal höre. Aber ich bin Schlimmeres gewöhnt. Er lacht leise über sich und sein leutseliges Benehmen, und ich mach mich auf einiges gefasst. Genau wie ich übergeht der Wolf den ganzen verbalen Rhabarber geflissentlich, weil wir beide wissen, dass wir dem Karl mit unserem Spätnachts-Termin ganz schön was abverlangen.

Wenn man von jemandem einen Gefallen einfordert, darf der sich auch was erlauben.

Ich hab zudem einen Trick, wie ich mich beschwichtige, wenn mich jemand aufregt, bevor ich mich da gleich wieder reinsteigere. Ich führe mir einfach vor Augen, dass unsere Höhlenvorfahren allesamt windige Arschlöcher gewesen sein müssen – evolutionsbedingt. Sonst hätten sie ja nicht überlebt, und, in direkter Folge, gäbe es uns jetzt gar nicht.

Ein paar Neandertaler sind eben übrig geblieben.

Auch gut.

Ich kämpfe mit allen Mitteln.

»Wo wollen wir die Sache austesten?«, fragt der Wolf und nimmt mir die Worte aus dem Mund. Loslegen, bitte!

»Wo parkt ihr denn?«

»Da drüben«, antworte ich dem Löschwinter Karl und zeige auf die Bayerstraße.

»Na, dann los.«

Mittig auf der Rückbank von Mamas Touareg nimmt der Karl Platz, was den Wolf und mich zwingt, uns links und rechts von ihm zu setzen. Das ist zwar viel zu eng und viel zu nah, aber wenn wir uns von den Vordersitzen dem Karl nach hinten zudrehen müssten, hieße es morgen, Termin beim Chiropraktiker vereinbaren und anschließend zehn Physio-Termine, Übungen und Anwendungen. Die Zeit hab ich nicht.

Ich gebe dem Karl den ausgeschalteten Peilsender, der an Achmets Wagen angebracht war, sowie den durchgehend angeschalteten Sender, der an meinen und zwischenzeitlich an Alfons Zapfs Wagen montiert gewesen ist.

»Welchen von beiden sollen wir knacken?«, will der Karl wissen und wiegt je einen Tracker in seinen Händen. Hoch, tief, hoch, tief.

Ich zeige auf meinen.

»Der ist aber noch auf Sendung«, stellt der Karl klar.

»Ich weiß.«

»Sollen wir nicht erst den Ausgeschalteten auszulesen versuchen?«

»Eher nicht. Wenn nämlich unser Vorhaben gelingt, und der ausgeschaltete Sender fängt anschließend auf einmal wieder zu senden an, ist die Wahrscheinlichkeit deutlich größer, unseren Verfolger aufzuschrecken, als wenn wir den laufenden Peilsender einfach nur kurz unterbrechen. Zweiteres fällt vielleicht gar nicht auf und könnte auch als Funkloch interpretiert werden.«

»Okay, nicht blöd.«

Da bin ich mir nicht sicher. Könnte auch mein Denkfehler, Nummer wie viel?, vier?, werden.

Der Karl zieht aus seiner cognacbraunen Lederaktentasche, die auf seinem Schoß liegt, einen Peilsender, der sich von unseren beiden nicht groß unterscheidet, außer dass er vor allem einen USB-Kabelausgang hat. Der auch ein Kabel-*ein*gang sein kann, wie der Karl betont. Nachdem er noch zu bedenken gibt: »Und ihr seid sicher, dass wir mit unserem Versuch nicht was anstoßen, das euch Ärger einbringt?«, und nachdem wir den Kopf im Jetzt-mach-schon-Rhythmus schütteln, klippst er mit der Spitze eines sehr kleinen Schraubenziehers meinen Peilsender aus, wodurch das grüne Kontrolllämpchen erlischt. Mit demselben Werkzeug dreht er die vier kleinen Schrauben an den Ecken der Kästchenunterseite auf, hebelt die SIM-Karte vorsichtig raus und steckt sie in seinen mitgebrachten Sender, bei dem man die SIM sogar von außen einführen kann, wie bei meinem iPhone.

»You rock«, sagt der Wolf, der die geschickten Handgriffe vom Löschwinter verfolgt, und ich darf vermelden: ja, stimmt. Auch als der Karl ein USB-Kabel anbringt und das andere Ende des Kabels mit etwas verbindet, das aussieht wie der kleinste Laptop der Welt: Er beherrscht das aus dem Effeff.

Er drückt mit gekrümmten Fingerspitzen auf dem Tastatürchen des Läptöppchens herum und, jetzt wird's interessant, meint: »Ah, Scheiße! Passwortgeschützt!«, wodurch ich auf der Stelle in mir zusammensacke, denn, da haben wir den Salat. Ja, so schaut's aus, es läuft nicht so, wie ich gehofft habe.

»Aber Moment«, sagt ein eigeninitiativer Löschwinter Karli so schnell, als habe er damit gerechnet und nur darauf gewartet, uns eine weitere Lösungsmöglichkeit zu präsentieren.

Überhaupt ist der Kerl wie ausgewechselt, und im Lauf der letzten Minuten wieder eher zu dem Karl geworden, der er vorhin am Telefon war, als ich über Lautsprecher mitgehört habe.

Manche sind von meiner Erscheinung auch erst mal einfach bloß völlig überfordert und gar nicht sie selbst ...

»Schaut mal«, sagt er und stöpselt seinen, mit unserer SIM gefütterten Peilsender an ein weiteres Kästchen, das er ebenfalls aus seiner trendy Herrenhandtasche zieht, die früher auch als Frauenhandtasche durchgegangen wäre.

»Das ist ein Authentifizierungs-Hacker, kurz Auto-Hack genannt«, präzisiert der Karl. »Kucken wir mal, wie genau es der Besitzer der SIM-Karte mit seiner Passwortsicherheit nimmt.«

Zwei Schafe schauen den Löschwinter K. von beiden Seiten an. Und während er die Maschine bereits anwirft (ist Maschine das richtige Wort? Ist ja keine Waschmaschine), das Auto-Hack-Kästchen dauerzublinken beginnt und dessen graues Display lichtgeschwindigkeitsschnell Digitalziffern durchlaufen lässt, erklärt er uns: »Bis zu einem gewissen Schwierigkeitsgrad eines Passwortes ist es möglich, eineinhalb Milliarden Wort- und Ziffernkombinationen auf der SIM gegenzuprüfen. Wenn das Passwort also nicht unbedingt zwölfstellig ist und noch dazu aus Buchstaben, Ziffern, Sonder- *und* Satzzeichen besteht, was bei solchen SIM-Karten in der Regel auch nicht üblich ist, dann haben wir eine reelle Chance ...«

Na, da kann ja nichts schiefgehen, denke ich mir, jetzt doch irgendwie entmutigt, und erschrecke beinah, als der Karl »und bitteschön. Ge...« sagt und in die Kopfstimme geht: »... knackt.«

Wirklich? Das war's? Das ist ja fast läppisch! (Jetzt nicht übermütig werden.)

Ein Gerät, das in wenigen Sekunden eineinhalb Milliarden Passwortkombinationsmöglichkeiten durchspielt. Ja, gibt's so was? Hast du das gewusst?

Mein persönliches Passwort auf allen meinen Zugängen

heißt ja *vikkivic123toria*. Online-Banking, Amazon, Stadtwerke.

Und da käm der kleine Kasten auch drauf? In drei Sekunden?

Ja, spinnst du!

Jetzt mal ehrlich, dass es so was gibt: Wusstest du das?

Und dass der Karl L. so was in seinem Lederbeuterl in der Gegend rumträgt, einfach so?

Bitte sag jetzt nicht *Komm drauf klar, Vikki, bitte*! Ohne Flax, wir haben das Staunen verlernt, wirklich. Wir nehmen alles für viel zu selbstverständlich! Ist doch so. Das Kästchen ist auf seine Weise genauso beeindruckend wie ein Flugzeug oder fließender Strom oder der Eiffelturm.

Ich frage mich augenblicklich, wie viele andere solche Großartigkeiten mir wohl bislang entgangen sind.

Der Karl stöpselt wieder am Sender rum, setzt per Copy/Paste ein Passwort ein, das kurz aufflammt und eine nicht erwähnenswerte Zahlenkombination zeigt, die auch ein Geburtsdatum enthalten könnte, wenn die Person Skorpion wäre. Daraufhin aktiviert er den *neuen* Sender mit der *alten* SIM-Karte, woraufhin auf seinem Miniatur-Laptop, nach mehrfachem Flackern, ebenfalls eine Landkarte erscheint. Mit, juhu, Zielpfeil, der den Punkt anzeigt, von wo aus ein gewisser Jemand uns »genau jetzt« verfolgt, wie der Karl erläutert.

Haben wir ihn? Den Täter?

Sein Quartier ist auf jeden Fall in München.

Ist das ein gutes Zeichen?

Ich bitte den Karl, uns den Zielpunkt näher herzuscrollen, sodass wir auch die Straße erkennen, in der sich das Gebäude befindet, in dem sich unser Ausspäher aufhalten dürfte.

Als die Vergrößerung maximal ist und ich den Straßennamen lese, das Gebäude anhand der Kartendarstellung ungefähr ableiten kann, zweites Haus ab der Kreuzung, bleibt mir der Atem stehen. Und nicht nur mir.

Der Wolf springt aus dem Wagen, etwas voreilig vielleicht, aber was soll er auch sonst machen, wenn der Kessel dampft?

»Ist das ganz sicher der Ort, von dem aus der Besitzer des Peilsenders uns verfolgt?«, frage ich nur deshalb, weil der Ort so absurd ist und etwas in mir ganz unvermittelt Gestalt annimmt. Ich weiß, dass die Antwort Ja lautet.

»Hundert Pro!«, bestätigt der Karl.

Ich nicke und spüre ein Prickeln auf der Haut, als würde jemand mit einer Feder darüberstreichen. Mit der eben erworbenen Erkenntnis verhält es sich wie mit Büchern. Die besten vermitteln einem auch immer vor allem das, was man bereits zu wissen glaubte.

Geschickt entkabelt der Karl die ganzen Geräte wieder und gibt mir die meinigen zurück. Wenn ich ihm nun sage, dass er brillante Arbeit geleistet hat, dann ist das keine Schmeichelei, sondern nur recht und billig.

Jetzt steige auch ich aus dem Wagen, rutsche aus, macht nichts, fange mich und bin bereit für den nächsten Tagesordnungspunkt, komme, was da wolle. Auch wenn ich gerade bemerke, dass der Karl die ganze Zeit auf meiner Perücke saß, die noch immer auf dem Rücksitz liegt. Sie sieht aus wie überfahren.

Der Karl gibt uns seinen Auslese-Laptop mit. Wir sind damit permanent online und können eventuelle Standortveränderungen des Täters mitverfolgen. Super! Danke. Er winkt ab, als wäre nichts dabei.

Wie es manchmal so ist, gestaltet sich unsere Verabschiedung vom Karl völlig unangemessen kurz, in Anbetracht seines enormen Beitrags. Vor lauter Eile unterläuft mir nach meinem »Noch mal tausend, tausend Dank, wirklich«, eine total unangebrachte Da-geht's-lang-Handbewegung, die Karls kurzen Auftritt nachts um halb zwei ziemlich trostlos besiegelt.

So eine eigene kleine Achtlosigkeit kann mich im Normalfall ganz schön ärgern, aber ich mache kein Gewese darum, viel zu vertieft bin ich in die neue Kenntnislage: Angesichts der Uhrzeit könnte es tatsächlich sein, dass unser Joel (Himmel, Arsch und Zwirn, er *muss* es sein!) den Sendeausfall des Signals, während dem kurzen Wechsel zwischen den beiden Peilgeräten gar nicht mitbekommen hat. Auch ein Entführer muss mal schlafen.

Wir werden sehen.

Der Wolf und ich müssen jetzt erst mal die Switch Bladesler einsammeln.

Hab ich das schon erzählt?

Die sind ebenfalls längst zurück in München. Weil es aber zu auffällig wäre, zudem auch noch nachts, wenn die alle auf einem Haufen irgendwo parken oder gemeinsam durch die Gegend cruisen würden, sind die einzeln ausgeschwirrt und fahren, jeder für sich, dauernd kreisend in der Innnenstadt rum. Alle sechzehn. Drehen fleißig ihre weiträumigen Runden überall und nirgends, in Wartestellung wie Flugzeuge über einem restlos überlasteten Airport, die auf ihre Landegenehmigung warten.

Aufmerksam, wie du bist, fragst du jetzt vielleicht: Wieso sechzehn? Es müssten doch siebzehn Switch Bladesler sein. Ja, ist denn da einer abhandengekommen auf der Rückfahrt aus Übertreibling beziehungsweise aus Verhausen?

Das stimmt.

Hab ich das noch nicht gesagt?

Der Maurice, unser Zweimetermann, der ist in Verhausen geblieben. Natürlich nicht ohne Sondergenehmigung vom Wolf. Weil die Coco, noch nie sparsam mit feuchten Augen, hat den Maurice gebeten, ob er nicht heute Nacht bei ihr bleiben könnte. Aus reinem Sicherheitsbedürfnis, natürlich.

Natürlich! Mei, große Männer. Wenn die Coco große Männer sieht, nichts mehr zu machen. Um sie geschehen.

Alle zwei Abtreibungen, die die Coco in ihrem langen Leben hatte, waren infolge von Schwangerschaft durch Männer über eins neunundachtzig.

Nur zur Einordnung.

Also sechzehn Switchler samma, plus der Wolf und ich. Wird schon reichen.

Ab jetzt müssen wir zeitlich derart zügig handeln, dass alle ihre privaten Handys wieder eingeschaltet haben, weshalb die Mannschaft per Konferenzschalte schnell zusammengeschlossen ist, um den Treffpunkt festzulegen. Auch die Anfahrt darf natürlich nicht in geschlossener Formation erfolgen, sondern einzeln, um Aufsehen zu vermeiden. Unser Switchler Bobby bleibt mit dem Peilsender am Karlsplatz, damit der Joel nicht sieht, dass wir uns ihm nähern. Eventuelle Standortänderungen vom Joel (unwahrscheinlich) gibt der Bobby uns per Telefon durch.

Kann ja nichts mehr schiefgehen.

Außer alles.

Wir fahren los, die Bayerstraße entlang, die bald zur Landsberger Straße wird. Mamas SUV, diesmal mit dem *Wolf* am Steuer und *mir* am Beifahrersitz, und einem Lampenfieber, wie es im Buche steht.

22

Ich glaub, ich krieg eine Bindehautentzündung. Und nichts könnte mir egaler sein. Weil, weißt du, wo ich gerade steh? Vor den Trümmern, vor den Überresten, vor der Ruine vom Café Marianne. Gestern noch ein florierendes versifftes Kleinod gastronomischer Hygienesünden Marke Wuhan, innerhalb dessen vier Glaswänden das Hauptquartier des bandenorganisierten Grauens seinen Sitz hatte. Heute ein welliger Schutthaufen aus Glassplittern, Geröll, Stahlstreben und vereinzelt hervorlugenden Möbelsplittern, auf den ein zunehmender Halbmond sein weißes Scheinwerferlicht ejakuliert.

Ein senfgelbes Baustellenabsperrband umzäunt diesen Ground Zero von München-Laim, dieses Nine-Eleven an der Friedenheimer Brücke. So nachts um zwei hat das natürlich etwas noch viel Bedeutungsschwangereres als, sagen wir mal, zur Mittagszeit, wenn der Dackel vom Rüssliger Willi während des Gassigangs genau in die Ecke brunzt, wo die Besitzerin Marianne, Gott hab sie selig, vor wenigen Stunden ihren letzten asthmatischen Schnauferer getan hat.

Aber das rührt mich kaum an. Was jetzt zählt, ist das Gebäude gegenüber, das mir seine anthrazitschwarze Fratze entgegenstreckt, wenn ich mich um etwa 162,3 Grad nach rechts drehe, was ich mit zornig zusammengepressten Zähnen auch tue. Zwischen uns die grasbewachsene Trambahntrasse, die die vierspurige Straße halbiert, starre ich hinüber auf das neunstöckige Haus mit seinen Hunderten von dunklen Fenstern. Hinter keinem einzigen brennt Licht.

In dieser futuristischen Gewerbeimmobilie befinden sich im Erdgeschoss eine Bäckerei und ein hochpreisiger Supermarkt. Die Stockwerke darüber beherbergen eine Musikschule (*Musikschule Rabadabatz*, kein Witz) und zahllose, von der Stadt subventionierte Übungsräume für Bands, sowie, in den obersten Etagen, diverse Ton- und Synchronisationsstudios.

Ich weiß das, weil ich in einem der Studios mal einen Song für eines meiner Projekte eingesungen habe. »Letztlich is' Liebe doch a Schmarrn«, hieß der. Ist jetzt unwichtig. Bitte nicht auf YouTube suchen. Aber lass ein Daumen-hoch da.

Genau aus diesem düsteren klobigen Neubau, dessen Fassade aus mehr verspiegeltem Fensteranteil als aus gebürstetem Metall besteht, dringt das Signal, das der Löschwinter Karl geortet hat, als wir vorhin den Peilsender sozusagen retour verfolgt haben.

Irgendwo in einem dieser Räume da drüben muss der Joel sitzen. Und jetzt macht es auch Sinn, dass der Achmet und ich gleichzeitig eine WhatsApp erhalten haben, kurz vor der Detonation, als wir im Café Marianne saßen. *Na ihr?* Erinnerst du dich?

Völlig nachvollziehbar. Der Joel, der kleine Mutant vom Toni, hat uns einfach beobachtet. Von gegenüber.

Plötzlich erscheint mir alles glasklar.

Der Joel spielt in einer Band, check. Da oben befinden sich Übungsräume und Studios, check. Schallisoliert mit Raum-in-Raum-Dämmung, ideal für eventuell schreiende und zeternde Entführungsopfer, check. Und die Bombe, die im Café hochgegangen ist, war gar keine. Sondern ein Pyroeffekt, wie er bei Rockkonzerten zum Einsatz kommt, vielleicht irgendwelche special effects seiner Band, check.

Ich will auch nicht übertreiben.

Die Offensichtlichkeit meiner Indizienkette bringt mich fast schon wieder an den Rand des Zweifelns. Doch anders als sonst, wo mich Unsicherheit eher zur Zurückhaltung gemahnt, treibt es mich jetzt voran.

Schau an.

Man lernt doch täglich Neues über sich.

Den Wolf und alle anderen am Ohr, spreche ich in mein Handy: »Ich schick's jetzt los. Seid ihr bereit?« Der Wolf befindet sich mit dem Großteil seiner Jungs bereits im Gebäude. Hineinzugelangen war ganz leicht. Die Tiefgarage ist so eine halb öffentliche, mit Schranke, 24/7. Teils gewerblich vermietet, teils für die Kunden der Musikschule und der Studios und teils für die Kunden vom Edeka und der Bäckerei im Erdgeschoss. Da sind die Switchler runtergelaufen und haben sich von dort aus im Treppenhaus auf je eine Etage verteilt, sodass, wenn der Joel mit den Mädels aus einem der Räume kommen sollte, er gleich abgefangen wird. So weit der Plan.

Die neun Etagen sind also mit unseren Männern abgedeckt, der Lift unten ebenfalls, ein Bladesler wartet im Erdgeschoss beim Haupteingang, ein weiterer in der Garage. Die restlichen vier Burschen sitzen draußen auf ihren Maschinen, rund um das Gebäude verteilt, versteckt im Schatten einer Einfahrt oder zwischen zwei parkende Autos gezwängt, halt nicht gleich sichtbar. Soll uns keiner später nachsagen können, wir hätten den fliehenden Joel fahrlässig entkommen lassen.

Ich bekomm von allen Posten übers Smartphone ein »Bin bereit« zugeflüstert, was für mich bedeutet, umgehend zu handeln. Ja, und wenn du mich gleich fragst: *Wie mach mas denn genau?*, dann muss ich sagen: Wirst schon sehen.

Und sofort krieg ich die Flatter.

»Macht euch bereit. Ich schick's jetzt los«, wiederhole ich. Meine Stimme ist ein wenig matt, kein Wunder.

Ich, die Top-Strategin aus dem Bayerwald, ziehe Jessicas Handy hervor, klicke das vorbereitete Foto an, bekomme einen Schritt weiter die Empfängerauswahl angezeigt, drücke auf Joels Profil in der WhatsApp-Liste – das Zittern meiner klammen Finger grenzt ans Peinliche – und schicke das Foto mit dem Kommentar, Mal sehen, wer von uns beiden härter ist. Pack deine Mädels ein und beweg deinen Arsch zum Karlsplatz, an unseren Joel Wonderboy.

Ein Swusch-Geräusch bestätigt den Abflug der Nachricht.

Oh Gott, wie gewagt. Ein Schuss ins Blaue. Reines Glücksspiel. Es geht um alles. Das hier ist so viel größer und wichtiger als ich selbst ... Der Joel gegen die Vikki. Nichts wird dieses Spektakel je überbieten.

Mir wird übel.

Kennst du das? Im Moment des Absendens ändert die Nachricht auf einen Schlag ihr Gewicht von *kräftig* zu *tonnenschwer*, wie ein Schlag in die Magengrube. Ich stecke Jessicas Handy wieder in die Handtasche und muss sofort loskotzen. Herrlich!

Gerade noch rechtzeitig drehe ich mich um und beuge mich über das Baustellenabsperrband, würge konvulsiv vor mich hin, womit ich die Café-Ruine von der Marianne gleich auch noch gentrifizierend aufwerte, könnte man sagen.

Fertig.

Magen leer, ein dünner Schweißfilm liegt auf meinem Gesicht, da geht's mir doch gleich viel schlechter.

Foto samt Nachricht also abgeschickt, mit all seinen Folgen, raffe ich mich auf, dreh mich wieder um und starre auf das Antlitz des eiskalten Gebäudes gegenüber, als ob es mir verraten könnte, was gerade in ihm vorgeht.

Ich muss mich gedulden. Die Zeit krümmt sich, aus Momenten werden Ewigkeiten, untermalt durch das Handy, aus dem das flüsternde Zischen der Wortfetzen rauscht, die die Switchler auf ihren Wartepositionen so von sich geben. Sachen wie »Also bei mir tut sich noch nichts«, aus Etage 7, oder, »Ich könnt jetzt auch nicht sagen, ob überhaupt jemand im Stockwerk ist«, aus dem dritten Geschoss.

Das Leben gehört denen, die alles gelassen sehen, heißt es. Womit es mir schon mal nicht gehört.

Was für ein Foto ich dem Joel geschickt habe? Das, auf dem der Achmet der Jessica, also Joels gefesselter Ziehmutter, mit dem Messer am Hals rumfuchtelt und dabei so irrwitzig in die Kamera lacht. Kehle kurz vorm Aufschlitzen, Blick kurz vorm Durchdrehen. Achmet sendet liebe Grüße. Daneben sitzt auch noch der hilflose Big-Mac-Rafael.

Kann man machen, oder?

Den Joel einfach mal zum Karlsplatz zu beordern (ich hätt ihn auch zum Isartor schicken können), setzt ihn zwar unter Druck, aber ohne ihm einen direkten Handlungszwang aufzunötigen und so vielleicht die Mädchen zu gefährden, hab ich mir gedacht. Das Ganze auch noch über Jessicas Handy an ihn geschickt ... vom Konzept her könnte das ein neuer Trend in der Entführerszene werden.

Gegen-Kidnapping! Und zwar nicht unter der Überschrift *Gleiches mit Gleichem*, sondern nach dem Konzept *Rasender Clanchef (Achmet) im Schulterschluss mit überforderter Möchtegern-Zielfahnderin (ich)* versus *Von seinem Papi im Stich gelassenen Schönling aus Übertreibling (Joel), der doch überhaupt nicht weiß, was er da eigentlich tut.*

Denn dass der Joel lediglich den miesen Plan, den er mit seinem Vater ausgeheckt hat, nun irgendwie allein über die Bühne zu bringen versucht – sind wir doch mal ehrlich –, das dürfte als gesichert betrachtet werden.

Das Kasperltheater kennt keine Grenzen. Da ist was ganz

arg aus dem Ruder gelaufen. Blöder Bubi macht auf bösen Bubi.

Ich stiere weiter den Gebäudeklotz an.

Plötzlich kommt Bewegung in die Sache. Unser Switchler auf der fünften Etage flüstert: »Achtung, da kommt jemand aus einem der Räume.«

Und ich frage: »Allein?«

»Moment ... sieht so aus, ja.«

»Perfekt. Dann zieh dich zurück.« Ich flüstere ebenfalls, obwohl ich auf der gegenüberliegenden Straßenseite stehe.

Jetzt gilt es.

Der Joel weiß nicht, dass wir wissen, wo er sich befindet. Das einzige Pfund, mit dem wir wuchern können. Wenn er die Mädchen zurücklässt, um allein zum Karlsplatz zu fahren, was auch deutlich klüger ist, als mit zwei Entführten auf der Rückbank durch die nächtliche Stadt zu kutschieren, dann gehört er uns.

Ich (äußerst flache Atmung) laufe so schnell ich noch kann (nicht mehr so superschnell) über die Straße, über die Trambahntrasse, über die andere Straßenseite und die paar Meter nach links auf dem Bürgersteig entlang, bis ich zur Tiefgaragenausfahrt des Gebäudes gelange. Von dort will ich den vier wartenden Bikern das verabredete Kommando geben, jetzt sofort leise loszufahren und den Joel mit den Motorrädern auf allen Seiten einzukasteln, sobald er mit seinem Auto von der Ausfahrt auf die Straße biegt. (Er wird schon nicht den Nachtbus nehmen!)

Aber mir unfassbar ungeschickter Hektikerin muss der Tragegriff meiner Handtasche gerissen sein oder irgend so was, irgendwo auf meinem Holperweg über die Trambahnschwellen, oder was weiß ich, wo ... ich habe meine Tasche verloren. Und jetzt stehe ich ohne Handy da. Ich kann niemandem Bescheid sagen. Und ich kann doch auch nicht einfach so durch die Nachtstille »Los!« schreien. Du meine Güte. Ich war sowieso noch nie so eine Schreierin und Auf-laut-Macherin. Noch dazu eine Ruhestörung verursachen, wo doch hier die Mieten so hoch sind. Oder ich schrecke dabei noch den Joel selbst auf, wenn er von draußen was Verdächtiges hört.

Schlagartig wird mir klar, Leiterin einer Entführungs-Taskforce, hauptberuflich, das wäre nichts für mich.

Außerdem halte ich es immer noch für durchaus möglich, dass es sich bei dem Mastermind hinter alldem hier doch nicht um den Joel handelt. Unsicher und alles infrage stellend schlittere ich in meinem Kopf hin und her, von einem Nirgendwo ins andere, während ich mich, handylos und komplett auf mich allein gestellt, vor der Ausfahrt postiere. Nur Allah weiß, wozu.

Ich blicke die Rampe hinunter, ein Wagen rollt heran, die Schranke öffnet sich, und das Scheinwerferpaar kommt aufwärts geschossen, mir entgegen. Überrascht stelle ich fest, dass es sich um einen kleinen Fiat handelt, einen in Weiß mit blauem Schriftzug. Ich glaub's ja nicht: Ein Wagen von DriveNow! Ja, ist denn das die Möglichkeit? Fahren sogar die Verbrecher mittlerweile ein Carsharing-Fahrzeug?

Aber hoppla, nein. Hinter dem kleinen Fiat rast ein zweites Auto durch die noch offene Schranke, wie ich überrascht feststelle. Doch erst mal zieht der Fiat an mir vorbei, und ich erkenne eine mittelalte Frau hinterm Steuer, die mich verängstigt anblickt.

Wo immer die gerade herkommt (Reinigungskraft?), ich lasse sie passieren und setze auf den nächsten Wagen. Der komplette Aufmarsch hier ist doch sowieso reines Glücksspiel, seien wir ehrlich.

Ich bin mir nicht zu schade, der Frau im DriveNow-Fiat nickend zuzulächeln, als wäre ich Chef-Türsteherin im Rotary Club, die nach einem Dinner zu Ehren des aktuellen Friedensnobelpreisträgers alle Ehrengäste persönlich verabschiedet. Sie jedoch blickt mich auf eine Weise entgeistert an, als hielte sie mich eher für die Klofrau vom Rotary Club, die gerade im Crack-Rausch durch ihren täglichen Feierabendspaziergang stolpert. Was mir verdeutlicht, wie mein momentaner Gesichtsausdruck wirken dürfte.

Sie wendet sich angewidert ab und rauscht mit quietschenden Reifen beinah panisch davon.

Nicht dass ich es besser verdient hätte.

Schon kommt der zweite Wagen herangebraust, die Auffahrt hoch, mit diesem hochtourigen Gasgeben, das bei einem BMW wie dem da wirklich ziemlich raketenmäßig wummert. Noch bevor der Wagen über das Ende der Rampe auf die Gehsteigebene gelangt, erkenne ich hinter dem Steuer Joels Gesicht, unverkennbar. Das hab ich mir gemerkt. Kann man, rein vom ästhetischen Aspekt her, nichts sagen, wirklich. Sogar im gegenwärtigen Ausnahmezustand, wo seine Augen schmal sind, sein Mund verkniffen ist und er aussieht wie die Gestresstheit in Person.

Plötzlich bin ich hellwach, trotz meiner Erschöpftheit werden brachliegende Kräfte freigesetzt. Ich spüre, dass einer jener entscheidenden Momente naht, der den Rest des Lebens verändern kann. Einer jener flüchtigen Knotenpunkte, an denen man entweder die Initiative ergreift oder aber hilflos zusieht, wie einem die Gelegenheit durch die Finger schlüpft.

Dennoch weiß ich nicht, was in mich fährt (weil ich das unsinnige Gefühl habe, das Ganze hier allen Beteiligten eingebrockt zu haben?), aber ich stelle mich frontal, wie die Kolossin von Rhodos, breitbeinig und mit nach vorn gestreckten Händen auf die abgeflachte Randsteinkante, die die Straße vom Gehweg trennt, und erwarte den mir aus der

Tiefgaragenausfahrt entgegendonnernden BMW, als wolle ich den Kühlergrill mit meinen Handflächen durchbohren. Eine menschliche Rammböckin. Hier kommt keiner vorbei ...

Als der Winkel des sich in die Horizontale schwingenden Wagens einen allerersten direkten Augenkontakt zwischen dem Joel und mir ermöglicht, reagieren wir beide letztlich gleich.

Er kann's nicht durchziehen, mich in voller Fahrt umzunieten.

Und ich kann's nicht durchziehen, wie eine Puppe reflexlos stehen zu bleiben, während ein schwerer Pkw auf mich zurollt.

Also passiert das Unvermeidliche: Der Joel bremst ein bisschen ab, und ich springe halbherzig zur Seite. Beide Vorgänge passieren nicht konkret genug, eben nur so beschissen unentschlossen, dass mich der Joel mit der Stoßstange am Schienbein erwischt und mit dem Kühlergrill auch am Knie, logo, immer das Knie, und ich spüre, wie ich in Zeitlupe so ganz ungünstig nach hinten kippe und mein Gleichgewicht verliere.

Ich spüre, wie ich mein Gleichgewicht verliere und meine Beine langsam nachgeben.

Ich spüre, wie meine Beine langsam nachgeben und ich unglücklich zur Seite rutsche.

Ich rutsche unglücklich zur Seite und falle voll auf den Popo.

Ich falle auf den Popo und gleich darauf auch auf das Steißbein und knalle schließlich mit dem ganzen Körper auf den harten Boden.

Und ja, es stimmt: Von der Klofrau, die im Crack-Rausch durch ihren täglichen Abendspaziergang stolpert, bin ich gerade nicht weit entfernt, vom Gesamteindruck her.

Nichts, aber auch rein gar nichts gegen Klofrauen. Schon gar nicht gegen die vom Rotary Club.

Bitte, bitte, nicht gleich wieder auf Twitter mit der eigenen Empörung onanieren. Ist nur Effekthascherei, nichts weiter.

Aber weißt du, was? Der BMW vom Joel ist zum Stehen gekommen!

Motor läuft, doch die Reifen rollen keinen Millimeter.

Mich, die ich präsentiertellerhaft vor seinem Wagen liege, zu überfahren, plant er gerade offenbar nicht.

Jeden Moment rechne ich damit, dass die Switch Bladesler, von dem Radau aufgescheucht, losfahren beziehungsweise angerannt kommen, um mir zu helfen und den Joel dingfest zu machen.

Aber jetzt pass auf.

Ich habe doch die ganze Zeit rumgewinselt, dass ich es (bitte mit Winselstimme vorstellen) *bis zuletzt für möglich hielt, dass eventuell gar nicht der Joel hinter der Sache steckt, sondern jemand ganz anderes* (Winselstimme jetzt wieder durch coole Stimme ersetzen). Ist ja oft so, in Krimis.

Aber die Überraschung besteht für mich in diesem Augenblick nicht darin, dass *er es doch ist*, wie ich ja immer nur vermuten konnte, sondern dass auf einmal der ganze Nachthimmel und die Häuserfassaden um mich herum, auch der Lack auf Joels Auto, einfach alles, in einem nervös flackernden Blau erstrahlt, das nur eine Entsprechung kennt und nur eines heißen kann: Die Polizei ist da.

Und das ist noch untertrieben.

Dachte ich bis vorhin, der Karl Löschwinter sei wie aus dem Nichts hinterm Taxitelefon am Karlsplatz aufgetaucht, dann war das eine Lappalie verglichen mit dem enormen Aufgebot an Einsatzfahrzeugen und Streifenwägen, das aus mehreren Richtungen, als es eigentlich Richtungen geben dürfte, auf uns zusteuert.

Ich sitzliege auf meinem Allerwertesten, Bein kaputt, so viel kann ich schon mal verraten, und werde Zeuge, wie ein hysterisch aufgescheuchter Joel die Fahrertür aufstößt und ansetzt, um loszusprinten, ein wahrhaft aussichtsloser Fluchtversuch, wohin will er denn, vor und neben ihm ist absolut *alles* von anrückenden Polizisten versperrt.

Aber ... ein Erkenntnismoment! Er sieht das offenbar genauso, lässt sich hektisch wieder ins Auto plumpsen, schließt die Türverriegelung (Ordnung muss sein), lässt den Motor aufheulen und jagt im Rückwärtsgang die Ausfahrt in entgegengesetzter Richtung hinunter.

Keine sieben Meter, dann verhakt sich der Wagen schräg zwischen den Seitenmauern, der Motor jault auf, um sofort darauf abzusterben, und der Joel, unbeugsamer Provinzbub, versucht es noch mal mit Davonrennen. Mannomann. Er hechtet aus dem Auto und läuft runter zur Schranke. Und wer bin ich, dass ich kein Verständnis dafür hätte, wenn man sich auf dem rauen quer geriffelten Bodenbelag auch mal in der Schrittkombination täuschen und ins Straucheln geraten kann, und – wie der Joel gerade übrigens auch – taumelnd auf die Knie fällt! Interessanterweise in genau dem Abstand und Winkel, der nötig ist, um anschließend mit der Stirn gegen den geschlossenen Schrankenbaum zu knallen, sodass ein durchdringendes Geräusch ertönt, das wie die Triangel bei der Essensausgabe im Pfadfinderlager klingt.

Beim Aufprall schleudert es dem Joel den Kopf scharf ins Genick, wobei sich sein restlicher Körper in derart entgegengesetztem Winkel durchbiegt, dass die Lehrbücher zur menschlichen Anatomie eigentlich morgen, gleich in der Früh, umgeschrieben werden müssten. Er bricht umgehend bewusstlos zusammen und vergräbt sein zartes Gesicht in genau dem kniffligen Riffelbetonboden, der ihn zu Fall gebracht hat, worüber mich lustig zu machen, der Anstand verbietet.

23

Sofort die Mädchen befreien, ist mein erster Gedanke, als ich sehe, dass der Joel unten an der Tiefgaragenschranke liegt, ausgeknockt und absonderlich verrenkt. Der wäre erst mal erledigt.

Das unruhig blinkende Blaulicht der Einsatzwägen erhellt die Nacht, Anweisungen werden geplärrt, und wie ein Fliegenschwarm ergießen sich unzählige Männerkörper um mich herum. Dunkelblau vermummt, schusssichere Westen, Helme mit Visier, wie die vom Sondereinsatzkommando eben aussehen. Ich liege immer noch auf der Gehsteigkante, als sich ein SEKler neben mich kniet und fragt, wie schlimm meine Verletzung sei. Da ich nicht Meghan Markle bin und mich daher auch stets eher bedeckt halte, anstatt mich zu beklagen, stöhne ich ein tapfer gequetschtes »Geht schon« hervor, erwarte angesichts meines reichlich missglückten Tonfalls aber eine Antwort vom Schlage: »Das tut mir sehr leid, Misses Markle.«

Man hilft mir auf, und ich merke sofort, dass ich mein rechtes Bein nicht mehr richtig belasten kann, es sei denn, ich möchte in einem der Tonstudios des Gebäudes über mir die Folterszenen in einem Psychothriller nachsynchronisieren. Dann würde einmal kurz Auftreten reichen.

Gestützt von dem SEKler, schaue ich umher, kann zwischen den umherschwirrenden Beamten keinen meiner Switchler erkennen und sehe zwei Notarztwägen heranrasen. Aus dem ersten springen eine junge Frau und ein Hippie, die mit ihren zwei schweren Koffern die Ausfahrt abwärts zum Joel gelotst werden.

Aber das interessiert mich nicht mehr. Vielmehr fordere ich etwas zu laut, man möge mich in den fünften Stock bringen, wo die Kathi und die Gülay gefangen gehalten werden müssten. Ich plärre das einfach so raus, an niemand Bestimmtes gerichtet, meine Augen irren in der Gegend umher, völlig aufgelöst. Ich Arme. Es ist lächerlich.

Aber der SEKler an meiner Seite handelt unverzüglich und ruft einen Kollegen, der nicht ganz so dick angezogen ist und auf mich zugewandert kommt, um mich mit so einer glatten asexuellen Frühstücksfernsehen-Moderatoren-Art zu fragen: »Sind Sie Frau Fikki Fiktoria?«

Ach, du meine Güte. Nicht das jetzt auch noch, das mit dem Buchstaben V – also *Fau*. Ein Geschiss. Wie soll ich ihm das klarmachen?

Du musst wissen, in Bayern sagt man zum Karl Valentin tatsächlich Karl *Fall*entin, also wenn man's ausspricht. Wie bei Vater, Vetter und Vogel auch, alter Hut. Eine Vase bleibt aber immer noch eine *W*ase, ausgesprochen. Und genau so verhält es sich auch mit Vikki Victoria. Nicht Fikki Fiktoria, sondern Wikki Wiktoria.

Ist das denn so schwer?

»Die bin ich«, kapituliere ich ausnahmsweise. Ich zeige mit ein paar Fingern hoch zur Hausfassade und sage: »Ich muss sofort zu …«

»Da haben wir sie ja, unsere Frau Victoria«, höre ich eine Stimme hinter meinem Rücken tröten und drehe mich um, so schnell es eben geht.

Der Herr von Segnitz. Im leichten Pulli. In Person.

»Ich dachte, Sie sind schon im Urlaub?«, frage ich saublöd.

»So? Nein, wie Sie sehen …«, entgegnet er, völlig mit sich im Reinen.

»Wir müssen sofort nachschauen, ob die beiden Mädchen oben gefangen ...«

»Machen wir, machen wir«, beruhigt mich der Kommissar von Segnitz, so altväterlich. »Die«, er zeigt mit seinem Blick auf die versammelten SEKler um uns herum, »sichern jetzt das Gebäude und sondieren die Lage. Sobald das geschehen ist, gehen wir beide nach oben, versprochen!«

Oh, *versprochen!* Klingt, wie wenn jemand seinem Kind einen Zoobesuch am Wochenende zusichert.

Einen Finger ans Ohr gepresst, murmelt der von Segnitz: »Alles klar, wir kommen«, in seinen Kragen und fragt mich: »Können Sie gehen?«

Aber nicht für zehn Cent. Ich sage: »Kein Problem.«

»Na, dann los.«

Wie die Humpel-Lilly aus dem Krüppeltal bei Sankt Stolpersdorf ächze ich schmerzverzerrt auf, als ich meinen ersten Schritt zu machen versuche. Weshalb wir kurz vorspulen (drei Minuten) und da weitermachen, wo der Herr von Segnitz mit mir aus dem Aufzug im fünften Stock von Joels Entführungsbunker steigt.

Weil einen Rest an Würde möchte ich schon behalten, wenn's recht ist.

Gestützt von zwei Beamten (jetzt ist es raus) und dafür ganz schön flott unterwegs, weil wir uns ja immer noch in einer Alarmstufe Rot befinden, werde ich dem von Segnitz durch einen breiten Gang hinterhergeschliffen (peinlich!), wobei dem von Segnitz wiederum zwei SEKler vorausmarschieren, die mit einem Plexiglasschild und einer Ramme ausgestattet sind. Der ganze Flur wird bereits von einer Armada aus ernst dreinblickenden Hünen gesichert. Wir befinden uns eindeutig mitten in einem Terrorbekämpfungsszenario. So haben sie's gelernt, die Anwesenden.

Anscheinend wissen alle, zu welchem Raum wir müssen. Ist ganz schön weit hinten. Von dem tiefen Korridor, den wir entlanglaufen, gehen im Abstand von vielleicht je fünf Metern Türen zu beiden Seiten ab, auf deren zugehörigen Aluminiumschildern Wortkombinationen stehen, die Bandnamen sein müssen.

Dodo and the Tissues.

Cry s!ck.

My SpartacusSaurus.

Aber auch so was wie: *Tonstudio Pia Wegener | Music Production.*

Mir bleibt keine Gelegenheit mehr zu eruieren, was auf dem Schild neben der Tür steht, die von den beiden SEKlern da vorne gerade unter Geschrei aufgehebelt wird. Womit ich meine: Sie wuchten die Ramme dreimal gegen das Schloss, so fieberhaft wie in Zeitraffer. Sobald das Türblatt aufschwenkt, drängen beide, sowie zwei weitere Männer, die bereits am Flurende postiert standen, mit Maschinenpistolen im Anschlag in den Raum, schreien weiter (das Übliche: »Polizei! Keine Bewegung! Don't move«), und nach weniger als fünf Atemzügen hört man aus dem Raum eine Entwarnungsmeldung. Aber viel wichtiger, ein markiges: »Jo, wir ham sie!« Womit meine Odyssee vielleicht doch ein gutes Ende nimmt, was ich mir sofort zu spüren erlaube, obwohl ich noch mitten auf dem Gang warte, gemeinsam mit dem Herrn von Segnitz und meinen beiden Pflegern, die mich stützen wie eine Greisin.

Es ist wirklich merkwürdig, dass man mich bei dieser Befreiung zugegen sein lässt, zumal das Getue vom Herrn von Segnitz so was impertinent *Ausnahmsweise*-Haftes an sich hat. Das eigentlich Verstörende aber ist doch die Schlussfolgerung, dass die Polizei den Switchlern und mir wohl bereits die ganze Zeit über gefolgt sein muss. Die tauchen ja nicht einfach so zum richtigen Zeitpunkt am richtigen Ort in der richtigen Formation auf.

Ob es sich also um ein Privileg handelt, dieser generalstabsmäßigen Erstürmung live beiwohnen zu dürfen, ist eher zweifelhaft. Vielmehr gewährt man mir wohl zähneknirschend die Ehre, weil ich für all das die Vorarbeit geleistet habe. Oder auch: vor den Karren gespannt wurde. Aber das sind erst mal nur Spekulationen. Was soll ich sagen, zum gegenwärtigen Zeitpunkt habe ich keinen Durchblick und will bloß endlich zur Kathi in den Raum.

Meine Nerven sind zum Zerreißen gespannt.

Ich bekomme mit, wie nach einem Notarzt verlangt wird, und mit einem Wink gibt mir der von Segnitz zu verstehen, dass wir nun den Übungsraum der Band *Dr. Undead* betreten dürfen, wie ich mittlerweile dem Türschild entnommen habe.

Und da sitzen sie, in einem mit Instrumenten vollgestellten Raum, vor einer weißen Wand aus zwei nebeneinandergehängten Bettlaken: die Kathi und die Gülay. Gegenüber einem Schlagzeug-Set, einer Verstärkerwand, ein paar Mikroständern und einem Haufen bunter E-Gitarren.

Das Erschreckende ist, die Kathi und die Gülay sind immer noch genau so positioniert wie auf dem Foto. Die Hände hinter ihren Stühlen gefesselt, die Köpfe zur Seite geneigt, wie in einem Dämmerzustand. Sie nehmen unsere Anwesenheit kaum wahr, blinzeln nur hin und wieder etwas, haben ansonsten aber keine Kraft, auch nur irgendetwas zu registrieren oder irgendwie zu reagieren.

Chloroformberieselt? Tabletten? Oder einen mehrstündigen Wissenschaftspodcast zum Thema Weinbergschnecken in der Bretagne auf den Ohren?

Mit anderen Worten: Es sieht gespenstisch aus. Die beiden

hängen wirklich wie *Untote* in den Seilen. (Siehe Bandname.)

Ich weiß gleich gar nicht, was ich machen soll. Am liebsten würde ich die Kathi umarmen, aber das geht natürlich nicht, weil keiner weiß, was hier Sache ist und wie der wahre medizinische Zustand der beiden Mädchen ist.

Meine instinktive Schnellanalyse lautet: Der Joel hat die Mädchen der Einfachheit halber durchgehend betäubt, damit er seine Ruhe hat. Ich meine, die Idee ist nicht schlecht und für die Opfer, mental betrachtet, beinah entgegenkommend Trauma vermeidend.

Aber wie lange kann man jemanden sedieren, ohne dass er bleibende Schäden davonträgt? Die Dosis macht das Gift. Und die Dauer. (So ein künstlicher Dämmerschlaf ist für Herz und Kreislauf nicht ohne.)

Ich weiß es nicht. Meine Gefühle laufen Amok. Ich bin erleichtert, sie gefunden zu haben, und ich bin besorgt darüber, was ihrer Befreiung eventuell alles vorausging.

Die Kathi sieht, rein äußerlich, erst mal unversehrt aus, die Gülay auch. Und die Frisuren von beiden ... wirklich unglaublich: makellos. Eine Generation von perfekt Gestylten. So von der Seite seh ich jetzt erst, wie lang die Gülay ihre Haare inzwischen trägt. Das kam auf dem Foto überhaupt nicht rüber.

Lange Haare sind wunderschön und so, aber *zu* lange Haare, also bis zum Po, wirken schon wieder merkwürdig.

Das werd ich ihr durch die Blume auch sagen, wenn wieder alles in Ordnung mit ihr ist. Sie ist doch keine Esoterik-Tante und Deoverweigerin.

Der Herr von Segnitz zwinkert mir aufmunternd zu. Ich hätte da wirklich noch ein paar Fragen an ihn. Aber später.

Gleich drei Sanitäter werden ins Zimmer geschleust, und während sie ihre Erste-Hilfe-Handgriffe und Maßnahmen zur Kreislaufstabilisierung durchführen, hole ich mir die Erlaubnis ein, ans Fenster treten zu dürfen, das von innen mit schwarzer Folie abgeklebt ist. Es ist bereits einen Spalt geöffnet, ich ziehe es noch etwas weiter auf. Der Übungsraum geht auf die Straße, man hat einen Direktblick auf das Café, das restlos zerstörte.

Scharfschützenmäßige Beobachtungsposition.

Hätten wir das auch geklärt.

Ich schaue wieder zur Kathi. Sie hängt unverändert halb leblos in ihrem Klappstuhl, kurz vorm Auf-den-Boden-Rutschen, eine Kanüle samt Tropf steckt mittlerweile in einem ihrer befreiten Arme.

Die Druckstellen an den Handgelenken zeugen von viel zu festen Fesseln, die Dellen im Arm von einem stundenlangen Blutstau.

Hoffentlich wird das wieder.

Die Sanitäter machen sich immer noch an ihr zu schaffen, wohingegen die Gülay bereits auf einer Bahre aus dem Zimmer gebracht wird.

»Großhadern«, antwortet die Frau vom Feuerwehr-Notarzt auf meine Frage, wohin sie die Kathi bringen. Und nachdem meine Kathi schließlich ebenfalls aus dem Raum verfrachtet worden ist, fragt mich der letzte verbleibende Sanitäter, ob er sich mal mein Bein anschauen soll. Weil ich ahne, dass ich das Gebäude ohne fremde Hilfe sonst wohl nicht werde verlassen können, willige ich ein. Wie nett von mir.

»Sehr nett von Ihnen«, sage ich aufrichtig, als er vorsichtig unter meinem Knie herumzutasten beginnt. Selten habe ich solche Schmerzen empfunden, aber ich halte still, ein wahres Phänomen der Selbstbeherrschung. Eine konkrete Diagnose scheut der junge Kerl mit den humorlosen Augen und der Cargohose (und diese Beschreibung passt wie jede andere), aber er empfiehlt mir, mich bei nächster Gelegenheit, also »umgehend«, ins Krankenhaus zu begeben. Röntgen und so. Er desinfiziert mein aufgeschlagenes Schienbein, verbindet mein Knie und bietet mir eine Schmerztablette an, die wie ein Zäpfchen für Elefanten aussieht.

»Ich bräuchte aber etwas wirklich Hartes«, stelle ich noch mal sicher, dass es sich bei dem Präparat auch bestimmt um was Wirkungsvolles handelt, weil ich sonst wirklich keinen Meter alleine gehen kann. Wenn schon, denn schon. Meine Formulierung ist halt etwas pikant ausgefallen. Bemerk aber nur ich.

»Die ist *richtig* stark«, meint er und zieht auch noch eine Plastikwasserflasche aus seinem Koffer.

Ich schlucke das rautenförmige Ding runter. Hätte ich meine Handtasche dabei, würde ich dem Herrn Sanitäter ein dickes Trinkgeld geben, aber so muss ich es bei einem defizitären Dankeschön belassen und fühle mich etwas schuldig.

Ich stehe so gerade auf, wie's eben möglich ist, und ein Wunder ist geschehen. Ich kann gehen, und zwar ganz normal. Nicht nur habe ich keine Schmerzen, außer einem Ziehen auf der Haut meines Schienbeins, nein, die Zeit bis zum Wirkungseintritt betrug zudem keine sechzig Sekunden! Wie geht *das?*

Alles wird immer besser und verfeinerter. Aber wer weiß, vielleicht hab ich dafür in weiteren sechzig Sekunden auch Magen-Darm von noch nie da gewesenem Ausmaß.

Warten wir's ab.

Der von Segnitz scheint wie vom Erdboden verschluckt. Hier drinnen wäre sowieso alles erledigt. Das Abschiedsgefühl, das mich beim Verlassen des Ortes von Kathis Peinigung befällt, ist nicht unähnlich dem, das einen beim Räumen eines Hotelzimmers überkommt. Es führt einem die

Flüchtigkeit und – in diesem Fall – die Fragilität des Daseins vor Augen.

Ich hau ab. Korridor, Lift, Eingangsbereich, mein Bein ist belastbar, und meine Verdauung hält. Ein Hoch auf die Pharmaindustrie.

Na ja, fürs Erste.

Als ich vor das Gebäude trete, ist noch ganz schön was los. Die rechte Spur des Straßenzugs ist vollgeparkt mit Einsatzfahrzeugen, die ihr Blaulicht vermutlich aus Fetischgründen nicht abstellen. Entsprechend die nächtliche Großraumdisco-Atmosphäre. SEKler wuseln immer noch rum, rein ins Gebäude, raus aus der Tiefgarage, grad wichtig ham sie's. Ich schaue umher, orientiere mich. Der Sonnenaufgang lässt noch auf sich warten.

Wo der Kommissar von Segnitz geblieben ist, weiß ich nicht, stattdessen, schau an, zeckt sich der Bodo Brechtl von scharf rechts an mich heran. Jetzt glaub ich's aber! Unser pfiffiger Schreiberling *extraordinaire* von der Münchner Abendzeitung ist also auch da. Die Wunderwaffe von der letzten Seite. Nichts wie weg. Instinktreaktion. Aber er hat mich schon gesehen.

»Ja, dass Sie scho wach sind?«, begrüße ich ihn als Erste, weil mir der gerade noch gefehlt hat und Angriff die beste Vertei… du weißt schon.

»*Noch* wach, muss es heißen, hahahaha, *noch!*«, pulsiert der Brechtl mit der für ihn typischen geistesgestörten Begeisterung eines Meteorologen bei der Wettervorhersage im Vorabendprogramm. Der quirlige Brechtl ist einer von diesen Charmebolzen, die ganz schnell neue Freunde finden, die dann aber auch ganz schnell total genervt von ihm sind.

»Da befinden Sie sich ja wieder mal mitten im Geschehen, nich' wahr! Können Sie mir vielleicht ein paar grobe Infos zum Fall geben, Vikki? Und was genau haben Sie damit zu tun?« Er hält mir sein Handy vors Gesicht, Diktaphon-App. Am liebsten würde ich es wie eine Mücke wegwedeln.

Der liebe, nette Bodo Brechtl ist wirklich mit allen Abwassern gewaschen. Ich stelle in Sachen Presse wahrlich keine hohen Ansprüche, aber der Brechtl! Mehr als einmal hat er mir schon eine reingewürgt. In einem seiner Artikel über ein Großevent, hat er am nächsten Tag in der AZ geschrieben: *Und die unvermeidliche, wahrlich unverwüstliche Vikki Victoria hat sich ebenfalls unter die ansonsten doch recht illustre Gesellschaft gemischt. Ihr Beitrag zum Abend: schrill, schrill, Overkill.* Auf der Veranstaltung selbst hat er mir aber noch große Komplimente gemacht, der rückgratlose Wurm.

Alle Achtung.

Also Achtung.

Ich will's gerade kurz machen und den Bodo ein bisschen abwatschen, indem ich ihm ein kantiges »Ich ruf Sie morgen an« vor den Latz knalle, aber just in dem Moment kommen acht schwarze Mercedes-Limousinen von rechts angerauscht, und wir alle wissen, wer das ist.

Kommt mir gerade nicht unrecht. Ich flüstere laut: »Ach, der Kyriakides«, und in Bodos schlagzeilengeilen Augen spiegelt sich ein leidenschaftlicher Geifer von einer an Hirnrissigkeit grenzenden Heftigkeit, dererwegen ich mich unbemerkt aus dem Staub machen kann, während sein Blick plump Achmets Wägen folgt. Die versuchen, einen Parkplatz zu finden, was angesichts der vom Sonderkommando vollgestellten Straße eher schwierig werden dürfte, ohne dabei uncool lange Laufzeiten in Kauf nehmen zu müssen. Das übliche Schräg-auf-dem-Bürgersteig-Parken geht wohl gerade eher nicht.

Auf meinem Weg zurück über die Trambahn-Gleise, hin zum Schrottplatz-Café-Marianne, finde ich tatsächlich meine Handtasche im grauen Schotter, zwischen zwei

Schienenschwellen, wieder. Wie ein totes Tier liegt sie da, im Blaulicht durchzuckten Mondschein.

Ich hebe das von den zahllosen darin verwahrten Achmetboys-Handys schwere Ding auf und höre den Wolf rufen: »Mach dir keine Sorgen! Die Kathi wird ganz sicher wieder, hat mir der von Segnitz und einer der Sanka-Fahrer gesagt!«

»Huh«, sage ich aufgeschreckt, aber dann gleich: »Glaub ich auch.«

Der Wolf steht angelehnt an einen der beiden Bäume, die auf der Terrasse vor dem Café aus dem aufgebrochenen Teer wachsen. Schlagartig beruhige ich mich, als ich ihn da so mit dem Rücken an den Stamm gestützt sehe. Ich gehe auf ihn zu.

Kannst du das glauben, dass es erst vor – lass mich schnell rechnen, wir haben ja schon morgen? –, dass es erst vor vierzig Stunden war, dass wir beide hier mit seinem Bike vorgefahren sind und ich mich dann zum Achmet an den Hochtisch im gläsernen Gastraum gesetzt hab, um ihn nach Tonis Ausbruch zu befragen?

»Bist du in Ordnung? Geht's, mit dem Bein?«, fragt der Wolf, unsichtbarer Koordinator des Schattentrupps Switch Blades während der Operation *Free Kathi*.

»Ja, ja, ich hab eine Tablette intus. Bist du auch fit? Wie seid ihr aus dem Gebäude rausgekommen, als das SEK aufgetaucht ist?«

»Die haben alle Jungs ganz korrekt und freundlich evakuiert, also rauseskortiert, und dann gleich sich selbst überlassen.«

»Echt? Das ist ja merkwürdig.«

»Keine Personalienaufnahme, keine Fragen, nix.«

»Verrückt.«

»Die haben mit uns gerechnet.«

»Offenbar! Die wussten, was los war. Die müssen uns die ganze Zeit schon beschattet haben.«

»Sind wir bescheuert?«

»Das sowieso.«

»Wie kann das sein?«

»Dass die wussten, was wir machen? Puh«, sage ich und schaue ins Leere. »Erinnerst du dich an vorhin, in Verhausen, bei der Coco? Als der Kommissar Herzberg auf meine Erkundigung nach dem Herrn von Segnitz gesagt hat, der von Segnitz sei bereits *seit sechs im Urlaub*?«

»Hey – ja –, stimmt! Und dann taucht der von Segnitz hier urplötzlich als Einsatzleiter auf.«

»Die haben uns verarscht. Ich sag's dir: Das war ein Gag mit dem *Der von Segnitz ist bereits im Urlaub* ... Weißt du, was ich glaub?«

»Hm?«

»Die haben unsere Gespräche durchgehend abgehört ... Weil ... Erinnerst du dich, wie ich heute Vormittag bei dir im Laden zu dir gesagt hab, dass du die ganzen Beamtendödel vergessen kannst, weil die nur an Feierabend und Urlaub denken und so?«

»In Bezug auf die beiden Polizisten, die bei der Coco waren, wegen dem Einbruch, ja klar. Dein Leib- und Magenthema: Beamtenmentalität! Und du meinst, darauf hat der Herzberg reagiert und eine Pointe vorbereitet, indem er dir aus Spaß vorgemacht hat, der von Segnitz sei bereits außer Dienst, und dann, kawumm, taucht er hier mit ganz großem Besteck auf?«

»Ich würd nicht drauf wetten, dass es nicht so ist. Ich meine, die ganze Welt ist inzwischen verwanzt. Ich trau nicht mal mehr meinem eigenen Fernseher, seit ich weiß, dass das kleine Kästchen auf der unteren Leiste von Hackern geknackt und als Kamera benutzt werden kann, und dass die dir dann frontal beim Fernsehen im eigenen Wohnzimmer zuschauen.«

»Pff, die Leit!« Wir schütteln einhellig die Köpfe, und ich stell mich direkt neben ihn, lehne mich auch an den Baum.

Wir schauen beide geradeaus, geradewegs auf das Gebäude des Grauens, in dem gerade noch die Hölle abging. Der Joel und seine Selbstverstümmelung, die Kathi und ihre Bewusstlosigkeit, die Gülay und ihre viel zu langen Haare.

Stumm beobachten wir, wie das SEK langsam abzieht und wie endlich die Achmetboys samt ihrem Chef zu Fuß vor dem Haupteingang aufschlagen und mit dem von Segnitz gestenreich quatschen. Ob sie sich über die Parkplatzsituation beschweren?

Oder stecken die wieder mal irgendwie gemeinsam in der ganzen Geschichte drin, der Achmet und unsere Kommissare? Basierend auf der vierzehn Jahre zurückreichenden Verbindung zum Toni, die unser Enthüllungsschriftsteller Kessler dem Wolf und mir so anschaulich erläutert hat? Die *Dreckige Siebzehn*, der Drogenhandel, die Vertuschung, die korrupte Achse von damals, die ganze elende Mischpoke?

»Dann hamm uns die verarscht, die Ärsche …«, bricht der Wolf unser Schweigen, unausgesetzt auf die Akteure jenseits der Trambahntrasse blickend.

»Der von Segnitz und der Herzberg.«

»Und ich dachte schon, wir san so g'scheit.«

»Und so geschickt«, ergänze ich.

»Ja von wegen.«

»Na ja, a bisserl? Vielleicht?«

Wir schmunzeln, und in Wolfs Gegenwart fühl ich mich jetzt doch zunehmend entschleunigt. Wir schleichen den Stress der vergangenen zwei Tage quasi gemeinsam aus.

Wer weiß, wenn ich meine Perücke aufhätte, ob ich dann

vielleicht nicht meinen Kopf an seine Schulter gelehnt hätte. Weil, so typisch ist das nicht für mich.

Aber jetzt sag ich dir, was interessant ist: Mittlerweile hat der Wolf doch schon den ganzen Tag diese schwere Motorradjacke an, und du hast ja mitbekommen, wo wir überall waren und was wir alles gemacht haben. Und da möchte man doch meinen ... Aber nein, trotzdem riecht der Wolf überhaupt nicht nach Schweiß oder sonst wie unangenehm.

»Ach, wo *sind* die Jungs denn eigentlich?«, fallen mir gerade die Switchler noch mal ein, von wegen ihrem Verbleib, nachdem sie uns heute doch so unvergleichlich unterstützt haben.

»Die? Sind alle nach Hause gefahren.«

»Hunde füttern?«

»Höchste Zeit.«

Wir lachen. »Für uns auch?«

»Ja, pack mas.«

Kurz überlege ich, ob ich die gesammelten Handys von der Jessica und den acht Achmets auf den Schuttberg von der Pröbstl Marianne ihrem Lebenswerk schmeißen soll. Müll zu Müll. Entscheide mich aber dagegen.

Auf dem Weg zu Wolfs Wohnung über seinem Antiquitätenladen hinterm Harras berichte ich ihm noch müde von den ganzen Einzelheiten, die sich im Gruselhaus zugetragen haben. Von dem Bohei mit dem Joel und von der militärischen Geiselbergung in dem sterilen Übungsraum, und wir sind bereits derart entrückt, dass unser momentaner Zustand schon gar nicht mehr zu den vorangegangenen Ereignissen passt.

Irgendwie wirkt die Episode seltsam abgeschlossen. Hermetisch. Beinah bereits vergessen ...

Deine Erinnerungen werden irgendwann das Einzige sein,

das dir geblieben ist, sagt man doch so schön. Ich glaube, da kann man sich auch ganz schön irren.

Genauso, wie man sich irrt, wenn man glaubt, man könne sich dazu zwingen, *den Moment* besonders intensiv auszukosten oder abzuspeichern. Es ist doch gerade die Selbstvergessenheit im Augenblick, die einem eine Ahnung von Sinn oder Tiefe oder Drastik verleiht, niemals das Kalkül. Niemals die Bewusstheit.

Erinnerungen. Meiner Meinung nach völlig überschätzt. Es geht immer nur um die *Idee* einer Erinnerung.

Wir werden sehen. Früh genug.

»Wenn du magst, holen wir deine Maschine morgen bei der Mama gemeinsam ab«, tue ich kund und halte an.

»Ach, schaun wir mal. Ich hab ja noch zwei.«

Stimmt, der Wolf hat drei Motorräder.

»Gut' Nacht«, schnauft er, als er sich aus dem Touareg wuchtet.

»Schlaf gut, das bisserl, das dir noch bleibt«, sage ich, weil der Wolf ja in ein paar Stunden wieder seinen Laden aufsperrt. Der kennt da einfach nichts.

Der Wolf ist bereits in seinem Hauseingang verschwunden, und ich wende Mamas Wagen mitten auf der Straße, trotz durchgezogenem Mittelstrich, aber weil gar so wenig los ist, da merke ich, dass die Tablettenwirkung nachlässt und sich ein schneidender Schmerz seinen Weg zurück in mein Bein bahnt. Die Wirkung der Chemie lässt rapide nach.

Sag ich doch: Was schnell kommt, geht auch schnell.

Doch noch zur Notaufnahme fahren?

Naaa. Wird schon gehen.

Was sagst du? Im Angesicht von Schmerzen gibt es keine Helden?

Und was ist mit mir?

Als ich die einsam vor mir liegende Lindwurmstraße nach

Hause pese, wünsche ich mir, die Sonne würde jetzt endlich langsam aufgehen. Das könnte ich rein innerlich ganz gut gebrauchen. Aber sie lässt noch auf sich warten, die feine Madam.

Keine Angst, ich brech jetzt nicht zusammen. Erschöpfung hin, Ernüchterung her.

Ich biege in meine angestammte Einbahnstraße ein, kriege einen Parkplatz direkt gegenüber meiner Adresse und weiß, dass mir die fünf Stockwerke voller Stufen einiges abverlangen werden. Dachgeschoss ohne Aufzug, so was gibt's noch. Mein Bein pulst mittlerweile heftig und brennt und fühlt sich wund an, dass es nur so eine Freude ist.

Im Treppenhaus vermischen sich unterschiedliche Küchengerüche, obwohl die allgemeine Abendessenzubereitung schon eine Weile her sein dürfte. Was haben wirs?

Halb fünf.

Als ich im Vierten an Kathis und Sabines Wohnung vorbeikomme, weiß ich gar nicht, was ich fühlen soll.

In der Wohnung ist es ganz still, muckmäuschen, niemand geistert herum. Und auch von außen waren die Fenster dunkel. Die Sabine ist vermutlich bei der Kathi im Krankenhaus.

Dass die Sabine mich verdächtigt hat, etwas mit Kathis Verschwinden zu tun zu haben, und was das für unser aller Verhältnis nun bedeutet, kann ich gerade nicht eruieren. Verständnis, Befremdung, Verletztheit – alles ist immer ein Teil von allem. Ich bin zu leer, für den Moment.

Noch ein Stockwerk bis zu mir. Autsch. Autsch. Autsch. Auf jeder Stufe.

Oben angelangt, öffne ich meine Wohnungstür, Schlüssel zweimal umdrehen, eintreten, ausatmen, fast seufzen, endlich – daheim.

Mensch, is des heiß da herinnen.

24

Zehn Monate und drei Tage später.
Bavaria Filmstudios München, Geiselgasteig.
Studio 6B.

Der Darsteller, der den Achmet verkörpert, ist der für mich beste Schauspieler Deutschlands, wirklich. Ein Glücksfall, dass er für den Film zugesagt hat. Ich steh ein bisserl eingeschüchtert in der riesigen Produktionshalle, die wie ein Flugzeughangar wirkt, und schau zu, wie gerade in einer Kulisse die Szene gedreht wird, wo der Achmet von der Polizei verhört wird, und ich werde Zeuge, wie der grandiose Moritz Bleibtreu (eben als Achmet Kyriakides) einen Wutanfall hinlegt, dass dir nichts mehr einfällt. Deutscher-Filmpreis-reife Performance, mindestens. Ein regelrechter Lola-Hagel wartet da auf ihn.

Der große Bleibtreu gibt den großen Kyriakides: diese beschränkte Mimik, die defizitäre Aussprache, dieser leicht doofe Duktus des Vorbilds, ja, spinnst du. Eins zu eins.

Und das Unglaubliche daran, man merkt: Der muss das gar nicht groß spielen, der Moritz (wir sind schon per Du). Der *ist* das.

Wirklich großes Kompliment an die Casting-Abteilung. Vor allem aber an den Maestro selbst, natürlich.

Als mich der Lars Kessler angerufen hat, um mir mitzuteilen, dass sein Roman *Die Dreckige Siebzehn*, grad erschienen, schon verfilmt wird, hab ich mich sehr gefreut für ihn.

Er hat meine Einwilligung gebraucht, Persönlichkeitsrechte Pipapo, und komm, hab ich mir gesagt, da soll er mal schön blechen.

So was sag ich mir immer und verhandel dann jedes Mal viel zu mild, weil ich viel zu genügsam bin. Dann ärger ich mich kurz, und dann ärger ich mich noch mal.

Ist mir schon oft passiert. Aber glaubst du, ich würd daraus lernen? Du entkommst dir nicht. Basta.

Wer mich verkörpert, fragst du? Da müssten Sie sich noch ein wenig gedulden, bitte, meine Verehrteste, mein Verehrtester. Wegen Spannung. Kinostart ist in fünf Monaten, heißt es. Weihnachtsgeschäft mitnehmen. Ist aber noch nicht sicher. Ich könnt mir vorstellen, dass der Streifen direkt ins Fernsehen kommt. Wer lässt sich denn heutzutage noch im Kino vom Hintermann in die Haare keimen?

Die Dreckige Siebzehn ist als Buch ein Bestseller. Die Aufdeckung der dunklen Machenschaften zwischen der Polizei und dem organisierten Verbrechen kommt als Stoff gut beim Leser an. Juristisch und medial interessiert dieser Skandal dagegen keine Sau. Es gibt so viele obszöne Ungereimtheiten und beweisbare Verstrickungen zwischen den Polizeibehörden, der Politik und den Tiefffliegern rund um den Achmet, dass es mich schon sehr verwundert, dass keine Staatsanwaltschaft ihre Nachforschungen wieder aufnimmt. Aber da passiert nix (wohl wegen eigenem Dreck am Stecken), und die Medien halten sowieso ihr Maul, damit sie sich keinen Ärger einfangen.

Jegliches Wahrheitspotenzial des Stoffs verpufft also in den Orkus.

Aber vielleicht tut man der Gesellschaft damit auch einen

Gefallen. Langfristig. Damit man sich nicht zu sehr angewöhnt, genauer hinzuschauen. So ganz generell.

Weißt du, es wundert mich sowieso. Die normalen Menschen da draußen kucken ihre hartgesottenen Serien, in denen es um Intrigen und Korruption geht, sehen sich das genussvoll an und sagen zu ihrem Partner auf der Couch: »Genau so ist es in der Welt. Genau so. Alles Machtspiele und Gemauschel.« Aber wenn dann jemand im *echten* Leben etwas Derartiges anprangert, dann steht er bei genau diesen Menschen als Spinner und Sonderling da, oder sie wollen nichts davon hören, und es wird für null und nichtig erklärt.

Kurzum: *Die Dreckige Siebzehn* bewirkt politisch nada.

Ach, was geht's mich an! Nicht weiter schlimm! Und doch – irgendwie schon. Aber es rührt sich ja genug in meinem eigenen Leben …

Die Kathi hat mich heute zum Dreh begleitet. Sie lungert gerade ganz süß drüben am Catering mit dem Linus herum. Der Linus ist der Darsteller vom Joel. Ist das nicht grotesk? Die Kathi flirtet mit dem Darsteller ihres Entführers!

Eine Art inszeniertes Äquivalent zum Stockholm-Syndrom.

Er sieht aber auch phänomenal aus, klar. Teure Gesichtszüge, Leichtmatrosenhose, hat bereits drei große Kinoproduktionen in seinem Lebenslauf bei der Agentur Hook, Crook & Act stehen.

Ach, *darum* ist die Kathi gleich wieder so wuselig, wirst du jetzt völlig zu Recht sagen. Ein Schönling. Da antworte ich mit: Ja, *darum*.

Die beiden lachen wie die Kesselflicker. Ich weiß, dass es die aktuelle Jugend irgendwie anders hält mit Sex und so, aber wenn die beiden heute Abend nicht im Bett landen, dann wird sich die Kathi mit dem *Interesse an was Ernstem* beim Linus aber umschauen. Der Linus sieht nämlich aus wie ein tindersüchtiger Allesbumser, und solche Typen haben wenig Geduld. Da geht das entweder ruckizucki, oder es geht weiter zur Nächsten. Das hab ich der Kathi auch gesagt, als Warnung. Aber da ist ja jedes Wort zu viel. Die zieht ihre Tour erst mal durch. Bei *dem* stechenden Blick vom Linus!

Ihre Entführung hat die Kathi übrigens weggesteckt wie nichts. Lediglich eine Woche lang hat sie gehustet, wegen der zu langen Narkotisierung vom Joel. Als der die Kathi in der Arnulfstraße in seinen BMW geladen hat, muss er ihr sofort ein Chloroformtücherl vor den Mund gepresst haben, damit er seine Ruh hat und die Kathi keinen Hysterischen kriegt.

Als die Kathi dann erfahren hat, was mit ihr geschehen ist, also Entführung und ewig lange Fesselei, war sie ganz, ganz eigentümlich unbeeindruckt. Und schon gar nicht bedrückt.

Weißt du, warum? Ich persönlich glaube, dass die Instagram-Generation nicht *lebt*, sondern ihr Leben *aufführt*. Nicht nur den anderen, sondern auch sich selbst gegenüber. Da wird alles gleich auf öffentliche Verwertbarkeit abgeklopft.

Da kam es der Kathi gerade recht, dass sie was richtig Krasses zu erzählen hatte.

Es erschien ihr sogar wie ein Geschenk.

Sage und schreibe acht Millionen Klicks hat ihr der Zyklus *Betäubt und gefesselt (ICH), heftigste Entführung aller Zeiten* auf Instagram beschert. Ganz viel Mitgefühl von ganz sensiblen Menschen, die honorige Kommentare gepostet haben, hat der Kathi die Story noch dazu eingebracht. Wirklich Tausende haben ihr bewegende Worte und emotionale Emojis gesendet, weil Mitgefühl zu zeigen nie so viel Spaß macht, als wenn es sich bei dem Thema um etwas Abstraktes in weiter Ferne handelt.

Alles in allem war Joels Kidnapping also ein Hit für die Kathi. Sie wollte mich in ihre Insta-Erfolgsrutsche permanent mit einbeziehen, aber entgegen unserem ursprünglichen Plan, mich auf Instagram etwas größer rauszubringen, hab ich mir eine Online-Pause verordnet.

Als ich auf meinem Account verkündet habe, dass ich mir eine Auszeit nehme, haben viele mit Verwunderung reagiert. Weil ein Leben, das keiner mitbekommt, sich offenbar nicht lohnt.

Kurz und gut, die Kathi hat keine Schäden davongetragen. Nur neue Werbeverträge.

Und unser Verhältnis ist besser denn je. Wohingegen es zwischen ihrer Mutter und mir ... Zwischen der Sabine und mir ist es einfach nicht mehr das, was es nie war. Wenn du verstehst, was ich meine. Das liegt aber an mir. Der Vorbehalt, den ich in mir trage, weil sie mich an jenem Tag verdächtigt hat, an Kathis Entführung mitschuldig zu sein, bleibt an mir haften wie nochmalwas.

Man kann verzeihen, aber nicht vergessen, sagt man doch so. Für mich gilt das uneingeschränkt. Leider. Lässt sich nicht abstellen.

Ich höre den Regisseur rufen: »Und Schnitt, Moritz, das war großartig. Das hätten wir im Kasten.« Der Regisseur ist so ein Prototyp seines Metiers. Er hat natürlich eine Vollmeise, ist aber sehr volksnah. Liegt wahrscheinlich daran, dass er bereits ausreichend geerdet ist. Er ist nicht mehr so jung, dass er Überheblichkeit für einen erstrebenswerten Zustand hält, aber auch noch nicht so alt, als dass er mit seinen weltbewegenden Erfahrungen noch vor Pfingsten im Krematorium am Waldfriedhof eingeäschert würde. Wobei er schon dazu neigt, dir ein Ohr abzukauen, aber danach ist er selbst immer ganz erledigt.

Eine kurze Umbaupause wird ausgerufen, und die Aufnahmeleiterin wieselt an mir vorbei zum Catering, um den Joel-Darsteller Linus von der klettenhaften Kathi loszueisen und etwas wegen der Dialoge zu besprechen. Der Linus starrt die Aufnahmeleiterin an und sagt – genau wie ich – auch nichts, weil, wenn die Aufnahmeleiterin breitflächig verschmiertes Rouge im Gesicht haben will, bitteschön. Es ist schließlich ihr Gesicht.

Ich hole mir jetzt was zu trinken. Agil wie ein Reh stöckle ich zum Getränkeschrank. Mein Schienbein war natürlich gebrochen nach dem Zusammenstoß mit Joels BMW. Aber wie du siehst! Ballerina Vikki Nurejewova.

Komischerweise wurde bei mir auch noch eine Rippenprellung festgestellt. Die hatte ich gar nicht bemerkt, bis man mir davon erzählt hat.

»Und, Schnucki, geht's dir gut?« Jetzt, wo die Kathi keinen Linus mehr zur Unterhaltung hat, weil der arbeiten muss, darf ich wieder zu ihrer Erheiterung herhalten. An dem Satz erkenne ich schon, wie aufgedreht sie ist. Sie fremdelt und macht auf weltläufig. *Und, Schnucki, geht's dir gut?* Das ist gar nicht die Kathi. Ich finde das aber sofort sehr putzig, weil sie mir jetzt bestimmt gleich wieder von dem »süßen Boy« vorschwärmen wird. Und diese Scheißwichtig-Umgebung mit all den Filmleuten und den Promis und Semipromis am Set, ach, das gefällt meiner Kathi, der kleinen Matz, die inzwischen schon siebzehn ist. Stiermädchen. Störrisch, aber verlässlich.

Dargestellt wird die Kathi im Film von einer Neunzehnjährigen. Deren Vater ist ein sehr, sehr bekannter Schauspieler (wie gesagt, Details nicht vor Filmstart, ich hab's versprochen), und ich darf dir vermelden, dass hier am Set eigentlich nur Söhnchen und Töchterchen von Leuten aus der Branche arbeiten. Die Filmbranche ist einfach ein ziemlich inzestuöser Haufen.

Hach ja, was einem so alles durch den Kopf geht, wenn man völlig nutzlos auf einem Filmset rumhängt.

Für eine anstehende Außenszene stimmt der Regisseur gerade den Joel alias den Linus ein (sein Papa ist auch Schauspieler!). Heftiges Gestikulieren beim einen, eifriges Nicken beim anderen. Künstler! Der Lars Kessler steht daneben, abgerissen und verschrubbelt wie eh und je. Er hat ja auch die Drehbuchfassung geschrieben, was oft schiefläuft, wenn ein Buchautor an der Verfilmung seines eigenen Werks mitarbeitet. Aber wird schon gut gehen.

Zwar handelt *Die Dreckige Siebzehn* vornehmlich von den besagten siebzehn Polizeibeamten und Innen, die gemeinsam mit dem Achmet und seinen getreuen Energiesparlampen ihre Drogengeschäfterl durchziehen, doch dann hat sich schnell herauskristallisiert, dass der abtrünnige Toni die eigentliche Hauptfigur des Films ist. Und, du ahnst es: Aus gegebenem Anlass musste in letzter Sekunde das Manuskript noch ergänzt werden. Weil sich, völlig unerwartet, Tonis Ausbruch und dessen Folgen ereigneten – wie wir wissen.

Und so stellte nicht mehr Tonis vermeintlicher Bestienmord an seiner Frau Nicole das Grande Finale dar, sondern die Befreiung von der Kathi und der Gülay aus den Händen von Tonis Rächersohn. Mit mir als schillernder Ermittlerin ohne Absicht und aus reinem Zufall.

Eigentlich schmeichelhaft. Bloß: Du, so, wie's aussieht, stellen die mich als durch die Gegend stolpernde Diva im Marlene-Dietrich-Greta-Garbo-Mae-West-trifft-Columbo-Dr-House-und-Miss-Marple-Stil dar, die sich von Denkfehler zu Denkfehler und von Versäumnis zu Zufall hangelt und nur durch zahllose Mehr-Glück-als-Verstand-Fügungen der Lösung des Falls entgegenstolpert. Wie ein ungeschicktes Huhn.

Das bin doch nicht ich!

Als man mir dann auch noch gesagt hat, die Christine Neubauer solle mich spielen, hab ich gedroht, einen Anwalt einzuschalten. (Hätt ich natürlich niemals getan, weil der größte Feind des Menschen natürlich sein eigener Anwalt ist.)

Aber die *Neubauer*! Also bitte. Das mit dem Alter und der Haarfarbe und dem Gewicht und dem Gesicht und der Mimik und der Aussprache hätte man schon irgendwie hinbekommen, sag ich mal ganz mutig, aber ein Mindestmaß an schauspielerischer Fähigkeit muss jemand, der mich verkörpert, doch auch aufweisen können! Weil, ich selbst, in meinem echten Leben, ich *spiel* ja letztlich auch immer ein bisschen das Ich, von dem ich glaube, es abbilden zu müssen. Man kennt sich ja selber zum Überdruß. Verstehst du? Und mit dieser lebenslang erworbenen mimischen Kompetenz sollte eine Aktrice, die mich darstellt, schon mithalten können. Du weißt doch, was ich mein, jetzt komm. Ist doch bei jedem ein bisschen so.

Und wenn ich holzige Monologe und krachtere Gesten sehen möchte, dann schau ich *Dahoam is Dahoam*.

Meine Rolle haben sie jetzt doch einer anderen gegeben. Da hat man doch noch auf mich gehört. Verscheißen wollte es sich die Produktionsfirma mit mir nämlich auch wieder nicht.

Die waren ja heilfroh, dass ich noch mit in die Story geschrieben wurde, weil diese filmfinanzierungshungrigen Geier können natürlich mit mir als Argument gut hausieren gehen und akquirieren und, nicht zuletzt, werben.

Ah, transgender. Ah, ist gerade in. Ah, LGBTQ*. Ah, Gender, ah, Wokeness, ah, Inklusion. Zusätzlicher Marketingansatz, Promotionargument, Sellingpoint. Dann schreibt das hippe Feuilleton ebenso wie die Netzhetzer über unseren ansonsten doch recht konventionellen Thriller von einem *alten weißen Mann* (einer Spezies, die ansonsten zum Abschuss freigegeben ist).

Upsidupsi, ich fühle mich regelrecht benutzt. Und es fühlt sich richtig gut an.

Ich hab ja auch was davon. Bevor ich dir sag, was genau, erzähl ich dir noch, was da mit dem Toni und seinem Tod im Gefängnis los war, wenn es dich interessiert.

Wie man herausgefunden hat, muss der Toni seinen Ausbruch von langer Hand geplant haben. Der hat mit seinem Sohn alles genauestens abgestimmt, und es darf vermutet werden, dass bei Joels erpresserischer Entführung von der Kathi vieles anders abgelaufen wäre, wenn der Toni es nach draußen geschafft hätte und wenn nicht bloß sein Sohn, ganz allein auf sich gestellt, so halbgar vor sich hin gewurstelt hätte.

Was aber verantwortlich dafür war, dass es der Toni gar nicht erst vor die Gefängnismauern geschafft hat, sondern stattdessen stundenlang verblutend am Schachtboden des Versorgungslifts in Stadelheim lag, kann nur vermutet werden.

In der neutralen und unabhängigen Qualitätspresse wurde auch der Unfall vom Toni Besenwiesler konsequent weiter ignoriert (warum sollten die nach vierzehn Jahren auch ihre Strategie ändern), und nicht mal meiner *persönlichen* Informationsquelle konnte ich bislang Näheres entlocken. Obwohl es doch heißt, Männer seien nach dem Liebemachen besonders offen und gesprächig gegenüber ihren Partnerinnen und würden dabei mitunter auch gern mal berufliche Interna ausplaudern.

Nicht so der Pascal. Mein HerzbergWerk. Der ist da eisenhart und verrät mir aber auch nicht das kleinste Fitzelchen aus seinem Kommissariat. Da kann ich ihn kitzeln, wie ich will. Oder wo ich will.

Wobei ich ihm da gar nicht bös bin. Es würde sowieso nichts ändern.

Meine V-Frau-Tätigkeit liegt aufgrund unserer Liaison indessen vorerst auf Eis. Einen eventuellen Interessenkonflikt wollen wir nicht riskieren. Diene ich eben momentan nicht mehr dem Allgemeinwohl, sondern nur noch dem eigenen! Alles hat seinen Preis.

Wie zum Ausgleich hat mir der Pascal übrigens einen Lovesong geschrieben und aufgenommen. Extra für mich. Ein bisserl sentimental, die Geste, zugegeben, aber weil er gut ist, der Song, geht's. »Du gfoist ma« heißt er. Und nur, damit du mal siehst, wie empfindlich so eine kreative Männerseele ist … Zwei, drei Tage später hab ich nämlich zum Pascal gesagt: »Dein Lied ist wirklich superschön. Ich hab's bestimmt schon zehnmal gehört.«

Und der Pascal hat mich ernst angesehen und gemeint: »Nur zehnmal? Was hat dir denn nicht gefallen?«

Jetzt weißt du, womit ich's zu tun hab.

Ich merke, dass ich vom Zug der Klimaanlage eine Gänsehaut an den Beinen bekomme.

Bevor der ganze Pulk aus Kameramännern, Statisten, Ausstattung und Rumhängern jetzt gleich vor die Tore der Produktionshalle umzieht, um die Außenszene mit dem Joel zu drehen, erspar ich dir vielleicht nun doch nicht, weshalb der Toni so einen jahrelangen Hass auf mich geschoben hat. Warum er mich, zusammen mit dem Achmet, dafür verantwortlich gemacht hat, dass ihm der Mord an seiner Frau untergeschoben wurde, und wieso er mich deshalb auf dem Kieker hatte.

Nachdem die Kathi wieder auf dem Damm war und ich mich auch mit dem Achmet »Ehrenmann« darauf geeinigt hatte, dass wir wieder gut sind (nicht nur, weil ich ihm seine Handys vorbeigebracht hab), widmete ich mich also endlich dieser Frage und dachte mir, die Antwort könnte ich bei der Kerstin finden.

Es war ja unser Autor Kessler, der während seiner Recherchen zu den Dreckigen Siebzehn auf die Kerstin Scherr gestoßen ist. Jene Kerstin, die als Teil der 17er-Polizeieinheit ebenfalls in die Geschäfte mit dem Achmet involviert war.

Gleichzeitig war sie privat seinerzeit fester Bestandteil im regenbogenfarbenen Münchner Nachtleben, in dem ja auch ich mich rumgetrieben und erfunden habe. Diese kleine Szene war für mich und für viele andere so was wie Familienersatz.

Die Kerstin hat anfangs erst nur ein bisserl gegen mich gestichelt, sich dann aber stetig gesteigert. Jetzt wirst du fragen, wie so was innerhalb der LGBTQ*-Gemeinde vorkommen kann. Und da bin ich dann doch fast enttäuscht, dass du dich da wunderst. Ich mein, auch wenn man für Außenstehende im selben Boot zu sitzen scheint, mehr oder weniger, hat man es dabei ja trotzdem mit einer Anhäufung von Individuen zu tun.

Und was für welchen!

Und niemand ist radikaler untereinander als Mitglieder einer Gruppierung, die ja doch wieder nur aus Splittergruppen besteht. All die Ls, die Gs, die Bs, die Ts und die Qs sowieso.

Die einen haben was gegen jene, und jene haben was gegen die da. Ja, meine liebe Göttin.

Randbemerkung: Lesben stellen die intern konfliktbehaftetste Unterabteilung im LGBTQ*-Karussell dar. Angeblich sind sie geizig und unfreundlich. Nicht meine Worte! Nicht meine Worte!

Wirklich nicht!

Ist so ein Spruch vom Wolf. Und allen Schwulen.

Jedenfalls muss dir klar sein, dass auch in einem Umfeld aus Leidensgenossen jeder jedem der andere ist. Und was die sich intern antun können, ist mitunter zersetzender, als es ein präpotenter Cis-Mann mit Diskriminierungstendenzen je von außen fertigbrächte.

Weshalb *genau* die Kerstin Sterr mich denn so gehasst hat, willst du wissen? Die Kerstin war in erster Linie besessen von der kompromisslosen Gleichstellung der Frau. Was zunächst vernünftig und nobel klingt, keine Frage. Dass sie dabei eine rigorose Fifty-fifty-Mann-Frau-Verteilung in sämtlichen Chefetagen der Welt forderte, hinderte sie indes freilich nicht daran, auf eine ebensolche Aufteilung bei der Müllabfuhr erst mal großzügig zu verzichten. Macht ja nichts. Ich zumindest habe sie nicht darauf aufmerksam gemacht, dass das ja dann eigentlich bedeutet, dass sie nicht Gleichberechtigung fordert, sondern Privilegien. Manchmal sind die Widersprüchlichkeiten von Extremisten nämlich ganz amüsant.

Mir alles egal, macht's, was ihr wollt's, wirklich, ich sag nur.

Jetzt aber: Weshalb die Kerstin mich so abgrundtief verachtet hat, war, weil ich in meiner Frauegewordenheit ein Frauenbild verkörperte, das für sie derart abscheulich klassisch und kunstfigurengleich daherkam, dass sie mich beschuldigte, durch meine angebliche Rückständigkeit dem Feminismus in den Rücken zu fallen.

Klar, der Unsinn kennt keine Grenzen, aber heutzutage macht halt ein jeder das Maul wegen allem auf.

Mit anderen Worten: Die von der Kerstin geforderte individuelle Entfaltung jedes Einzelnen musste zugleich streng nach ihrer Maßgabe erfolgen. Wonach ich mich jetzt aber auch nicht sofort richten wollte.

Alles stehen und liegen lassen und sich kleiden wie ein Metzger, nur damit die Kerstin mir anerkennend zunickt?

Ihre Agenda hab ich also ignoriert. Weshalb sie mich schließlich zu ihrer Intimgegnerin ausrief und jeden gesellschaftlichen Schnittpunkt, den wir gemeinsam hatten, nutzte, mich zu diffamieren und schlechtzumachen.

Also allzu groß gestört hat mich das mit der Kerstin damals nicht, muss ich dazusagen. So was gibt's eben.

Ich bin mir bei derart leidenschaftlichem Hass auch nie ganz sicher, ob da nicht womöglich eine gewisse Anziehung besteht, die sich der Agitator halt bloß nicht eingesteht – und daher überkompensiert.

Auf jeden Fall war ich der Kerstin in meiner optischen und inhaltlichen Darreichungsform ein Dorn im Auge.

Als mir dann der Lars Kessler am Tag nach Tonis vermeintlichem Gefängnisausbruch mitteilte, ausgerechnet die *Kerstin* ließe mich vor dem Toni warnen, wurde ich natürlich hellhörig. Nach alldem Theater? Ich war überrascht.

Zum ersten Mal überhaupt brachte ich diese beiden Konfliktherde in meinem Leben miteinander in Verbindung: den Toni und die Kerstin. Vielleicht könnte mir die Kerstin ja doch eine Antwort zu Tonis Motivation liefern.

An einem Sonntag (ich bin immer froh, wenn Sonntage vorbei sind) traf ich mich mit ihr. Allein, dass sie zugestimmt hatte, mich zu sich einzuladen, war ungewöhnlich genug.

Ich war nervös, und die Aussicht auf Klärung war gering, aber, schadet nichts, dachte ich.

Die Tür ihrer kleinen Neubauwohnung in Solln öffnete sich, und die Kerstin samt ihrer Elvis-Presley-Tolle stand da, noch immer unfähig zu lächeln, weil viele Lesben dem Irrglauben anhängen, mürrisches und humorloses Getue wirke männlich.

Die Kerstin hatte sich gut gehalten, sah noch fast so aus wie damals, als wir uns das letzte Mal begegnet waren. Was lange her war, da die Kerstin sich irgendwann zurückgezogen hatte. Heute weiß ich: weil die Dreckige Siebzehn aufgeflogen war.

An den Wänden in ihrem Wohnzimmer hingen großformatige Fotos von Frauenmodels aus verschiedenen Jahrzehnten, angefangen bei nachcolorierten Pin-ups aus den Vierzigerjahren. Ah ja. Es wirkte eher wie die Studentenbude eines Machos ganz alter Schule. Irgendwie paradox.

»Schön, dich wiederzusehen«, war unser erster Satz, unser Gesprächseinstieg. Vielleicht ein bisschen steif, aber ehrlich gemeint.

»Du musst verstehen, dass ich da aus verschiedenen Gründen nicht konkreter werden kann«, druckste die Kerstin irgendwo in der Mitte des Gesprächs rum. Ihre schmalen, tückischen Augen wirkten sogar aufrichtig bemüht.

»Ach, Kerstin, das war jetzt aber alles ganz schön erhellend, findest du nicht?«, triezte ich sie am Ende ihres Geständnisses aus Andeutungen, Halberklärungen und schamvoller Reue. Mehr als das Erwartbare hatte sie mir wohl wirklich nicht verraten können, ohne ihre Kollegen von damals mitreinzuziehen und selbst als restlos schäbige Pute dazustehen.

Für mich endete damit mein kafkaesker Schwebezustand, während dem ich nicht gewusst hatte, woher die Bedrohung überhaupt kam, welche Ursachen sie hatte und welche Konsequenzen sie nach sich ziehen würde.

Ich hatte mich gerade damit arrangiert, die Kerstin für ihr Entgegenkommen zu respektieren, als ich mich an der Tür mit einem »Und nochmals danke« verabschiedete und sie mit einem gnädigen »Ich helfe, wo ich kann« alles zunichtemachte. Nichts begriffen, die Schnepfe.

Nichts hatte sie von den Verwerfungen begriffen, die sie angestoßen hatte, als sie damals dem Toni, der schon längst als Bauernopfer ans Messer geliefert worden war, quasi noch als Dreingabe vorgelogen hatte, dass der Achmet von *mir* angestiftet worden wäre, die Nicole abzuschlachten, damit er dem Toni diesen Mord auch noch unterschieben konnte.

(Zur endgültigen Absicherung, dass der Toni für seine illoyalen Zusatzgeschäfterl hinter Achmets Rücken aber auch gleich so *richtig* einfährt. Traumziel: lebenslänglich.)

Ich tat es angeblich aus Rache, wegen seiner Drangsalierungen in der Schulzeit. Der Achmet angeblich als Zusatzversicherung, dass der Toni auch ordentlich lang weggesperrt bleibt.

Und beides stimmte nicht. Ich hatte nichts dergleichen angestiftet, und dem Achmet wäre so ein Mordkomplott viel zu aufwendig gewesen. Wenn der jemanden in die Scheiße reiten will, plant der nicht groß rum. Da heißt es hallo und peng.

Wer die Nicole tatsächlich umgebracht hat, kannst du dir ja denken. Wer bleibt noch übrig? Die Namensgeber der Verfilmung, genau, unnötig zu erwähnen.

Die, die doch eigentlich zu den Guten gehören …!

Natürlich kann man sagen, vereinzelte schwarze Schafe gibt es überall, und man darf da nicht gleich auf das große Ganze rückschließen. Keine Sippenhaft und so. Aber da antworte ich dir: Die schwarzen Schafe sind inzwischen die Herde.

So schaut's doch aus.

Wie auch immer. Tonis Prämissen waren also allesamt falsch. Der Achmet, die Vikki: Beide hatten nichts mit Nicoles Überkopf-Schlachtung zu tun.

Und wie es mit Irrtümern immer so ist, sie ziehen unaufhaltsam größere Kreise, und so nahm der Toni schon früh seinen Sohn Joel in emotionale Geiselhaft, impfte ihm seinen eigenen Vergeltungsdurst ein und schmiedete mit ihm einen Racheplan, der jedoch am Ende eine krönende Wendung nehmen sollte, die man getrost als Ironie des Schicksals bezeichnen kann.

Weißt, was ich mein?

Du hast es ja sicher gelesen.

Hast du's gelesen?

Hast du's nicht gelesen?

Ach so.

Stand aber doch vor zwei Wochen in der Zeitung. Diesmal überall.

Vor zwei Wochen fand man die Jessica in ihrem Haus in Übertreibling mit dem Fußgelenk an den Rahmen ihres antiken Bauernschranks genagelt, mit ihrem Kopf nach unten hängend, entspannt aus der Kehle blutend, als ob nichts wär. Beinah friedlich soll es gewirkt haben.

Zufälligerweise war der Joel nach monatelanger Untersuchungshaft ausgerechnet zum Mordzeitpunkt für zwei Wochen auf Kaution draußen und erwartete seinen Prozess wegen zweifacher Entführung. Pech! Die Anklage wurde dann nämlich sehr flugs umgeschrieben auf schweren Mord an der eigenen Ziehmutter infolge familieninterner Unstimmigkeiten. Der Joel soll halt gedacht haben, die Jessica hätte ihn verpfiffen.

Und das meinte ich vorhin mit Ironie des Schicksals, weil diesmal war *wirklich* der Achmet ein bisschen in das Blutbad involviert.

Kannst dir ja vorstellen, das hat er sich diesmal nicht nehmen lassen, da hat er sich nicht lumpen lassen. Wenn's um die Gülay geht, da versteht der Achmet keinen Spaß.

Seine Tochter entführen! Damit kommst du doch nicht davon.

Und da hat der Achmet sich gedacht, *wenn* der Toni ihn schon jahrelang versehentlich an dem Verrenkungsmord an der Nicole für schuldig gehalten hat, ja, dann lass ich es jetzt wahr werden. Aber halt mit der Jessica. Verspätet und im Nachhinein, damit sich der ganze Hass vom Toni auf uns doch noch gelohnt hat.

So ist der Achmet. In gewisser Weise ein Wohltäter, weil er dadurch ja indirekt auch meinen ganzen Ärger mit dem Toni kompensiert und obendrein Kathis Kidnapping karmatechnisch ausgeglichen hat.

Und ganz nebenbei auch noch die Marianne Pröbstl, die Chefin von seinem Café-Hauptquartier, gerächt hat.

Und die Coco mit ihrer verletzten Hand.

Eine ganze Menge auf einen Schlag.

Danke, Achmet. Aus der U-Haft ist er längst wieder raus. Was man so hört, wollte ihm auch der neue Staatsanwalt nichts nachweisen können, weil der Staatsanwalt hat erst letztes Jahr sein drittes Kind bekommen. Das will er ja aufwachsen sehen.

Also alles beim Alten.

Schwarze Schafe, weiße Schafe, Hauptsache Schafe.

Der Joel bekam lebenslänglich. Ganz der Papa.

Der Moritz Bleibtreu und der Linus Spohn (also der Achmet und der Joel) befinden sich bereits fertig geschminkt vor der Halle 6B auf dem Gelände der Bavaria Filmstudios, und die Beleuchter haben schon ihr Okay gegeben. Ein weißer BMW und eine schwarze Mercedes-S-Klasse stehen bereit. Startklar.

Was jetzt folgt, ist das Vorspiel zu genau dem Massaker in Übertreibling, von dem ich dir gerade erzählt habe. Wo die Jessica schlussendlich in ihrem Schlafzimmer die ewige Ruhe findet. Kopfüber. Besenwiesler-Style.

Wie gesagt hat sich die Geschichte ja erst vor zwei Wochen ereignet, aber die ist halt so krass und wow, dass sie die Filmleute in letzter Sekunde noch ins Drehbuch reinschreiben haben lassen. Einen solchen Knaller wollten die sich bei der Produktionsfirma nicht entgehen lassen. Hat der Lars Kessler eben noch ein paar Nachtschichten schieben müssen.

»Ruhe bitte, wir legen los«, keift der Regisseur, und der

Klappenmann fistelt: »Szene Ü T 3, die erste.« Der Regisseur wieder: »Und – bitte!« Und dann folgt der Beginn einer Autoverfolgungsjagd, die so zwar nie stattgefunden hat, die aus dramaturgischer Effekthascherei aber einfach dazuerfunden wurde.

Für mich hätte es das nicht gebraucht. Ich halte Autoverfolgungsjagden für genauso öde wie Traumschilderungen und Geschichten aus der Schlacht von Waterloo.

Die Kathi, die zum Zugucken mit mir rausgegangen ist, und ich, wir stehen etwas abseits, neben einer stillgelegten Windmaschine vor der Hallenwand im Münchner Abendlicht und beobachten, wie der Linus (= Joel) in den BMW einsteigt, um gleich zu spielen, wie er aus dem BMW aussteigt und den in seinem Mercedes heranrauschenden Moritz (= Achmet) bemerkt. Daraufhin springt der Linus wieder in seinen Wagen und rast mit Vollgas davon.

Die finale Szene, die dann aber eben wieder genau so ist, wie sich's im echten Leben zugetragen hat, die drehen sie morgen.

Da bin ich dann aber nicht mehr hier, weil ich momentan gar nicht so viel Zeit habe.

Nach dem Eklat um die Kathi und den Toni und den Joel und das folgende mediale Echo kamen nämlich viele Anfragen bei mir herein, wie's immer so ist. Und so richtig recht ist mir das gar nicht. Ich hab letztens lieber eher meine Ruh.

Aber ein Angebot lag eines Tages in meinem E-Mail-Postfach, das konnte ich nicht so einfach ignorieren.

Ob ich nicht eventuell und möglicherweise ein Buch schreiben wolle! Über meine achtundvierzig Stunden zwischen München und Übertreibling, dann wieder München und wieder zurück nach Übertreibling und gleich wieder München, bis zur Geiselbefreiung im schallisolierten Übungsraum gegenüber vom Café Marianne.

Kurz nachgedacht!

Und da hab ich Ja gesagt. Das mach ich.

Deshalb bin ich momentan natürlich beschäftigt. Seite für Seite. Eine einsame Sache, da muss man sich am Riemen reißen.

Ich bin schon auf Seite 196.

Jetzt wirst du sagen: »Aaah, gähn. Jetzt muss *die* auch noch ein Buch schreiben. Der Hugendubel ist doch voll mit Büchern. Bis obenhin.«

Da hast du vollkommen recht. Und es ist ja auch schon alles gesagt worden, auf Erden. Und nicht nur einmal.

Aber weißt du, was mein Buch von den anderen unterscheidet?

Weißt du, was mein Buch von den anderen unterscheidet?

Jedes Wort ist wahr.

Dank an

Wolf Wolff
Toni Besenwiesler
Dr. Markus Wondrazil
Madame Marougé
Kathi Röhm
Sabine Röhm
Laurin
Dennis P.
Achmet Kyriakides
Henry Brezner
Elmar Schütte
Marianne Pröbstl
Dr. Opitz
Jessica Hinreiner (geborene Besenwiesler)
Hinreiner junior
Nicole Besenwiesler
Franziska »Franzi« Besenwiesler
Joel Besenwiesler
Lars Kessler
Coco (Helga) Neumayer
Miroslav
Jaroslav
Winfried Munzinger
Max
Harry
Felicia
Kerstin Scherr
Hr. Schmitz
Mama
Rudi Löhlein
Hr. von Segnitz
Pascal Herzberg
Knut Borchert
Herbert Edenkofler
Alfons Zapf
Tobias
Rafael Hinreiner
Maurice Rosstäuscher
Luki
Arnold
Tarek
Dr. med. Hapflinger
Bobby
Karl Löschwinter
Anni Fitzdum
Willi Rüsslinger
Bodo Brechtl
Linus Spohn

Die Songs aus
›Zurück nach Übertreibling‹
zu finden auf: vikkivictoria.de

Du gfoist ma
(Pascal Herzberg)

Jeder Satz, jede Kleinigkeit
Jede Kostprobe, jederzeit
Jetz' glei', oder später

Jedes »Hi«, jeder Abschiedskuss
Jeder Scherz, jeder Widerspruch
Jeder Millimeter

CHORUS
Mmh, Du gfoist ma
Mmh, Du gfoist ma
Und i woaß des is' und bleibt a so für immer

Mmh, Du gfoist ma
Du, Du gfoist ma
Und es kannt scho' sei, des werd no' a bisserl schlimmer

Jeder Blick, jeder Wimpernschlag
Jedes Wort, jeder neue Tag
Jedes Luftzufächeln

Jeder Schritt, jeder Atemzug
Jedes Tief, jeder Übermut
Jedes kloane Lächeln

CHORUS

Worauf wart' ma
Is' doch eh klar
Für Vernunft is' längst zu spät

CHORUS

Du gfoist ma

Letztlich is' Liebe doch a Schmarrn
(Vikki Victoria)

Mi' hat's erwischt, bin völlig high
Mei' Suche is' endlich vorbei
Wir zwei, des is' was für immer

Des was wir hab'n is' ganz speziell
So fühlt sonst niemand auf der Welt
Ja mei, die andern san auf Tinder

Und dann kumm i friahrer heim
Bloß: Du bist ned allein
Aus und vorbei

Und jeder suacht wia bläd
Oder hält verkrampft d'ran fest
Doch letztlich is' Liebe
Letztlich is' Liebe doch a Schmarrn

Und wenn's des Wort ned gäb'
Ob dann jemand Sehnsucht danach hätt'
Weil letztlich is' Liebe
Letztlich is' Liebe doch a Schmarrn

Vielleicht lag i bislang verkehrt
I mach's jetzt anders als bisher
Irg'ndwer werd se da scho' find'n

Jemand, der is', wie i mal war
Der alles gibt und i bin klar
Der große Star, muss nur noch huldvoll winken

Und der Jemand macht und tuat
Und des geht a Zeitlang guat
Aber nur kurz

Und jeder suacht wia bläd
Oder hält verkrampft d'ran fest
Doch letztlich is' Liebe
Letztlich is' Liebe doch a Schmarrn

Und wenn's des Wort ned gäb'
Ob dann jemand Sehnsucht danach hätt'
Weil letztlich is' Liebe
Letztlich is' Liebe ... ois was bleibt

»Thank you for murdering!«

Der zehnte Band der Fredenbüll-Krimireihe

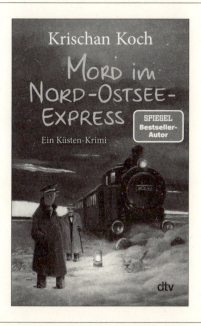

ALLE LIEFERBAREN TITEL, INFORMATIONEN UND SPECIALS FINDEN SIE ONLINE

Auch als eBook   www.dtv.de   **dtv**